Gerald D. Griffin • Pam Umann

Der letzte Wintertag

FSC
www.fsc.org
MIX
Papier aus verantwortungsvollen Quellen
Paper from responsible sources
FSC® C105338

Gerald D. Griffin • Pam Umann

Der letzte Wintertag

Geheimnisse aus den Jahreszeiten des Sterbens

Oldib
Verlag

Bibliografische Information der Deutschen Nationalbibliothek
Die Deutsche Nationalbibliothek verzeichnet diese
Publikation in der Deutschen Nationalbibliografie.
Detaillierte bibliografische Daten sind im Internet
über http://dnb.ddb.de abrufbar.

Waldeck 14, 45133 Essen
www.oldib-verlag.de, info@oldib-verlag.de
Foto Umschlag: Peter Habereder, pixelio.de
Foto eingefügte Eule Umschlag: Jörg Blanke, pixelio.de
Druck: BoD, Norderstedt

Aus dem Amerikanischen übersetzt und deutschsprachige Bearbeitung
von Ines Bergfort
Medizinische Beratung: Dr. Hermann C. Römer

ISBN 978-3-939556-49-7

Inhaltsverzeichnis

Vorwort

Eine Perspektive für die Medizin

Das Vertrauen, das die Patienten den Autoren schenkten, erlaubte es Pam Umann und Jerry Griffin, in die Tiefen des Tabuthemas Tod einzutauchen. Die Patienten waren ihre Lehrmeister und haben diese umfassende, wohlüberlegte und offenherzige Arbeit ermöglicht, die sich die Metapher der Jahreszeiten zu eigen macht, um die unterschiedlichen Stadien des Sterbeprozesses zu beschreiben. Die „Jahreszeiten des Todes" als Metapher für das Sterben verleihen dem Text die menschliche Komponente, die dem Sterbeprozess zugrunde liegt. Das Buch beginnt bildhaft gesprochen im September, zu der Zeit, in der die Patienten eine Vorahnung haben und in der die Krankheit diagnostiziert wird, und es endet mit dem letzten Tag des Winters, im März, mit der letzten Phase des „Sterbensweges". Dieses Buch beschreibt kurz und bündig die Szenarien des Übergangs in das nächste Leben sowie die Bande, die zwischen den Patienten, ihren Familien und den Pflegekräften entstehen. Pflegende, die über langjährige Erfahrungen in der Hospizpflege verfügen, sind sich darüber im Klaren, dass Palliativpatienten häufig ausgerechnet dann vernachlässigt werden, wenn sie die meiste Unterstützung und Fürsorge benötigen. Den Autoren ist es auf wundervolle Art und Weise gelungen, das Unaussprechliche in einen leicht lesbaren Text zu übertragen. Damit erweisen sie nicht nur unheilbar erkrankten Patienten und ihren Familien einen großen Dienst, sondern haben auch ein Lehrwerk für die heutige und für zukünftige Generationen von Pflegenden in der Hospizpflege geschaffen.
Dieses Buch ist ein Muss für alle, die in der Palliativpflege arbeiten, weil es unschätzbare Einblicke in die Welt sterbender Patienten bietet.

Eileen Gillan, MD
Assistenzprofessorin für Pädiatrie
Abteilung Hämatologie und Onkologie
University of Connecticut Medical School

Trauer

Erzähl mir nicht, was Trauer bedeutet

Ich sah die rotgeränderten Augen
einer Schwester,
nächtelang ins Gespräch vertieft
mit ihrem Bruder,
der an Leukämie sterben sollte.

Ich berührte die Schultern
eines Vaters,
der zwölf Stunden lang betete,
für sein Kind,
das im Koma lag.

Ich sah im Spiegel
das verlorene, einsame Gesicht
Ich rasierte mich,
während Du
in den Staub zurückkehrst
wo Du einst herkamst.

Ich weiß, es gibt
Heilung für jede Wunde,
Trost für jeden Verlust,
Hoffnung auf Wiedervereinigung
Aber darüber reden wir jetzt nicht.

--- Patrick W. Flanigan, MD
„Surviving the Storm“

Danksagung

Wir möchten einer Reihe qualifizierter und engagierter Ärzte und Pflegekräfte in der Palliativ- und Hospizpflege sowie den Menschen, die uns während des Schreibens so professionell und engagiert betreut und beraten haben, unseren Dank aussprechen.

An erster Stelle gebührt unser Dank jedoch unseren Patienten. Sie sind unsere Lehrer. Sie haben uns erlaubt, an ihren intimsten Momenten teilzuhaben und diese Erlebnisse mit Ihnen zu teilen.

Wir sind unserer Lektorin Leigh Fortson zu großem Dank verpflichtet. Sie hat nicht nur selbstlos eigenes Wissen beigesteuert, sondern ist uns zu einer guten Freundin geworden.

Wir danken Barbara Neighbors Deal, PhD, dass sie uns so professionell begleitet hat und an uns und unsere Arbeit geglaubt hat.

Die Unterstützung, die sowohl Pam als auch ich durch unsere Kollegen erfahren haben, ist bemerkenswert. Für Pam war der Zuspruch, der ihr von Seiten ihrer Freunde und Mitarbeiter am Saint Louise Regional Krankenhaus zuteil wurde, von unschätzbarem Wert. Sie ist besonders dankbar für die unerschütterliche Ermutigung durch ihre Freundinnen, Schwester Camille Cuadra, Schwester Mary Peter Diaz und Schwester Paula Baker. Ihre Begeisterung für diese Arbeit und ihr nichtendenwollender Optimismus halfen ihr, schwere Zeiten durchzustehen. Für Jerry waren die Ermutigung und die Unterstützung, die er durch das Hospiz-Team der Central Coast Visiting Nurse Association und des Hospizes erfuhr, von unschätzbarem Wert. Wir danken unseren Kollegen in Salinas, Monterey, Silicon Valley und Gilroy in Kalifornien. Diese Kollegen haben Kapitel dieses Buches gelesen, als es noch in den Kinderschuhen steckte. Wir danken insbesondere Dr. Patrick Flanigan, dessen Gedichte Sie an vielen Stellen in diesem Buch finden werden. Die Unterstützung, die Jerry durch die Mediziner bei der U.S.-Armee erhielt, war ebenfalls außerordentlich wertvoll. Insbesondere Colonel Sara Ferril und Kathy Lenihan sparten nicht mit vorurteilsfreien und wertvollen Ratschlägen.

Wir sind dankbar für den Zuspruch und die Hilfe, die uns Ira Byock, MD,

zu Beginn unserer Arbeit an diesem Buch zukommen ließ...
Schließlich sind wir unseren Familien außerordentlich dankbar: Jerrys Frau Carolyn und seinen Töchtern Sarah, Renate und Katie sowie Pams Tochter Sheila, ihrer Stieftochter Tianne, ihrem Stiefsohn Anthony und nicht zuletzt auch ihren Enkelkindern Zack, Corbin and Rayna – vielen Dank für Eure bedingungslose Liebe, Eure Geduld und Euer Verständnis. Das hier ist auch Eure Geschichte.

Über die Autoren

Jerry Griffin

Gerald Dieter Griffin wuchs in der Nachkriegszeit in Deutschland auf und gelangte als Adoptivsohn eines amerikanischen Armee-Sergeanten in die Vereinigten Staaten. Als „Soldatenkind" zog Jerry mehrfach innerhalb der Staaten um und war mit seiner Familie noch einige Male in Deutschland stationiert, bevor er sich endgültig in San Francisco niederließ. Während seiner Zeit am College lernte er Carolyn King kennen und heiratete sie. Jerry hat sowohl in Medizin als auch in Pharmazie promoviert. Nachdem er eine akademische Laufbahn im Rahmen einer Assistenz-Professur für klinische Pharmazie/Pharmakologie an der Universität von New Mexico in Albuquerque eingeschlagen hatte, erlangte er zusätzlich seinen medizinischen Abschluss. Als er seine Facharztausbildung in Notfallmedizin beendete, war er zweiundvierzig Jahre alt und hatte drei Töchter, die die Highschool besuchten. Er verließ die Armee im Jahre 1985, diente seitdem aber mit Unterbrechungen immer wieder als Reservist.

In seiner freien Zeit widmete er sich der Notfallmedizin, der inneren Medizin und der Pharmakologie. Von 1989 bis 1997 war er Medizinischer Direktor des Hospice of the Central Coast, einem Hospiz am Krankenhaus von Monterey in Kalifornien. Zu Beginn des Jahres 1997 wurde er Medizinischer Direktor der Visiting Nurse Association (gemeinnütziger Verein, in der ambulante Pflegekräfte organisiert sind) sowie des Monterey-County-Hospizes. Jerry wurde einberufen, um an den Operationen Desert Storm und Provide Comfort I teilzunehmen. Schließlich setzte er sich als Kommandierender General des Medizinischen Korps zur Ruhe, betrachtete sich aber immer noch als Soldat. Jerry wurde aus seinem Ruhestand zurückbeordert, um sich im globalen „Krieg gegen den Terror" zu engagieren und verbrachte ein Jahr im Irak.

Pam Umann

Pam Umann verbrachte ihre Kindheit in New Orleans und zog im Jahr 1966 als High School-Schülerin in die Region um San Francisco. Das politische und soziale Klima, das Mitte der sechziger und bis in die siebziger Jahre hinein in San Francisco herrschte, beeinflusste sie auf eine Art und Weise, die noch heute ihre Arbeit prägt.

Pam schloss ihr Studium der Sozialarbeit an der Universität von Kalifornien in Berkeley mit dem Master ab. Seit 1990 arbeitet sie mit Krankenhäusern, Hospizagenturen und Pflegediensten zusammen. Sie war für die Krisenintervention in Notfallambulanzen und Intensivstationen verantwortlich und etablierte in der San Francisco Bay Area Trauerbegleitprogramme. Im Laufe der Zeit konzentrierte sich Pams Arbeitsschwerpunkt mehr und mehr auf unheilbare Krankheiten – insbesondere AIDS und Krebs.

Pam hat sich ein aktives Interesse an ganzheitlichen Heilmethoden bewahrt und Hypnotherapie und Reiki studiert. Sie ist zertifizierte Hypnotherapeutin und Reiki-Meisterin zweiten Grades.

Ihre Arbeit im medizinischen Bereich wird ergänzt durch ihr Interesse an Spiritualität und an der Frage, wie sich die Seele in unserem Leben und im Tod manifestiert. Pam zeichnet für die Entwicklung und Durchführung von Workshops, Trainings und Wochenend-Seminaren in der Region um San Francisco, in Calistoga und Monterey verantwortlich.

Pam hat eine Tochter, eine Stieftochter und einen Stiefsohn sowie drei Enkel. Sie sind ihre Helden.

Einführung

Der Zweck dieses Buches ist es, Sie durch die Zeit von Tod und Verlust zu begleiten, egal, ob es sich um den Tod eines Menschen handelt, den Sie lieben, oder um Ihren eigenen bevorstehenden Tod. Wir werden die Trauergefühle, die sich von Natur aus „verrückt" anfühlen, erforschen und zu „normalen" Gefühlen machen. Wir werden auch die psychologischen Phasen des Trauerns und des Verlustes erörtern und persönliche Geschichten einfließen lassen, die uns entlang des Weges begegnet sind. Wir hoffen, dass Sie sich auf diesen Seiten wiedererkennen und dass Sie sich selbst besser akzeptieren lernen – wo auch immer oder wer auch immer Sie auf dieser Reise gerade sind.

Wir hoffen, dass professionelle Pflegekräfte unter den Lesern sind, und dass auch sie sich in unseren Geschichten wiederfinden und ihre Stimmen in unseren Worten hören werden.

Wir stellen einige der traditionellen Weisheiten, die sich mit Tod und Verlust beschäftigen, vor, so dass Sie die Gelegenheit haben, Ihre persönliche Trauer vor der Kulisse der Welt zu erleben. Damit soll nicht Ihr Schmerz geringer werden, sondern Ihr Gefühl der Isolation. Schließlich wird sich die Gewissheit einstellen, dass die große Last dieses Schmerzes nicht von Ihnen allein getragen werden muss. Trauer und die Verluste, die der Tod mit sich bringt, sind universell gültige Gefühle. Sie zu erfahren, sind ein Erbe der Menschheit und zugleich eine Erinnerung an diese.

Den Sturm überleben

Wie machen sie das?
Wie überleben Delphine und Wale
während der nächtelangen Stürme
wenn schaumweiße Wellen
den Ozean von einem Ende bis zum anderen bedecken
wenn Gischt die Luft erfüllt
und der Regen in Kaskaden vom Himmel fällt?
Wie gelangt die Luft
in ihre riesigen Lungen ohne dass sie ertrinken
mit all dem Wasser um sie herum?
Sie müssen die Geheimnisse kennen, die wir kennen.
Sie müssen die Geheimnisse kennen, die uns helfen
zu lächeln und zu atmen und zu überleben
ohne in all dem Kummer um uns herum zu ertrinken.
Sie müssen in der Lage sein,
die Schönheit des Regentropfens zu erkennen,
das Lied des Windes zu hören,
ihre Zugehörigkeit zum Universum zu fühlen.
--- Patrick Flanigan, MD

Die Monate als Metapher

Es ist September. Sie beginnen zu spüren, dass irgendetwas nicht stimmt. Es gibt erste vage, beunruhigende Anzeichen und Vorahnungen. Wir gehen mit Ihnen von Beginn an den fortschreitenden und unumkehrbaren Weg, auf dem das Leben einem Menschen nach und nach entgleitet, bis er schließlich stirbt.

Die Monate Oktober und November stellen die Zeit der Diagnose und der zunehmenden Turbulenzen dar. Der Fortschritt der Krankheit bringt körperliche Veränderungen mit sich und führt zum Verlust bestimmter Körperfunktionen. In dieser Zeit müssen Entscheidungen getroffen werden. Es ist die Zeit, in der die Seele erforscht wird, in der das Sterben aber noch weit weg zu sein scheint. Vielleicht besteht noch etwas Hoffnung zu überleben.

Das Erntedankfest, das in das Ende der Oktober/November-Phase fällt, markiert den Wendepunkt hin zu einer gewissen Akzeptanz. Es ist die Zeit, um die Früchte zu ernten, die ein erfülltes Leben mit sich gebracht hat und aufzuhören, das Feld des zukünftigen Lebens zu bestellen.
Der Dezember versinnbildlicht das „Lichterfest" und wird zur Phase des Insichgehens und der Reflexion, um am Ende zu einer größeren Akzeptanz und Wertschätzung des Lebens, das der Sterbende gelebt hat, zu gelangen. Jeder, der sich um den geliebten sterbenden Menschen an Ihrer Seite sorgt, kann an diesem Prozess der Rückschau auf das Leben teilnehmen. Der Dezember ist die Zeit der Einsichten und Erkenntnisse. Die wahren Geschenke, die die Zeit, die Sie miteinander verbracht haben, für Sie bereithält, werden nun sichtbar und erfahren die ihnen gebührende Wertschätzung und Aufmerksamkeit.
Der Januar und der Februar bringen vermehrt körperliche und emotionale Symptome des Sterbens mit sich. Diese sind häufig von tiefsten Depressionen begleitet. Es ist eine grundlegende und entscheidende Phase des Sterbeprozesses. Es könnte darüber hinaus auch die schwierigste Phase für Sie alle sein. Der „Sterbensweg" endet am 19. März, dem letzten Wintertag. Er ist bestimmt von körperlichen und emotionalen Herausforderungen, von Schmerz und Angst. Wir werden all diese Dinge erforschen. Sterben ist der Prozess der Einkehr: ein Prozess des Nachdenkens und der Versöhnung mit dem Leben, das Sie gelebt haben. Sterben bedeutet, sich am Herdfeuer Ihrer eigenen Seele zu wärmen. Es ist keine Zeit, um zu pflanzen, und es ist keine Zeit, um zu ernten.
Der Tod ist der Zeitpunkt, an dem die Taten Ihres Lebens aufgegangen sind wie Samen, die in einem lang zurückliegenden Frühling gesät worden sind, und diese Taten haben Sie über die Zeit der Ernte hinweggetragen. Die Samen, die Sie am tiefsten und in der gehaltvollsten Erde gesät haben – Ihre Hoffnungen für die Ewigkeit – liegen brach, und Sie kriechen langsam in die Höhle Ihrer Seele und warten auf die Verwandlung, die unseren Religionen, unseren Traditionen und den Weisheiten unserer eigenen Herzen zufolge mit Sicherheit auf uns zukommen wird. Magie und Verwandlung finden an den dunklen Orten statt: in den Höhlen, in der Traurigkeit, in der Einsamkeit.

Der Tod ist der Winter der Seele. Es ist die Zeit, in der die Wasserspeier Wache stehen und die alten Frauen im Mondlicht tanzen, um die Zeit der Einkehr willkommen zu heißen. Es ist die Zeit, in der die heiligen Männer Tibets Zuflucht vor den Gebirgsstürmen suchen und ihre heiligen Rituale an geheimen Orten zelebrieren. Es ist die Zeit des Sterbens.

Der Mann kam nur vorbei
Um nach dem langen Sommer
Alles winterfest zu machen.
Er stellte das Riesenrad ab
Holte den Mond vom Himmel
Verstaute Dich in seinem Truck
Und fuhr davon
Der Auspuff spuckte Eis auf die staubige Straße
Die wir gestern noch entlangliefen
--- Carrie Hyde, Dichterin

Kapitel 1
Frühling und Sommer – Setzlinge und Synchronizität

Für Pam wurden die Grundlagen dieses Buches schon im Frühling ihres Lebens gelegt. Sie war eine junge Mutter Anfang zwanzig, als sie erfuhr, dass ihr Vater unheilbar an Krebs erkrankt war.

Die Nacht, in der mein Vater starb: Pams Offenbarung

Mein Vater war während des Zweiten Weltkrieges und in der Nachkriegszeit Kapitän auf einem Handelsschiff. Er war viel unterwegs, und er war viel allein. Dabei verkörperte er als Schiffskapitän den Idealtypus eines Offiziers. Sein ganzes Leben drehte sich um die Tatsache, dass er der Kapitän war. Das machte seine Persönlichkeit und seine Existenz aus, und es war die Quelle sowohl seiner Stärken als auch seiner Schwächen.

Mein Vater starb allein in einem kleinen Zimmer am Ende eines Flures. Die gesamte Familie war in dieser Nacht zuhause. Meine Mutter schlief im Zimmer nebenan, ich war in der Küche und spielte mit meinem Mann und meiner Tante Monopoly. Niemand war bei meinem Vater, als er seinen letzten Atemzug tat. Niemand wusste, ob er Angst hatte oder Schmerzen, ob er kämpfte oder friedlich einschlief. Es war keineswegs ein Mangel an Liebe, der dazu führte, dass mein Vater seinem Tod in so herzerweichender Isolation ins Auge sah. Es war einfach der Höhepunkt zunehmender Angst und Unwissenheit.

Meine Mutter hatte mich einige Monate zuvor angerufen. „Dein Vater hat Krebs“, sagte sie. Nachdem er über Monate hinweg ein immer merkwürdigeres Verhalten an den Tag gelegt hatte, war bei ihm ein großer Hirntumor diagnostiziert worden. Die Operation sollte noch am selben Nachmittag stattfinden. Die Ärzte erklärten, dass der Hirntumor meines Vaters nicht die eigentliche Krebserkrankung darstellte, sondern die Metastase einer Lungenkrebserkrankung war. Der Krebs hatte schon im ganzen Körper gestreut, als er entdeckt wurde. Meine Mutter wandte sich an meinen Bruder und mich und sagte schlicht: „Wir werden das mit Eurem Vater nicht diskutieren. Wir werden das Wort *Krebs* in seiner Gegenwart einfach nicht er-

wähnen. Wir machen weiter, als sei nichts gewesen."
Und so lebten wir weiter, als sei nichts gewesen. Sah man einmal von den Veränderungen ab. Mein Vater ging täglich zu seiner Strahlentherapie. Wir alle brachten es fertig, niemals das Wort *Krebs* in den Mund zu nehmen, wenn mein Vater zugegen war, und mein Vater unterstützte uns, indem er das Wort *Krebs* niemals in unserer Gegenwart benutzte. Und so wurde dieses Wort effektiv aus unserer Welt verbannt – abgesehen von dem großen Logo über der Tür des Krebs-Therapiezentrums, in das er täglich fuhr, um seine Therapie wahrzunehmen.
Es ist unmöglich, ein Wort gänzlich aus seinem Vokabular zu eliminieren. Wörter transportieren Bedeutungen und Konzepte, und es war die Bedeutung der Krankheit meines Vaters, die wir dank unserer Übereinkunft leugneten. Wenn man nicht spricht, herrscht Schweigen. Und mit jedem Wort, das nicht gesagt wurde, mit jedem Gedanken, der unausgesprochen blieb, wuchsen riesige graue Mauern des Schweigens zwischen uns, wie die Steine in Robert Frost´s Gedicht „Mending Wall":

Bevor ich eine Mauer baue, wüsste ich gern
Was ich mit dieser Mauer ein- oder aussperre
Und wen ich womöglich beleidigen könnte.
... da gibt es etwas in mir, das Mauern nicht mag
... das Mauern niederreißen will.
--- Robert Frost

Der Frühling begann, und mein Vater pflanzte an einer Seite des Hauses Rosen. Er verbrachte ganze Nachmittage auf dem Sofa, während meine kleine Tochter sich an ihn kuschelte. Ich weiß nicht, woran er dachte, wenn er ihr etwas in ihre winzigen Ohren flüsterte. Ich weiß nicht, was er mich wissen lassen wollte, oder ob es etwas gab, was ich seiner Meinung nach über ihn in Erinnerung behalten sollte. Ich weiß nicht, ob er Schmerzen hatte. Das Schweigen hatte gewonnen. Wir waren zu Fremden geworden. Mein Vater starb in einer kalten Novembernacht. Meine Mutter rief mich an und bat mich, Kleidung mitzubringen und über Nacht zu bleiben. Sie sagte nicht warum, und ich fragte nicht. Mein Vater lag in einem Krankenhausbett, das meine Mutter ins Haus hatte schaffen lassen, und befand sich im letzten Schlafzimmer am Ende eines Flures. Er konnte von seinem Bett aus nicht aus dem Fenster blicken, und er konnte auch die Rosen, die er gepflanzt hatte, nicht sehen. Sein Gesichtsfeld beschränkte sich im wesentlichen auf die Decke und die Wände des Zimmers. Ich bin mir nicht sicher, was er an diesem Tag sah. Seine Augen schweiften unablässig hin und her, ohne Fokus. Er zitterte furchtbar. Er konnte nicht reden. Ich saß eine Weile an seinem Bett und hielt seine Hand, unfähig, die richtigen Worte zu finden. Meine Mutter war sehr aufgebracht, als sie das sah, und bestand darauf, dass wir das Zimmer verließen. „Euer Vater braucht seine Ruhe." Selbst unter diesen Umständen war mir klar, dass das, was sie sagte, sehr merkwürdig war. Ich sah im Laufe des Nachmittags und des Abends von Zeit zu Zeit nach meinem Vater, aber ich blieb nie lange bei ihm. Wenn ich länger als ein paar Minuten an seinem Bett verweilte, kam sofort meine Mutter herein und holte mich. „Dein Vater braucht seine Ruhe."

Gegen elf Uhr hatte ich das Monopoly-Spiel verloren und stand auf, um noch einmal nach meinem Vater zu sehen. Ich erinnere mich daran, dass ich auf halben Weg stehenblieb und auf seinen Atem hörte. Ich konnte ihn nicht atmen hören... oder doch? Ich hielt drei oder vier Mal inne, bevor ich schließlich auf der Türschwelle zu seinem Zimmer zum Stehen kam. Seine Brust schien sich nicht zu bewegen, und ich konnte ihn immer noch nicht atmen hören. Ich ging sehr langsam auf sein Bett zu und sah und hörte genau hin, um ein Lebenszeichen zu erkennen.

Es gab keines. Das Schweigen, das sich zwischen uns ausgebreitet hatte, dröhnte wie ein Donnerhall in meinen Ohren. Selbst die Wände bebten.

In diesem Buch finden Sie viele Geschichten vom Triumph über Angst und Isolation: Geschichten von Menschen, die friedlich in den Armen eines geliebten Menschen sterben; Geschichten von Menschen, die ihre Reisen mit anderen teilen und die den Sinn und ihre Bestimmung am Ende ihres Lebens erkennen. Der tatsächliche Beweggrund aber, dieses Buch zu schreiben, war die Geschichte eines Mannes, der nicht in der Lage war, diese Dinge zu tun, dem man nicht erlaubte, irgendjemandem gegenüber seine Sorgen zu äußern, mit irgendwem über seine Schmerzen oder seine Ängste zu reden – eines Mannes, der seinen Weg in eisernem Schweigen ging und der allein in einem kleinen Zimmer am Ende des Flures starb. Mehr als alles andere ist dies meine Entschuldigung an ihn.

Jerry hatte den Gila Nationalpark als Kind besucht, aber seine Offenbarung hatte er im Sommer seines Lebens, nachdem er gelernt hatte über seine Erfahrungen nachzudenken und ihre Bedeutung zu erkennen.

Die Brücke im Gila Nationalpark: Jerry´s Offenbarung

Im Herbst des Jahres 1990 verbrachte ich die Ferien im Gila Nationalpark in New Mexico. Ich hatte dort schon einmal meine Ferien als Pfadfinder verlebt und erinnerte mich an eine wunderschöne Waldlandschaft, in der die Menschen aufrichtig, freundlich und vertrauenswürdig waren. Ich hatte mich dort sicher und geborgen gefühlt.

Noch einmal dort zu sein, führte dazu, dass mein Humor zurückkehrte und mein emotionales Wohlbefinden sich augenblicklich wieder einstellte. Der Gila River war nur 15 Meter entfernt, aufs Beste geeignet, um darin zu schwimmen, Steine auf der Wasseroberfläche schlittern zu lassen oder einfach nur dort zu sitzen und dem Klang des Wassers zu lauschen. Es war eine Zeit der Regeneration.

Zu den besonderen und heiligen Orten der Gila Wilderness, eines sich selbst überlassenen Teiles des Gila Nationalparks, gehören die Cliff Dwellings, Höhlenbauten, die von ihren einstigen Bewohnern, den Mogollon-Indianern, verlassen wurden, ohne dass sie eine Spur hinterlassen hätten. Die Höhlen, in denen sie lebten, bestehen aus massivem Stein: einige von der Natur geschaffen, andere von Menschenhand. Die Höhlen liegen versteckt in den Felsen eines tiefen Canyons. Das Gelände ist unübersichtlich, und die Park Ranger sind immer wieder damit beschäftigt, die Höhlen vor gelegentlichen Touristenbesuchen zu schützen. Nur wenige Menschen wissen überhaupt, dass es sie gibt. Ich erinnerte mich aus meiner Pfadfinderzeit an die Höhlen und fühlte mich von diesem wundersamen und mystischen Ort magisch angezogen. Ich wusste instinktiv, dass dies ein Teil meiner Genesung war.

Ich wanderte den Canyon hinauf und erkannte einige Stellen wieder, an denen ich schon einmal gewesen war. Der Anstieg war steil, und ich kam nur langsam voran. Schließlich erreichte ich die Höhlen. Die Sonne begann gerade auf der anderen Seite des Canyons unterzugehen, aber ich ging davon aus, dass mir noch mindestens eine Stunde Tageslicht blieb. Schnell stieg ich die Leiter zum größten Wohnraum hinauf und trat auf eine Terrasse, von der aus ich einen Blick auf das gesamte Dorf hatte. Dort, in der Stille, saß ich eine ganze Weile und versuchte mir vorzustellen, wie das Leben im Dorf ausgesehen hatte, bevor die Mogollon-Indianer es verließen. Es muss sehr lebendig gewesen sein – eine Gemeinschaft mehrerer hundert Menschen, die um diesen großen Raum herum lebten und ihn als Zentrum ihres Dorflebens nutzten.

Als die Mogollon verschwanden, hinterließen sie Feuerstellen und Asche, Maisvorräte und Küchenutensilien. Sie hinterließen die Dinge ihres täglichen Lebens, fast so, als hätten sie erwartet, bald zurückzukehren.

Plötzlich nahm ich Stimmen um mich herum wahr. Anfangs waren sie kaum zu hören, dann wurden sie lauter. Menschen redeten miteinander: Kinder lachten, ein Baby weinte, Männer und Frauen unterhielten sich. Das Dorf unter mir war wieder lebendig - und wie! Ich sah Menschen, die mich wahrzunehmen schienen, aber weder Angst hatten noch besorgt waren. Sie schienen auf mich zu zeigen, um meine Aufmerksamkeit zu erlangen; sie wiesen aber auch zur anderen Seite des Canyons hinüber, die fast 100 Meter entfernt war und ebenso hoch wie die Seite mit den Höhlen.

Auf der anderen Seite des Canyons sah ich Lagerfeuer und weitere Menschen. Zwar konnte ich ihre Füße und Beine nicht sehen, aber sie schienen sich sehr schnell zu bewegen. Ich konnte sie nicht hören, aber sie waren dort. Als mein Blick auf meine Seite des Canyons zurückwanderte, sah ich eine Brücke aus zwei Baumstämmen, auf denen Menschen langsam den Canyon überquerten. Sobald sie die andere Seite erreicht hatten, wurden sie lebendiger und beteiligten sich an den fröhlichen Aktivitäten der anderen. Sie blickten nicht zurück und zeigten kein Interesse an den Dorfbewohnern auf dieser Seite.

Dann bemerkte ich, dass die Sonne langsam hinter den Felsen auf der gegenüberliegenden Seite unterging, und plötzlich war ich allein. Die Menschen, die Stimmen, das Gelächter und die Gespräche waren verstummt. Mir wurde bang ums Herz, ich fühlte mich plötzlich einsamer als zuvor.

Ich kann mich nicht daran erinnern, wie es mir gelang, die Terrasse zu verlassen, die Leiter hinunterzuklettern und den Canyon bis zur Ranger-Station hinabzusteigen.
Ich glaube, dass die Mogollon mir zeigten, was ihnen zugestoßen war. Sie hatten gelernt, die schmale Brücke zwischen Leben und Tod zu überqueren. Sie gingen ohne Anstrengung hinüber, glücklich und ohne Angst. Die Brücke aus Baumstämmen war die Verbindung zwischen beiden Welten. Umgeben von den beständigen Bergen, konnte man sehen, dass sowohl das Dorf als auch die andere Seite Teil einer größeren Landschaft waren. Genauso wie die Mogollon wussten, dass Leben und Tod beide Teil einer größeren Existenz sind.

Dreißig Speichen treffen die Nabe,
die Leere dazwischen macht das Rad.
--- Laotse, Tao te King

Synchronizität: Eine Einführung

Der Frühling des Lebens, die Zeit, in der die Welt noch neu und frisch ist, ist auch die Zeit der Offenbarungen und plötzlichen Erkenntnisse. Manchmal dauert es eine Weile, bis wir wissen, was wir gelernt haben. Das Wissen muss sich erst setzen. Es muss sich an die Wärme des Lebens gewöhnen und gelebt werden. Manchmal erkennen wir erst im Sommer des Lebens bestimmte Strukturen und Übereinstimmungen. Und manchmal nehmen wir Spuren von Ereignissen wahr, die nicht einfach als simple Zufälle abgetan werden können. Und auf diese Weise erfahren wir, manchmal im Sommer, etwas über Synchronizität.

Die Natur, ein Spiegel unserer Seele,
enthüllt die Jahreszeiten unseres Lebens.
Wie Menschen, so lehren uns auch die Jahreszeiten der Erde
Geduld und Aufmerksamkeit
und ermutigen uns zu wachsen.
Vom Glanz des Sonnenlichts im Auge des Rehs
bis zum Spatz, getragen von der Luft unter seinen Flügeln

ist der Geist Gottes die Quelle des Lebens, die unseren Geist beseelt
und uns über Schmerz und Kummer erhebt.
Nur die Seele kann an diesen Ort über den Wolken reisen
an den wir mit dem Atem Gottes emporgebracht werden.
Hier offenbaren uns die Lektionen, die die Natur uns gelehrt hat,
dass Sterben eine Verwandlung ins Leben ist
und dass nichts vollständig verschwindet.
Vielmehr werden wir in ein anderes Gefilde des Lebens transformiert
um die Essenz des Lebens zu erfahren
Wo die Seele niemals stirbt.
--- Sam Oliver
„Was uns die Toten lehren"
1998, Haworth Press, Inc. NY

Der Psychiater Carl Jung definiert Synchronizität als ein Konzept, das zwei auf den ersten Blick völlig voneinander unabhängige und scheinbar zufällige Ereignisse so miteinander verknüpft, dass beiden Ereignissen eine gemeinsame Bedeutung zuteil wird. Diese verknüpften Ereignisse sind mitunter nicht nur durch eine vereinfachte Ursache-Wirkung-Beziehung, wie sie in der westlichen Medizin häufig gesucht wird, zu erklären. Synchronizität ist das Element, das in zufälligen oder gleichzeitigen Ereignissen gefunden wird, damit die Bedeutung des Ereignisses transformiert und eine Verbindung herstellt, wo zuerst nur ein *Zufall* vorzuliegen schien.
Jung beschreibt drei grundlegende Typen der Synchronizität:

1. Das Zusammentreffen eines mentalen Prozesses – eines Gedanken oder Gefühls - und eines externen Ereignisses. Diese können nur eine Minute, ein Jahrzehnt oder ein ganzes Leben auseinanderliegen. Als Beispiel könnte jemand angeführt werden, der sagt: „Ich könnte etwas zu essen gebrauchen." Einen Moment später klingelt es an der Tür und ein Pizzabote steht dort, weil er das Haus nicht finden kann, zu dem er seine Lieferung eigentlich bringen sollte. Er telefoniert, findet heraus, dass der Anrufer dem Lieferservice einen Streich gespielt hat, und überlässt die Pizza glücklich der Person, die nur wenige Minuten vorher ihren Wunsch nach einer Mahlzeit

formuliert hat. Es scheint fast, als sei hier Telepathie im Spiel gewesen.

2. Jemand hat einen Traum oder eine Vision, die mit einem Ereignis zusammenfällt, das gerade stattfindet oder stattgefunden hat, vielleicht weit entfernt, und zu einem späteren Zeitpunkt verifiziert wird.
3. Jemand hat einen Traum, eine Vision oder eine Vorahnung, dass etwas in der Zukunft geschehen wird. Diese Art der Synchronizität scheint die am meisten verbreitete zu sein.

Hier ist ein klassisches Beispiel für Synchronizität: Eine unserer Patientinnen erholte sich von einer Operation und lebte seit Monaten von dem Krankengeld ihrer Krankenversicherung. Ihre Ersparnisse waren beinahe aufgebraucht. Sie trank mit einer Freundin einen Kaffee und sagte: „Meine letzte Krankengeldzahlung erhalte ich am 15. Juni. Wenn ich nicht im Juli wieder arbeiten kann, weiß ich nicht, wie es weitergehen soll." In dem Augenblick klingelte das Telefon. Am anderen Ende der Leitung war ein Freund, mit dem sie seit Jahren nicht gesprochen hatte. „Rufe ich Dich zuhause oder am Arbeitsplatz an?" fragte er.

„Zuhause", erwiderte sie. „Ich habe gerade keinen Büroanschluss." Ohne abzuwarten, antwortete er: „Hättest Du gern einen? Ich könnte Dir einen Job anbieten."

Die Bedeutung dieser zwei offensichtlich miteinander verbundenen Ereignisse lag nicht in der Unterhaltung während des Kaffeetrinkens oder im Telefonanruf. Vielmehr entstand sie durch die Synthese beider Ereignisse.

Wie genau geschieht so etwas und wodurch wird es bewirkt? Das ist eines der Mysterien des Universums. Ein weiser Mann sagte mir einmal: Die Fragen sind interessanter als die Antworten. Und so ist es auch mit der Synchronizität. Wir wissen nicht genau, wie es funktioniert. Wir wissen aber, was es bewirkt.

Synchronistische Ereignisse festigen unsere Bindung untereinander und zur Welt und enthüllen, dass es keine endgültige Isolation oder Trennung gibt.

Jimmys Eule

Ich saß mit Joann in ihrem Wohnzimmer, trank Zitronentee und sah mir die Kinderfotos ihres Sohnes Jimmy an. Jimmy war im vorangegangenen Sommer nach einem Autounfall in der Denali Wilderness in Alaska gestorben. Er war gerade einmal einundzwanzig Jahre alt und auf seinem ersten großen Alaska-Abenteuer-Trip gewesen. Joann schlug das Fotoalbum zu, goss eine weitere Tasse Tee ein und fragte, ob ich Zeit hätte, mir ihre Geschichte über einige Ereignisse anzuhören, die vor Jimmys Tod geschehen waren. Jimmy hatte einen schwarzen Labrador, der ihn seit seiner frühen Kindheit ständig begleitet hatte. Der Junge und der Hund waren unzertrennlich gewesen. Der Hund hatte schon ein hohes Alter erreicht, als Jimmy noch im Jugendalter war, und als Jimmy Anstalten machte, aufs College zu gehen, waren die Tage des Hundes gezählt. Joann sah, wie der Hund schwächer und hinfälliger wurde und tat alles, um ihn zumindest so lange am Leben zu halten, bis Jimmy in den Semesterferien nach Hause kommen konnte. Aber es sollte nicht sein. Als sie den Hund eines Tages zum Tierarzt brachte, sagte der ihr, der Hund habe Krebs und leide unter großen Schmerzen. Sehr widerstrebend ließ sie zu, dass der Hund eingeschläfert wurde. Abends rief sie ihren Sohn an und erzählte ihm, was geschehen war, und fürchtete sich vor seiner Reaktion. Aber er war sehr ruhig und nahm die Situation gefasst auf. „Es ist in Ordnung, Mama“, versicherte er ihr. „Du hast alles richtig gemacht. Mir geht es gut. Keine Sorge.“

Sie sprachen noch eine Weile über den Hund, und dann verkündete Jimmy, welche Pläne er für den Sommer hatte: Er wollte mit seinem Freund aus Kindertagen, Art, nach Alaska fahren und eine Rucksack-Tour in der Denali Wilderness am Fuße des Mount McKinley unternehmen. Joann hatte sofort eine Vorahnung und bat Jimmy inständig, von den Plänen Abstand zu nehmen – oder zumindest nicht mit dem Auto zu fahren.

„Könnt Ihr nicht dorthin fliegen?“ fragte sie. Jimmy wollte von ihren Sorgen nichts wissen. Er war fest entschlossen und sehr aufgeregt angesichts dieses großen Abenteuers. Einige Tage, bevor er vom College aus aufbrach, rief er Joann noch einmal an. Er sprach mit ihr ausführlich über seine Pläne und versicherte ihr, dass ihre Sorgen völlig unbegründet seien. Dann, als er sich verabschiedete, fragte Jimmy Joann: „Weißt Du eigentlich, wie sehr ich Dich liebe?“ Joann sagte, sie wisse das und wollte schon auflegen, als Jimmy sie aufhielt: „Nein“, sagte er beharrlich, „setz Dich und hör mir zu. Ich möchte Dir erzählen, wie sehr ich Dich liebe.“

Joann setze sich hin und hörte zu, wie ihr jüngster Sohn ihr noch einmal Dinge in Erinnerung rief, die sie in seinem Leben für ihn getan hatte, besonders schöne Zeiten, die sie miteinander verbracht hatten, und die Eigenschaften an ihr, die er besonders schätzte und bewunderte. „Und jetzt“, sagte er, „weißt Du, wie sehr ich Dich liebe.“

Jimmy und Art brachen am nächsten Tag mit Arts altem Bronco nach Alaska auf. Sie zelteten unterwegs und gelangten schließlich nach Anchorage, wo sie eine Woche blieben, bevor sie zum Denali-Nationalpark fuhren. Während dieser Zeit beschloss Joann, in ihr Sommerhaus in Tahoe zu fahren, in der Hoffnung, dass ein Tapetenwechsel ihr vielleicht helfen könnte, ihr das zunehmende Gefühl der Unruhe zu nehmen, das sich ihrer bemächtigt hatte. Das Haus in Tahoe war ein warmer, glücklicher Ort voller Erinnerungsstücke an Zeiten, als die Familie noch jünger war. Ihr erster Tag dort war friedvoll und heiter. In der Nacht darauf wurde Joann von einem seltsam klagenden Geräusch geweckt, das nach einem verletzten Tier klang. Sie war vertraut mit den nächtlichen Geräuschen und mit den Tieren, die in dem Wald lebten, in dem das Haus stand. Das hier aber war etwas, das sie noch nie zuvor gehört hatte. Es schien von einer Stelle unmittelbar neben dem Haus zu kommen, gleich vor dem Fenster. Das Geräusch war die ganze Nacht über immer wieder zu hören.

Am nächsten Morgen war Joann so beunruhigt, dass sie ihren ältesten Sohn anrief und ihn bat, nach Tahoe zu fahren, um bei ihr zu sein. Bud kam am Nachmittag an. Auch am zweiten Abend waren die klagenden Laute wieder zu hören, und wieder schienen sie direkt neben dem Haus zu entstehen. Bud nahm eine Taschenlampe und ging hinaus auf die Terrasse, um zu sehen, ob er identifizieren könnte, woher die Laute kamen. Joann war in der Küche, als sie hörte, wie Bud sie rief. „Mama, komm mal raus. Das musst Du Dir ansehen!“ Joann lief auf die Terrasse zu Bud. Er leuchtete mit seiner Taschenlampe in einen Baum, der ganz nah am Haus stand. In einer Astgabel saß eine riesige Silbereule. In den zwanzig Jahren, seit sie dieses Haus besaß, hatte sie nie eine Eule gesehen. Plötzlich flog die Eule auf, glitt hinunter und landete auf dem Geländer der Terrasse, direkt vor Joann und Bud. Sie blieb dort einige Minuten sitzen, sah sie an und flog dann in den Wald davon. Am nächsten Morgen stand die Polizei vor der Tür, um Joann davon in Kenntnis zu setzen, dass Jimmy vor zwei Nächten – der ersten Nacht in Tahoe – im Denali-Nationalpark verstorben war.

„Wenn die Eule nicht gewesen wäre", sagte Joann, „hätte ich Bud nicht angerufen. Dann wäre ich ganz allein gewesen, als sie kamen, um mir zu sagen, dass er tot sei." Die Eule war in der Nacht von Jimmys Tod aufgetaucht. Mehrere Monate später brachte Joann endlich den Mut auf, einige Dinge, die Jimmy gehört hatten, in ihrem kalifornischen Haus aufzuräumen. Sie hatte immer Beispiele der kreativen Arbeiten ihrer Kinder gesammelt. Jimmy war der Künstler der Familie. Als sie durch seine Arbeiten aus dem Kunstunterricht blätterte, fand sie die Bilder wieder, die sie während des achten Schuljahres aufbewahrt hatte – zehn Jahre vor seinem Tod. Es gab zwei große Bilder: Eine Landschaft mit einem Berg im Hintergrund und eine Collage, die eine große Silbereule zeigte. Dieses Bild hängt nun gerahmt an ihrer Wohnzimmerwand. Es gibt keinen Zweifel, dass es sich um dieselbe Eule handelt, die sie in der Nacht seines Todes besucht hatte.

Jimmys Freund Art überlebte den Unfall. Nach mehreren Monaten der Genesung besuchte er Joann, bevor er zum College zurückkehrte, und entdeckte das Bild an der Wand. Joann erzählte Art die Geschichte der Eule in Tahoe und dass sie dieses Bild aus dem achten Schuljahr zusammen mit einem Landschaftsbild, das Jimmy mit Pastellkreiden gemalt hatte, gefunden hatte. Art hatte zusammen mit Jimmy die achte Klasse besucht und erinnerte sich an viele Kunstprojekte, nicht aber an die Eule. Er fragte nach dem Landschaftsgemälde, und als Joann ihm das Bild zeigte, wurde er blass. „Das ist genau die Stelle, an der wir waren, Joann", sagte er. „Das ist die Straße. Sieh mal, da im Hintergrund ist der Mount McKinley." Synchronistische Magie ist ein Katalysator, der zu jeder Zeit des Lebens und Sterbens aktiv sein kann. Er existiert jenseits der Zeit und jenseits logischer Reihenfolgen. Er bringt uns dazu, uns zu drehen, um uns zu wirbeln und uns Schubkraft in eine völlig andere Richtung zu geben. Der Tod ist das beste Beispiel für Synchronizität. Er verknüpft mehrere auf den ersten Blick nicht zusammenhängende Dinge. Der Tod eines geliebten Menschen findet in einem sozialen Kontext statt. Er hat eine Verbindung zu jedem Ereignis in der Vergangenheit, in der Gegenwart und in der Zukunft Ihres Lebens. Der Tod ist aber ebenso eine Katastrophe. Er verändert alles mit nur einem Lidschlag. Wenn Sie die synchronistischen Ereignisse wahrnehmen, die um Sie herum stattfinden, hilft Ihnen das, einen Sinn in allem zu erkennen. Es könnte Ihnen einen Moment verschaffen, in dem Sie Atem holen können und das Heilige und Magische erkennen, das sich in all der Traurigkeit entfaltet, die Sie gerade umgibt.

Gott spricht zu jedem nur, eh er ihn macht,
dann geht er schweigend mit ihm aus der Nacht.
Aber die Worte, eh jeder beginnt,
diese wolkigen Worte, sind.

Von deinen Sinnen hinausgesandt,
geh bis an deiner Sehnsucht Rand;
gib mir Gewand.
Hinter den Dingen wachse als Brand,
dass ihre Schatten, ausgespannt,
immer mich ganz bedecken.

Lass dir alles geschehn: Schönheit und Schrecken.
Man muss nur gehn: Kein Gefühl ist das fernste.
Lass dich von mir nicht trennen.
Nah ist das Land,
das sie das Leben nennen.

Du wirst es erkennen
an seinem Ernste.

Gib mir die Hand
--- Rainer Maria Rilke

Kapitel 2

September: Die Zeit der Ernte

Alles hat seine Stunde.
Für jedes Geschehen unter dem Himmel gibt es eine Zeit.
----- Kohelet

Fallende Blätter: Ein erster Verdacht und die ersten Sorgen

Die Jahreszeit des Sterbens beginnt mit dem Monat September. Die Strahlen der Sonne sind noch kräftig genug, um das Land zu erwärmen, werden aber zusehends schwächer. Wo gestern noch Licht hinfiel, ist mit einem Mal Schatten. Wir holen Pullover und Strickjacken aus den Schränken hervor, um uns gegen die beginnende Kälte zu wappnen. Eine kühle Brise liegt in der Luft. Auch wenn wir noch die letzten Blüten des Sommers hegen und pflegen, ist uns bewusst, dass Herbst und Winter herannahen. Jedes Blatt, das vom Baum fällt, erinnert uns daran, dass eine dunkle Zeit naht. Dieses Kapitel handelt vom beginnenden Prozess des Sterbens – dem frühen Herbst im Übergang vom Leben zum Tod – und wie sich das Leben für Sie und den geliebten Menschen an Ihrer Seite ändert.

Es ist die Zeit, in der Ihr Gegenüber anfängt, Dingen Aufmerksamkeit zu schenken, die er bislang ignoriert hat. Er beschließt plötzlich, den Arzt aufzusuchen, weil ihm irgendetwas Sorgen bereitet: ein andauernder Schmerz, ein wenig Blut im Stuhl, ein lästiges Zucken, unerklärliche Müdigkeit oder Unwohlsein, Erschöpfung, Schlaflosigkeit, ein Tremor, ein ungewöhnlicher Druck im Kopf, gelegentliche Schwindelanfälle oder eingeschränktes Sehvermögen. Es kann sich um ein einziges Symptom handeln oder auch um eine Vielzahl von Symptomen, mit Sicherheit aber gibt es ein unterschwelliges Gefühl der Sorge, eine Vorahnung. Sie sind sich darüber im Klaren, dass mit dem geliebten Menschen an Ihrer Seite etwas nicht stimmt. Dies ist der Beginn des Sterbeprozesses. Es ist früher Herbst.

Carol

Carol hatte sich immer hervorragend um ihre Gesundheit gekümmert. Sie sorgte sich um ihre Ernährung, verbrachte möglichst viel Zeit an der frischen Luft, trieb viel Sport und meditierte jeden Tag. Vor fünf Jahren hatte sie ihre Wechseljahre hinter sich gelassen, als sie plötzlich leichte Bauchkrämpfe wahrnahm und ständig das Gefühl hatte, aufgebläht zu sein. Ihr Unterleib war hart und geschwollen. Carol glaubte erst, dass die Einnahme eines Eisenpräparates Verstopfung verursachte und setzte das Präparat ab. Sie versuchte es mit Kräutertees aus dem Reformhaus. Sie strich bestimmte Lebensmittel von ihrem Speiseplan. Aber erst, als sie plötzlich Vaginalblutungen hatte, beschloss sie, ihren Gynäkologen aufzusuchen. Der Arzt diagnostizierte einen Gebärmutterkrebs, der bereits außerhalb ihres Beckens Metastasen gebildet hatte.

Carols erste Reaktion waren Schock und Ungläubigkeit. Als sie nachdachte, musste sie sich aber eingestehen, dass sie mit der Krebserkrankung schon eine Weile gelebt hatte und dass sie auf einer bestimmten Stufe ihres Bewusstseins von seiner Existenz gewusst hatte.

Die Diagnose erhalten

Ich ging
um ihr die Nachricht zu überbringen
und ich konnte hören, wie mein eigenes Herz schlug
aus Angst vor dem, was ich ihr würde sagen müssen.
--- W.W. Gibson

Es scheint so einfach zu sein: Ihr Partner geht zum Arzt, um über bestimmte Symptome zu sprechen, die ihn seit einiger Zeit plagen. Der Arzt hört zu und nimmt eine gründliche körperliche Untersuchung vor. Einige Labortests werden durchgeführt. Blut wird abgenommen, eine Urinprobe untersucht, eine Röntgen- oder CT-Aufnahme durchgeführt. Vielleicht wird eine Biopsie vorgenommen, um zu überprüfen, ob es eine atypische Wucherung gegeben hat. Der Arzt tastet die Lymphknoten ab, um festzustellen, ob sich eine Infektion vom eigentlichen Herd der Erkrankung ausgebreitet hat. (Das Lymphsystem ist ein System von Kanälen, die sich parallel zu den Blutbahnen über den gesamten Körper erstrecken. Es ist das System, das den Abfall des Körpers aufnimmt – Giftstoffe und Toxine, die von Infektionen herrühren, alte oder tote Blutzellen, chemische Stoffe und manchmal auch Krebszellen. Infektionen und Giftstoffe werden durch dieses System geleitet und auf diese Weise aus dem Körper geschafft. Wenn eine Infektion oder Erkrankung vorliegt, die sich über das Lymphatische System ausbreitet oder durch dieses ausgeleitet wird, kann der Arzt dies anhand einer Schwellung der kleinen Beulen wahrnehmen, die wir als Lymphknoten bezeichnen. Das bedeutet, dass sich dort etwas in den „Abfallsammelstellen" des Lymphsystems befindet.)

Dann folgen die Tage des Wartens auf die Testergebnisse. Laborergebnisse sind nach etwa drei bis zehn Tagen verfügbar – das ist eine schwierige Zeit. Wenn die Proben an Speziallaboratorien geschickt werden, kann es noch länger dauern. Schon drei Tage erscheinen Ihnen wie eine Ewigkeit. Dann erhält der Arzt die Laborergebnisse. Es sind keine guten Nachrichten.

Es ist ein großer Schock, die Diagnose zu erhalten, dass man an einer lebensbedrohenden Krankheit leidet – für jeden, selbst für den Arzt. Dabei ist es egal, ob der Diagnose zahlreiche medizinische Untersuchungen, ein inniges Arzt-Patienten-Verhältnis oder die Warnung des Arztes, es könnte sich um beunruhigende Ergebnisse handeln, vorausgingen. Nichts kann Sie, einen geliebten Menschen oder Ihre nächste Umgebung angemessen auf die Nachricht vorbereiten, dass es sich um eine unheilbare Krankheit handelt.

Der Arzt hat die Ergebnisse mit Ihnen besprochen, hat erläutert, was sie bedeuten und Ihnen eine Vorstellung dessen vermittelt, was in den nächsten Tagen auf Sie zukommt. Während der Arzt die Resultate präsentierte, haben Sie und Ihr Partner mit großer Wahrscheinlichkeit ein intensives Gefühl der Eile gespürt. Weder Sie noch Ihr Partner haben sich wirklich auf die Laborergebnisse konzentriert; alles, was Sie in diesem Moment im Kopf hatten, war das mögliche Ende seines Lebens – und Schmerz, verabreicht in einem Datensatz auf Papier.

Nachdem die Ergebnisse gründlich besprochen wurden, haben Sie und Ihr Partner mit dem Arzt die Therapiemöglichkeiten erörtert. Zu diesem Zeitpunkt – wie auch während jedes weiteren Zusammentreffens mit dem Arzt

– sollten Sie ein Höchstmaß an Aufrichtigkeit und Mitgefühl erfahren haben. Nachdem Sie die endgültige Diagnose erfahren haben, standen Sie unter Umständen unter Schock und fühlten sich gar nicht in der Lage, angemessen und sachlich über die Behandlung zu sprechen. Wenn Sie glauben, das sei der Fall, sollten Sie mit dem Arzt einen neuen Termin vereinbaren, um sich über weitere Therapiemöglichkeiten zu informieren. Sorgen Sie dafür, dass Sie Ihre nächsten Angehörigen mit in diese Arztbesuche einbeziehen.

In der Medizin wird der Begriff der Diagnose definiert als Akt oder Prozess der Identifizierung oder Zuordnung von Eigenschaften und Ursachen einer Krankheit oder Verletzung unter Berücksichtigung der Krankheitsgeschichte und der Untersuchung eines Patienten sowie der Beurteilung seiner Labordaten. Diese Definition ist für Mediziner geeignet. Sie erfasst weder die emotionalen Bedingungen oder die Aspekte, mit denen Sie und der geliebte Mensch an Ihrer Seite beschäftigt sind, wenn Sie die Diagnose erhalten. Diagnose kann aus Sicht Ihres Partners ebenso gut heißen: „Warum gerade ich?“ oder „Das geschieht jetzt nicht wirklich.“ Vielleicht kann Ihr Partner die Erlebnisse erst einordnen, nachdem er sich wieder und wieder den Moment in Erinnerung gerufen hat, in dem er die ersten Symptome wahrgenommen hat.

Nach der Diagnose

Das Leben ändert sich. Die Nachricht, an einer unheilbaren Krankheit zu leiden, ist ein tiefgreifender Einschnitt in unser Leben. Die Art und Weise, wie der Patient sein Leben wahrnimmt, die Entscheidungen, die er trifft, die Prioritäten, die er setzt und die Erinnerungen, die er besonders schätzt, werden alle einer radikalen Neuordnung unterzogen. Das Leben wird nie wieder so sein wie vorher – weder für ihn noch für seine Angehörigen.

Mit schwindender Kraft und wechselhaften Emotionen verändern sich auch die Strukturen, die Sie bisher als normal erachtet haben. Schock, Trauma und körperliche Entkräftung zeigen sich in jeder Lebenssituation Ihres Gegenübers. Rechnen Sie mit extremen Persönlichkeitsschwankungen. Ihr Partner läuft rastlos durch das Haus und redet ununterbrochen über alles – nur nicht über seine Krankheit. Im nächsten Moment hängt er

vor dem Computer und recherchiert im Internet alle Aspekte seiner Behandlungsmöglichkeiten. Weitere zehn Minuten später sitzt er schweigend da und grübelt über seine Zukunft nach.
Auch die Aufmerksamkeit gegenüber alltäglichen Aktivitäten wird unberechenbar. Eine Woche lang treibt er jeden Tag Sport und isst nur Obst und Gemüse aus kontrolliert biologischem Anbau. In der nächsten Woche trägt er drei Tage lang nur seinen Schlafanzug, und Sie erwischen ihn rauchend auf dem Balkon. Dabei hat er seit zwanzig Jahren nicht mehr geraucht. „Was macht das für einen Unterschied," fragt er schulterzuckend, „ich sterbe doch sowieso."
Verschiedene Ebenen des Schocks und der Trauer nehmen immer mehr Platz im Gehirn in Anspruch. Vergesslichkeit ist ebenso an der Tagesordnung wie Konzentrationsschwierigkeiten. Ihr Partner wird vielleicht unentschlossener. Sein Selbstwertgefühl nimmt ab, er fühlt sich bedürftig.
Auch Dinge im Haushalt und in Ihrer Umgebung ändern sich. Die Wäsche wird nicht gewaschen. Ihr Partner lässt Mahlzeiten aus, verlegt Termine oder erscheint einfach nicht. An manchen Tagen liegt er nur noch im Bett und schaut sich Dauerwerbesendungen an.
Einige dieser Veränderungen treten nur vorübergehend auf, andere nehmen bis zum Ende an Intensität zu oder sind ständigen Schwankungen unterworfen. Wenn Ihr Partner für den Haushalt verantwortlich war, wird er oder sie Hilfe benötigen. Die Kinder müssen noch zur Schule gehen, die Familie braucht ihre regelmäßigen Mahlzeiten, und die Wäsche muss gewaschen werden. Rechnungen müssen bezahlt und der Rasen muss gemäht werden, der Hund benötigt Auslauf. Lebensmittel müssen gekauft und Mahlzeiten zubereitet werden. Welche Rolle auch immer Ihr Partner bislang ausgefüllt hat, es ist erforderlich, die Aufgaben zu delegieren – aber sie müssen nach wie vor erledigt werden. Ab einem bestimmten Zeitpunkt werden Sie Hilfe benötigen.
Wenn Geld keine Rolle spielt, dann stellen Sie jemanden ein, der sich um den Haushalt kümmert, damit Sie sich auf die Veränderungen in Ihrem Leben konzentrieren können. Wenn Sie nicht über unbegrenzte Mittel verfügen, sollten Sie Ihre Familie und enge Freunde rechtzeitig einbinden, damit der Alltag weiter läuft. Lernen Sie, Dinge zu delegieren. Häufig finden Sie

in Kirchengemeinden diese Art von Hilfe. Reden Sie mit Ihrem Pfarrer, Prediger, Imam oder Rabbiner. Erkundigen Sie sich, ob ihre Kranken- oder Pflegeversicherung oder die Berufsgenossenschaft Haushaltshilfen oder Pflegekräfte finanziert. Auf diese Weise können Hilfestellungen für Arbeiten im Haushalt, für die Zubereitung von Mahlzeiten, für Einkäufe oder andere Erledigungen oder auch Hilfe bei der eigenen Körperpflege in Anspruch genommen werden.

Wie sich Ihr Leben als Pflegender verändert

Der sich verschlechternde Gesundheitszustand des Menschen, den Sie lieben und sein möglicher Tod führen auch in Ihrem Leben zu vielen Veränderungen. Einige der Veränderungen vollziehen sich allmählich, andere treten ganz plötzlich auf. Hier sind einige Beispiele:

- Sie werden weniger Zeit für Ihre bisher üblichen Freizeitaktivitäten haben.
- Sie müssen unter Umständen grundlegende Veränderungen hinnehmen. Vielleicht müssen Sie aus Ihrer Neubausiedlung wegziehen, um in einer anderen Stadt ein Elternteil zu versorgen.
- Paare, die jahrelang eng aneinandergeschmiegt in einem Bett geschlafen haben, können vielleicht noch nicht einmal mehr im selben Zimmer schlafen. Medizinische Gerätschaften oder körperliche Einschränkungen führen mitunter dazu, dass Sie das Gefühl haben, aus dem Leben ihres geliebten Menschen ausgeschlossen zu sein.
- Auch Beziehungen verändern sich. Sowohl die Krankheit als auch die Behandlung können körperliche Veränderungen und Entstellungen zur Folge haben. Ihr Partner fühlt sich unter Umständen mit der bisherigen Vertrautheit, die Sie mit ihm genossen haben, nicht mehr wohl. Vielleicht schämt er sich, sich in Ihrer Gegenwart zu entkleiden. Vielleicht zieht er sich auch emotional zurück, weil er versucht, mit den unliebsamen Veränderungen fertig zu werden.

- Ihre Rolle in der Beziehung zu dem geliebten Menschen und Ihre Verantwortung ihm gegenüber werden zunehmend komplexer. Nun sind Sie nicht einfach nur Lebensgefährte oder Liebhaber, Bruder oder Schwester, Sohn oder Tochter. Sie sind nun auch Pflegende/r und in manchen Fällen auch der- oder diejenige, die Entscheidungen trifft. Es kann sein, dass Sie beide sich mit diesen Veränderungen unwohl fühlen und dass es zu Verstimmungen kommt.

Den Tod annehmen und das Chaos überleben

Angesichts der Diagnose verändern sich Ihre alltäglichen Gewohnheiten und damit auch Ihre alltäglichen Gedanken. Ein geliebter Mensch wird mit seiner eigenen Sterblichkeit konfrontiert, und da Sie Teil dieses Prozesses sind, gilt für Sie das Gleiche. Dies ist eine Zeit, in der Sie viel über den Tod nachdenken werden und vielleicht Fragen stellen, die nur schwer oder unmöglich zu beantworten sind. Eine Frage, die Betroffene sich häufig stellen, lautet: „Wie wird es sich anfühlen zu sterben?“

Der Tod ist so individuell wie das Leben. Die Erfahrungen eines jeden Menschen sind einzigartig. Einige Menschen leben jahrelang mit einer unheilbaren Erkrankung, andere nur ein paar Monate oder sogar nur einige Wochen. Unabhängig von den Umständen oder der Ursache des Todes eines Menschen, den Sie pflegen, soll es unser Ziel sein, Sie darin zu unterstützen, Ihrer Mutter, Ihrem Vater, Ihrer Schwester oder Ihrem Bruder, einem Freund oder Kollegen, Ihren Großeltern, anderen Verwandten oder Kindern, einem geliebten Menschen oder auch sich selbst zu helfen, wenn die letzten Lebenstage in Sichtweite gerückt sind. Wir wollen Teil des ersten Gliedes in der Kette der Unterstützer sein, die Ihnen und Ihren Liebsten helfen. Es geht dabei nicht nur um die Verluste oder auch Wunder, die die Betroffenen erleben werden, sondern auch um Ihre Verluste und Wunder. Davon wird es einige geben, sie werden gewaltig sein und all Ihre Kraft fordern.

Wir schreiben in linearer Abfolge über den Tod, als sei dies die Art und Weise, wie er näher rückt. Das ist aber nicht der Fall. Der Tod scheint – ebenso wie das Leben – sehr willkürlich zu sein. Ohne Verbindung zur

Welt – ohne einen ihm innewohnenden Wert, ohne Bedeutung. Leben und Tod sind jedoch nicht willkürlich. Sie treten beide in einem Zusammenhang auf. Sie sind miteinander verwoben. Leben und Tod existieren in jedem einzelnen Moment des Lebens nebeneinander. Und nichts vollzieht sich nach einem linearen Muster. Im wirklichen Leben passiert alles gleichzeitig, sofort und andauernd.
Eine Patientin, die sich einer Krebstherapie unterzog, formulierte es folgendermaßen:

Die Welt stürzt auf mich ein, und ich tanze so schnell ich kann, und meine Gedanken explodieren und mein Herz explodiert und meine Seele explodiert und mein Geld ist noch nicht auf dem Konto und ich habe von meiner Mutter geträumt und davon, dass meine Haare ausfallen und ich dachte gestern, Gott hätte zu mir gesprochen, dabei war es mein Zahnarzt und wo bin ich wirklich und wo bleibt mein Geld und all das macht mir wirklich Angst und ich werde nicht zu irgendwelchen blöden Selbsthilfegruppen gehen und warum bin ich so müde und warum bin ich so verwirrt und Wow!, alles ist jetzt so viel klarer und mein Gott, jetzt habe ich eine Glatze, und werde ich das alles überleben und...

Sie haben vielleicht schon bemerkt, dass in Ihrem Partner ein ähnliches Chaos vorgeht, während er versucht, dem Unausweichlichen einen Sinn zu geben. Das ist normal. Es ist Teil des Prozesses, in dem versucht wird, den Schock dieser Situation abzufangen. Seien Sie geduldig und aufmerksam. Hören Sie zu, wenn Wut und Verzweiflung sich Bahn brechen, aber erteilen Sie keine Ratschläge. Hören Sie einfach zu. Nicken Sie. Versichern Sie dem Menschen, den Sie lieben, dass Sie auch auf lange Sicht bei ihm bleiben, und dass Sie ihn durch alle Höhen und Tiefen begleiten werden. Dann hören Sie wieder zu. Ihr Partner wird versuchen, all die Teile, die auseinander gebrochen sind, wieder zusammenzusetzen und dieses Ansinnen größtenteils laut formulieren. Das ist die nach außen sichtbare Erfahrung, die sich festsetzt. Ihr geliebter Mensch fühlt sich, als hätte ihn eine unsichtbare Kraft gepackt und wild durchgeschüttelt wie eine Stoffpuppe, um auch den letzten Rest dessen zu zerstören, was einst real und unzerstörbar war. Während der geliebte Mensch an Ihrer Seite versucht, mit dem Schock und dem Trauma, die mit der Akzeptanz der eigenen Sterblichkeit einhergehen, fertig zu werden, ist eines der wertvollsten Geschenke, das Sie machen können, einfach ein guter Zuhörer zu sein.

Viele von uns kennen die Geschichte von der Frau, die mit ihrem neuen Freund ein Restaurant besuchte. Sie litt an einer Kehlkopfentzündung und konnte kaum sprechen. Sie verbrachte den Abend freundlich nickend und zeigte ihre Gefühle mittels ihrer Gesichtsausdrücke. Am späten Abend traf der Mann zufällig einen Freund, der ihn fragte, wie seine Verabredung gewesen sei. „Es war wunderbar", antwortete dieser. „Sie ist die intelligenteste und wortgewandteste Frau, der ich je begegnet bin."

Es ist ein Grundbedürfnis jedes Menschen, angehört und verstanden zu werden. Ein Mensch muss Geschichten auf seine Weise erzählen können, und es ist wichtig, dass seine eigene Version seines Lebens geschätzt und respektiert wird. In seiner reinsten Form bedeutet Zuhören nicht weniger als Zeugnis abzulegen von der bloßen Existenz des Menschen an Ihrer Seite. Und so schaffen Sie es, die nötigen Qualitäten als Zuhörer zu entwickeln, die dazu beitragen werden, dass Ihr Gegenüber sich aufgehoben fühlt:

- Blicken Sie mit Unterbrechungen in seine Augen. Sie wollen schließlich, dass Ihr Gegenüber fühlt, dass Sie ihm verbunden sind und ihm zuhören, nicht, dass Sie ihn untersuchen. Lassen Sie Ihren Blick zu seiner Schulter oder zu einem anderen Punkt im Raum schweifen. Dann blicken Sie ihm wieder in die Augen.
- Wenn Sie einander gegenüber sitzen, lehnen Sie sich in Ihrem Stuhl ein wenig nach vorn. Eine freundliche, offene Körperhaltung vermittelt Ihre Unterstützung und die Akzeptanz dessen, was er sagt.
- Sorgen Sie für gelegentlichen Körperkontakt. Halten Sie seine Hand oder beugen Sie sich hinüber, um eine Schulter zu berühren. Damit zeigen Sie Ihre Sorge und Zuneigung.
- Versuchen Sie, negative Bemerkungen wie: „Warum bist Du nicht eher zum Arzt gegangen?" oder „Ich habe Dir schon vor Jahren ge-

sagt, Du sollst mit dem Rauchen aufhören!" zu vermeiden.

- Vermeiden Sie wertende Kommentare, auch wenn Sie glauben, dass Ihr Gegenüber die Situation dramatisiert, verleugnet oder einfach nicht Recht hat.
- Setzen Sie stattdessen bestärkende Kommentare ein, wie zum Beispiel: „Ich verstehe, wie sich das für Dich anfühlen muss."
- Stellen Sie hilfreiche Fragen. Fragen Sie nicht: „Warum fühlst Du Dich so?", sondern vielmehr: „Kannst Du mir sagen, wie das für Dich war?"

Von Außen nach Innen

Für die meisten Menschen stellt es sich so dar, als würde der Tod auf leisen Sohlen kommen, manchmal fast unbemerkt. Am Anfang scheint der Tod etwas zu sein, das von Außen kommt und in unser Inneres eindringt. Einen Moment lang macht es den Anschein, als stehe Ihr Gegenüber mitten im Leben – und verfolge seine Träume und Ziele intensiver als je zuvor und leide unter Enttäuschungen mehr denn je. Im nächsten Augenblick wirkt er, als wäre er kurz davor, seinen letzten Atemzug zu tun.

Eine Hospizschwester, die einen sterbenden Mann begleitete, beschrieb seiner Familie, welche physiologischen Prozesse in den letzten Tagen und Stunden eines Lebens stattfinden und drückte sehr treffend aus, was in dem Moment geschieht, in dem der Körper seinen letzten Halt zum Leben verliert: „Menschen sterben von innen nach außen."

Sie meinte damit, dass die Erfahrung des Sterbens von einer äußeren zu einer inneren Erfahrung transzendiert. Im Verlauf einer lebensbedrohenden Krankheit wirken Verluste kumulativ: Der Prozess wird zunächst als ein Ereignis wahrgenommen, das sich außerhalb des eigenen Ichs vollzieht. Schon bald jedoch verlagert sich die Wahrnehmung nach innen. Dies scheint ein Paradox zu sein, aber betrachten Sie es folgendermaßen: Die psychologische Wahrnehmung des Todes hat den Charakter eines Aliens – er kommt von außen, als Eindringling. In Wirklichkeit aber liegt die Ursache des Todes eines geliebten Menschen in seinem Inneren – nämlich im wahrsten Sinne des Wortes in seinem Körper.

Irgendwie müssen diese zwei Gegensätze sich einander annähern und in Übereinstimmung gebracht werden. Dieser Schritt sollte idealerweise ohne Angst und ohne weiteres Chaos vollzogen werden. Genau an dieser Schnittstelle – oder Wegkreuzung – wenn sich Innen und Außen begegnen (wenn der Tod akzeptiert wird), können wir als Pflegende und Familienmitglieder am nützlichsten sein. Lernen Sie, die feinen Veränderungen wahrzunehmen, die auftreten, wenn die Wahrnehmung sich von außen nach innen verlagert (von redselig/chaotisch hin zu ruhig/meditativ). In dieser Phase werden Ihre Geduld und Ihr Durchhaltevermögen auf die Probe gestellt, und Sie können sich auf einige Schwierigkeiten gefasst machen – aber das ist normal. An der Seite des Patienten Stärke zu beweisen, ist die beste Möglichkeit, ihm seine eigenen Ängste zu nehmen und ihm schließlich bei dieser Wandlung zu helfen. Sobald diese erfolgreich abgeschlossen wurde, wird Ihr Gegenüber sowohl die äußere als auch die innere Erfahrung als eine einzige wahrnehmen und verinnerlichen.
Vielleicht ist dieser Prozess Teil des uns innewohnenden Wissens um die Unsterblichkeit. Sie entlassen das Leben schlussendlich aus Ihrem Körper, verlieren den Körper und werden wieder eins mit dem Außen – ein wahres Paradox, aber eines, dass verstanden werden kann. Selbst wenn er in jeder einzelnen Zelle Ihres Körpers entspringt, so ist und bleibt der Tod für die immerwährende Natur Ihrer Seele doch ein Eindringling.

Der Traum

Eine ganze Weile gleiten Sie durchs Leben wie in einer Wells Fargo-Postkutsche – vielleicht ruckelt es ein wenig, wenn Sie ein Schlagloch auf der Landstraße erwischen, aber Sie kommen trotzdem gut voran. Als Nächstes erinnern Sie sich daran, dass diese üblen Typen Sie umringt haben, die Gewehre im Anschlag, und Warnschüsse in die Luft abgeben. Menschen schreien. Die Luft riecht schwefelig nach Schießpulver und ist dunkel vor Staub und Rauch. Sie blicken zum Horizont und suchen vergeblich nach der Kavallerie auf dem nächsten Hügel. „Das war´s dann wohl." denken Sie. „Ich bin so gut wie tot."

Symbole, Spiritualität und das Nahen des Todes

Sie wachen auf und denken über Ihren Traum nach, dann nehmen Sie Ihr Traumdeutungsbuch zur Hand und schlagen alle Symbole nach, die in Ihrem Traum aufgetaucht sind. Welche Bedeutung auch immer sie haben, Sie realisieren, dass die Symbole Ihrem Innern entspringen. Sie selbst sind die Quelle sowohl der Symbole als auch ihrer Bedeutung. Auch wenn sie sich in der Welt manifestieren, ist ihr Ursprung doch tief in Ihrer Seele zu finden. Die Ureinwohner Amerikas haben dieses Konzept verinnerlicht, wie in der Rohübersetzung eines ihrer Gebete zu erkennen ist:

Oh, Großer Geist,
Erde, Sonne, Himmel und Meer
Ihr seid in mir
und um mich herum
--- Gebet der Ureinwohner Amerikas
(interpretiert von Wings of Song)

Ihre spirituelle Identität existiert gleichermaßen in den Weiten des Universums und in den geheimsten und entlegensten Winkeln Ihres Herzens. Ihre Verbindung zu Ihrem Gott und zur Welt wird durch Ihre tiefsten Gefühle aktualisiert und von der Welt an Sie zurückgespiegelt. Dies ist eines der am besten gehüteten Geheimnisse des Universums. Es steht überall geschrieben und wird von fast allen großen religiösen Traditionen gelehrt. Und dennoch wird es durch die Bindung an den Körper aus dem Gedächtnis gelöscht. Allzu oft denken die Menschen: „Ich bin mein Körper".

Wenn Sie so denken, dann vergessen Sie, wer Sie sind. Indem der Tod Ihren Körper ausradiert, erinnert er Sie daran, dass Sie nicht bloß ein körperliches Wesen sind, das eine spirituelle Erfahrung macht. Sie sind vielmehr ein spirituelles Wesen, das eine körperliche Erfahrung macht. Auch wenn das Sterben ein natürlicher Prozess ist, empfinden diejenigen, denen eine endliche Lebenszeit gegeben wurde, - ebenso wie diejenigen, die sie pflegen – den Tod als etwas Furchtbares und zutiefst Unnatürliches. Der Tod wird, wenn er näher rückt, als außerirdischer Eindringling empfunden. Die Wahrheit ist, dass der geliebte Mensch an Ihrer Seite vielleicht schon seit Jahren in diesem Sterbeprozess lebt. Ebenso hat er wahrscheinlich längst damit begonnen, Verhandlungen über eine Beziehung zu seinem bevorstehenden Tod zu führen. Sein Körper weiß davon. Er hat sich bereits mit den Veränderungen arrangiert, die Sie als Pflegender gerade zu erahnen beginnen. Auch seine Seele ist sich dessen bewusst, dass die Zeit der Vorbereitung gekommen ist. Dieses Sterben – dieser Wandel von der von Herzen kommenden Willenskraft zu leben hin zum letzten Atemzug – ist ein langer und kurvenreicher Weg voller Schmerz, Angst und Einsamkeit. Er kann aber ebenso reich an Abenteuern und Entdeckungen sein.

Hinweise für den Pflegenden

Der Sterbeprozess ist eine Zeit der Kontemplation. Wenn Sie und der geliebte Mensch an Ihrer Seite diesen Weg gemeinsam gehen, dann bedenken Sie bitte, dass Sie vermutlich viel Zeit damit verbringen werden, Dinge zu tun und zu denken, die jenseits Ihrer alltäglichen Abläufe stattfinden. Zum Beispiel:

- Seien Sie darauf gefasst, dass Sie und der geliebte Mensch an Ihrer Seite viel Zeit darauf verwenden werden, Ihren Gefühlen und Gedanken nachzuspüren, so dass Sie Ihren Partner beruhigen, aufrichten und inspirieren können.
- Lesen und erfahren Sie so viel wie möglich über die Krankheit und die Pflege Ihres Gegenübers.
- Erlauben Sie sich, mit dem Trauerprozess zu beginnen und wenn Sie es mögen, dann lesen Sie sich auch in diese Thematik ein.
- Glauben Sie an sich selbst.

Frühe Verluste

Wenn ich diesen Schmerz aufrecht erhalten kann
dann wird der Mut die Hoffnung überwinden
und ich werde überleben.
Wenn ich aber lerne sanft zu seufzen
über Deine Teilnahmslosigkeit
dann werde ich sterben.
--- Carrie Hyde

Zu den Veränderungen und Verlusten, die die schwächer werdende Gesundheit mit sich bringt, gehören auch soziale und finanzielle Verluste, die Veränderungen von Beziehungen und die Neuausrichtung der eigenen Rolle innerhalb der Familie. Das Sterben wird oft fälschlicherweise als ein bestimmter Moment betrachtet, in dem die Körperfunktionen ihre Arbeit einstellen – der letzte Herzschlag, der letzte Atemzug. Es stimmt, dass das Ende des Lebens ein dramatischer und entscheidender Übergang ist, aber dieser findet normalerweise nicht in wenigen Momenten oder auch Stunden statt. Der Tod ist ein singuläres Ereignis, das vergleichbar ist mit dem Moment der Geburt. Der Sterbeprozess dagegen ähnelt eher dem lang anhaltenden Prozess des Wachstums.

Denken wir diesen Gedanken weiter, indem wir uns vor Augen halten, dass Sie sich, um sich Ihren Platz in der Welt zu erobern, Wissen und Fähigkeiten aneignen mussten, um zu überleben. Sie haben gelernt zu laufen, zu kommunizieren, Ihre Körperfunktionen zu kontrollieren, Ihre Aufmerksamkeit auf bestimmte Dinge zu richten. Sie haben die Welt als faszinierenden Ort wahrgenommen. Sie sind der Welt und den Menschen um Sie herum mit ungezügeltem Enthusiasmus begegnet. Alles war wunderbar.

Die Fähigkeiten, die Sie entwickelt haben, die Beziehungen, die Sie eingegangen sind und die Erfüllung, die Sie mit dem, was Sie geleistet haben, gefunden haben, führten immer dazu, dass Ihre Verbindung zu dieser Welt noch intensiver wurde.

Sterben ist ein vergleichbarer Prozess – nur vollzieht er sich umgekehrt.

Der geliebte Mensch an Ihrer Seite wird an Macht und Einfluss in der Welt verlieren. Er wird viele Symbole seiner Errungenschaften und Leistungen einbüßen. Er wird seinen Status innerhalb der Familie und in anderen sozialen Zusammenhängen verlieren und auch Rollen aufgeben müssen, die besonders wichtig für ihn waren. Er wird vielleicht auch die Beziehung zu seinem Körper verlieren. Darüber werden wir noch ausführlicher sprechen, wenn wir uns mit den Monaten Oktober und November beschäftigen.

Jeder dieser Verluste und jedes dieser Ereignisse führt dazu, dass sich Ihr Gegenüber ein wenig von seinem körperlichen Leben entfernt – sich löst oder sich entledigt. Eine Weisheit besagt, dass das ganze Leid der Welt daher stamme, dass an Dingen festgehalten werde, die es loszulassen gelte. Im

Fortschreiten der Krankheit wird der Moment des Todes vorweggenommen, manchmal in Form einer Reihe kleinerer, aber sich häufender Verluste, von denen jeder einzelne dazu beiträgt, dass der Sterbende sein Leben immer mehr loslassen muss. Denken Sie an dieses Konzept und behalten Sie es in Ihrem Herzen, wenn Sie sich die Vielzahl von Verlusten vergegenwärtigen, die der geliebte Mensch an Ihrer Seite ertragen muss, bis er seinen letzten Atemzug getan hat.

Der Verlust der sozialen Rolle

Während der Sterbeprozess voranschreitet, muss mehr und mehr Energie darauf verwendet werden, die körperliche Homöostase zu gewährleisten – der dem Körper innewohnende Antrieb, eine gesunde Balance – und letztendlich das Leben – aufrechtzuerhalten. Sehr schnell sind nur noch geringe Energiereserven übrig. Aktivitäten, die der geliebte Mensch an Ihrer Seite einst genoss, müssen nun aufgegeben werden.

Je mehr Energie die Krankheit aufzehrt, desto kleiner und unsicherer wird der Platz des Kranken in der Welt. Mit zunehmender Dauer wird er sich mehr und mehr aus der externen Welt zurückziehen und seine eigene Präsenz in dieser Welt als geringfügiger ansehen. Soziologen bezeichnen dieses Phänomen als „sozialen Tod“.

Im Laufe des Lebens knüpfen Menschen enge soziale Bindungen zu Freunden oder entfernten Familienmitgliedern, am Arbeitsplatz oder in der Kirche, in der Schule oder zu Menschen, von denen sonst niemand etwas weiß. All diese sozialen Bindungen werden ernsthaften Belastungen ausgesetzt sein. Es gibt Menschen, die gut mit allen Aspekten des Sterbens umgehen können und sich als wertvolle Stütze in der schwierigen Zeit erweisen. Aber denken Sie daran, dass die Menschen verschieden sind und dass sich auch ihre Bereitschaft und Fähigkeit, mit diesem Thema umgehen, deutlich voneinander unterscheiden können. Bedenken Sie:

– Viele Menschen haben Angst vor dem Tod – ihrem eigenen und dem ihrer Liebsten. Diese Menschen sind vielleicht nicht in der Lage, so für einen Angehörigen da zu sein, wie sie oder die Betroffenen es sich wünschen würden. Dabei spiegelt ihr Verhalten keineswegs ihre Liebe (bzw. den Mangel an Liebe) wider; es zeigt lediglich ihre Fähigkeiten und deren Einschränkungen auf. Denken Sie daran, dass auch sie mit dem Verlust umzugehen haben. Manchmal steckt mehr dahinter als Sie wissen, und sie sind einfach nicht bereit, dies mit Ihnen zu teilen. Aber sie wollen immer noch an der Sorge um Ihre Nächsten teilhaben – auf ihre Weise und so gut sie es eben können.

- Viele Freunde des Erkrankten wollen helfen, wissen aber nicht, was sie sagen oder wie sie sich Ihnen als pflegender Person gegenüber verhalten sollen. Werden Sie über die Krankheit reden wollen? Wollen Sie lieber abgelenkt werden? Die Wahrheit ist, dass sich Ihre Wünsche in dieser Hinsicht von Tag zu Tag oder sogar stündlich ändern könnten. Sie werden Ihre Freunde wissen lassen müssen, was Sie brauchen und dass sich sowohl Ihre Bedürfnisse als auch die des Erkrankten im Laufe dieser Erfahrung immer wieder ändern werden. Die wichtigste Eigenschaft, die Freunde – über ihre Liebe hinaus – in diese Situation einbringen können, ist ihre Bereitschaft zur Flexibilität.
- Einige Menschen sind keine großen Redner; sie sind vielmehr aufgabenorientiert. Sie sind vielleicht bereit, den Patienten zum Arzt zu fahren, Ihnen beim Wäschewaschen zu helfen, etwas zu essen vorbeizubringen oder den Hund auszuführen. Aber sie können ihre Gefühle nicht immer gut äußern. Ihre Gesten sind Beweis ihrer Liebe und Sorge. Das sollte genügen.

Darüber hinaus kann es durchaus sein, dass einige Freundschaften wegfallen, wenn ein geliebter Mensch stirbt. Manche Menschen können mit der Situation gar nicht umgehen und ziehen es vielleicht vor, die Freundschaft aufzugeben. Egal welche Gründe diesem Entschluss zugrundeliegen, der Schmerz über den Verlust eines Freundes wird dadurch nicht geringer. Das ist eine schwierige Situation für alle Beteiligten.

Freundschaften schließen am Ende des Lebens

Seien Sie aber ebenso aufmerksam gegenüber wundersamen Freundschaften, von denen Sie gar nicht wussten, dass sie schon immer existiert haben. Manchmal ist es ausgerechnet eine schwere Krise oder sogar der Tod, der eine innige Beziehung offenbart, die über Jahre hinweg nicht ausreichend wahrgenommen wurde. Unter uns gibt es mehr Engel als wir denken – das erkannte Leonard gerade noch rechtzeitig.

Leonard

Und dann geschah etwas Seltsames.
Denn dort, wo die Träne hinfiel,
Wuchs eine Pflanze aus dem Boden.
--- Margery Williams

Leonard war ein streitsüchtiger homosexueller Mann, der in einem winzigen Studio-Appartement in North Beach in San Francisco lebte. Er war stolz. Er war penibel. Er war voreingenommen. Kurz, er war oft eine ziemliche Nervensäge. Aber er war immer unterhaltsam. Leonard hatte als Innenausstatter gearbeitet, mit einem ausgeprägten Gespür für Farben und einer besonderen Vorliebe für Antiquitäten. Sein Appartement war zwar klein, aber wunderschön eingerichtet. Er lebte schon seit über dreißig Jahren in seiner Wohnung in einem Art-Deco-Gebäude.

Als junger Mann und noch neu in San Francisco, war Leonard so etwas wie eine Berühmtheit in der aufkeimenden Schwulenszene der Stadt. Er gab intime Dinnerpartys für seine Freunde aus Künstlerkreisen. Er feierte sich durch die Siebziger Jahre und verschliss dabei eine unüberschaubare Zahl an Liebes-Partnern und sexuellen Beziehungen. Er ließ sich niemals auf einen dauerhaften Lebenspartner ein. „Das erschien mir nie wichtig", sagte er.

Mitte der Achtziger Jahre kam das schillernde und pulsierende Leben der Schwulenszene in San Francisco abrupt zum Stillstand. Das Schreckgespenst AIDS warf einen Schatten der Sorge, der Angst und des Schmerzes auf die gesamte Stadt. Die Badehäuser schlossen, es gab keine Partys mehr und die funkelnden Lichter und der burleske Charme des Castro-Viertels wirkten plötzlich grell und abgehalftert. Hagere, verbrauchte Männer bevölkerten die Bürgersteige. AIDS-Hospize entstanden überall in der Stadt. Die Unterhaltungen in den Cafés fanden hinter vorgehaltener Hand statt, und die Gespräche drehten sich um T-Zellen, AZT und Marihuana als Arzneimittel. Als man bei Leonard AIDS diagnostizierte, war die Krankheit schon vollständig ausgebrochen.

Im Frühjahr des Jahres 1991 saßen wir in großen antiken Schaukelstühlen an Leonards Fenster zur Straße. Wir tranken Earl-Grey-Tee und kommentierten die Passanten, die auf dem Broadway unterwegs waren. Zwischendurch erzählte Leonard immer wieder Anekdoten aus seinem Leben.

Leonards gesundheitlicher Zustand verschlechterte sich rapide. Die Sozialarbeiterin, die ihn betreute, Nancy, versuchte Leonard zu helfen, einen Pflegeplan aufzustellen, mit dem es ihm möglich war, bis zu seinem Ende in seinem geliebten Appartement zu bleiben. Er erhielt pflegerische Unterstützung von Shanti, dem ersten AIDS-Pflegedienst, den es in San Francisco gegeben hatte, und er wurde darüber hinaus einmal wöchentlich von der Visiting Nurse Association besucht. Nun wurde noch ein Freund oder Nachbar gesucht, der sich täglich um seine Pflege kümmern konnte. Leonard war ein ausgewiesener Privatmensch. Trotz seiner vielfältigen sozialen Kontakte und seines ausschweifenden Partylebens hatte er keine engen Freunde.

„Wie sieht es mit Ihren Nachbarn aus?“ fragte Nancy. „Sie leben seit über dreißig Jahren in diesem Haus. Da gibt es doch sicher jemanden, der sich um Sie kümmern kann.“

Leonard schüttelte den Kopf. „Nein. Da gibt es niemanden.“

Nancy wusste, dass in der oberen Etage eine Nachbarin wohnte, zu der er ein nettes Verhältnis hatte. Er hatte ihre Zimmerpflanzen gegossen, als sie im Urlaub war.

„Was ist mit der Dame, die oben wohnt?“ fragte Nancy. „Sagten Sie nicht, sie würde hier fast so lange leben wie Sie?“

Leonard war geschockt. Er rief: „Sie ist Engländerin, um Himmels Willen! Wenn sie erfährt, dass irgendjemand in diesem Haus AIDS hat, nimmt sie das nächste Flugzeug nach London. Nein. Mir bleibt nur die Hoffnung, dass ich nicht ins Krankenhaus muss.“

Aber Leonard entkam dem Krankenhausaufenthalt nicht. Er bekam eine Lungenentzündung und verbrachte fast einen Monat an der Beatmungsmaschine. Als er endlich wieder ohne das Gerät leben konnte, wog er noch nicht einmal mehr fünfzig Kilogramm. Er war nicht mehr kräftig genug, um das Bett zu verlassen.
„Mir bleibt nur die Hoffnung“, erzählte er Nancy, „dass ich wieder kräftig genug werde, um nach Hause zu können.“
Aber auch das schaffte er nicht. Vom Krankenhaus aus wurde er in ein Pflegeheim eingewiesen. Er kämpfte mit allen Mitteln gegen die verheerenden Auswirkungen seiner Krankheit an und arbeitete Tag für Tag einen aufreibenden Trainingsplan ab. Aber Leonard´s Kraft kehrte nicht zurück. Schließlich sah Leonard Nancy an und sagte langsam und traurig: „Jetzt habe ich keine Hoffnung mehr.“
Am Ostersonntag 1991 saß Nancy an Leonards Bett und las ihm aus dem Kinderbuch „Der Samthase“ (Margery Williams Bianco; The Velveteen Rabbit, amerikanisches Kinderbuch aus dem Jahr 1922/keine deutsche Ausgabe oder Übersetzung) vor, das sie gekauft hatte: Es ist eine Geschichte über Tod und Auferstehung. Leonard hörte geduldig zu, und als Nancy endete, lächelte er schwach.
„Ich verstehe es nicht“, sagte er. „Ich mag es. Aber ich verstehe es einfach nicht.“
Nancy versuchte es mit einer Erklärung: „Es geht um Hoffnung, Leonard – Hoffnung auf ein neues Leben, in denen die Dinge besser laufen. Erinnerst Du Dich daran, dass auch Du Hoffnung hattest?“
Leonard konnte nur seinen Kopf schütteln. „Nein“, flüsterte er heiser. „Ich habe keine Hoffnung.“
Kurz nach dieser Unterhaltung wurde Leonard in ein Hospiz verlegt. Er sah seine Wohnung nie wieder. Seine Besitztümer wurden von Fremden aussortiert und weggegeben. Eine Zeit lang sah es so aus, als würde Leonard Recht behalten – als sei alle Hoffnung vorbei.
Die Hospizmitarbeiter waren freundlich. Leonard hatte dort ein kleines Zimmer, das vollgestopft war mit den Dingen, von denen er sich nicht hatte trennen wollen. Die Tage vergingen, der Frühling ging, der Sommer kam, und Leonard verfiel in einen todesnahen Dämmerzustand. Er hatte

aufgehört zu essen – mit einer Ausnahme: Er liebte Chocolate Fudge Ice Cream (Schokoladeneis mit saftigen Schokokuchenstücken). Nancy besuchte Leonard zweimal pro Woche und brachte ihm sein Lieblingseis mit, das sie auf halben Weg zu ihm in einer Ben´s and Jerry´s-Filiale kaufte. Sie saß an seinem Bett, fütterte ihn mit dem Eis und erzählte manchmal aus der Vergangenheit. Aber immer häufiger schwiegen sie einfach nur während der Zeit, die sie miteinander verbrachten.

Nancy hatte zufällig mitbekommen, dass außer ihr noch jemand anders Leonard besuchte. Es war Dorothy, die britische Dame aus dem Appartement über seiner Wohnung. Dorothy hatte bemerkt, dass Leonard nicht mehr in seinem Appartement wohnte und ihn irgendwie in diesem Hospiz ausfindig gemacht. Eines Tages traf Nancy Dorothy direkt an der Tür zu Leonards Zimmer. Nancy fragte sie, wie es dazu gekommen war, dass Dorothy Leonard im Hospiz besuchte.

„Ich wusste die ganze Zeit, dass er AIDS hat“, sagte Dorothy. „Wie hätte ich das übersehen sollen?“ Dann sagte sie etwas, das Leonard mitbekam und das sein Leben komplett auf den Kopf stellte.

„Er hat im letzten Jahr, als ich in England war, meine Zeitung hereingeholt und die Post entgegengenommen. Leonard war fast dreißig Jahre lang mein bester Freund. Ich liebe ihn.“

Leonard war sehr schwach; viel zu schwach, um seine sarkastische Seite nach außen zu kehren. Sogar zu schwach, um zu sprechen. Manchmal nahm er einen Bleistift oder einen Kugelschreiber in die Hand und versuchte zu zeichnen – eine alte Angewohnheit aus seinem Leben als Innenausstatter. Das letzte Mal, als Nancy Leonard sah, stand ein Bild auf dem Nachtisch, an dem er gerade arbeitete. Es war einen Bleistiftzeichnung mit einem Berg und einer winzigen elfenhaften Figur.

„Wie niedlich“, sagte sie. „Sieht sehr frühlingshaft aus.“

Leonard berührte sie am Arm und versuchte etwas zu sagen, aber er brachte keinen Ton heraus.

„Verschwende Deinen Atem nicht“, sagte sie. „Du kannst es mir nächste Woche noch erzählen.“

Leonard sah sie enttäuscht und irritiert an. Vielleicht wusste er, dass sie sich nicht mehr wiedersehen würden.

Am nächsten Montag erhielt Nancy einen Anruf. Leonard war gestorben. „Er hat Ihnen etwas hinterlassen", sagte die Schwester. „Ein Bild, an dem er gearbeitet hat."

Als Nancy zum Hospiz fuhr, um das Bild abzuholen, war es offensichtlich, dass er versucht hatte, den Samtenen Hasen zu zeichnen. Das hatte er versucht, ihr zu sagen. Leonard hatte Liebe und Freundschaft im letzten Stadium seines eigenen Verfalls gefunden. Leonard war mit Hoffnung gestorben. Die Bitterkeit, die sein Leben geprägt hatte, war durch die Erkenntnis verdrängt worden, dass er von Beginn an geliebt worden war.

Viele Rollen verändern sich im Verlauf einer unheilbaren Krankheit. Anfangs werden sich die Veränderungen nur schleichend vollziehen, aber wenn das Ende des Winters naht, werden sie deutlicher zu Tage treten.

Sie und Ihre Liebsten müssen auf diese Situation vorbereitet sein, ob Ihre Freunde nun zugegen sind oder nicht.

Wenn der Verlust der sozialen Rolle mit den körperlichen Veränderungen zusammenfällt, sind die Auswirkungen auf das Selbstwertgefühl Ihres Nächsten noch verheerender. Wie ich schon sagte, es ist eine schwierige Zeit für alle.

Finanzielle Einbußen

Irgendwann wird der Patient nicht mehr in der Lage sein, seinen Beruf auszuüben. Das ist ein immenser Verlust, besonders für Menschen, die sich über die Tätigkeit, die sie beruflich ausüben, definieren. Davon abgesehen ist es immer teuer, krank zu sein, und nur wenige Familien sind darauf vorbereitet, die finanziellen Lasten einer schweren Erkrankung zu tragen – besonders dann, wenn aufgrund der Krankheit plötzlich ein Einkommen einbricht oder wegfällt. Selbst die beste Krankenversicherung übernimmt nicht alle Kosten der Pflege, solange ein Patient sich nicht im Endstadium einer unheilbaren Krankheit befindet. Die Kostenübernahme scheint vielmehr ausgerechnet dann in Frage gestellt zu sein, wenn schwerwiegende oder unheilbare Krankheiten im Raume stehen und wird überdies durch alle möglichen Einschränkungen begrenzt, angefangen bei der Frage, wie viel Geld insgesamt für die Behandlung aufgewendet werden darf, ob bestimmte Krankheiten versichert sind, wie lange der Patient schon krank war bis hin zu rechtlichen Belangen, zum Beispiel, wie lange die Behandlung einer Krankheit durch Spezialisten dauern darf, welche Medikamente verschrieben werden und wie hoch die Kosten für diese sein dürfen. Wir alle haben schon die Horrorgeschichten von Krebspatienten gehört, die darum kämpfen mussten, dass ihre Krankenkasse ihnen die für ihre Erkrankung bestmögliche Therapie zugesteht, und auch die „Zweiklassengesellschaft", die durch die ungleiche Behandlung von Kassen- und Privatpatienten entsteht, ist in diesem Zusammenhang in aller Munde. Private Krankenversicherungen bieten vielleicht eine größere Auswahl an Ärzten und Einrichtungen, finanzieren auch rezeptfreie oder naturheilkundliche Medikamente, übernehmen die Kosten für Heilpraktiker und Chefarztbehandlungen, stehen aber nicht allen Versicherten offen und zeichnen sich dadurch aus, dass die ohnehin hohen Beiträge im Laufe des Lebens noch deutlich ansteigen. Um dennoch die Privilegien nutzen zu können, die Privatversicherte genießen, gibt es inzwischen eine große Auswahl an Zusatzversicherungen, die freiwillig oder gesetzlich Versicherte abschließen können.

Andere Versicherungsträger

Nicht immer sind es jedoch die Krankenversicherungen, die für die Kosten aufkommen. Wenn die Erkrankung oder die Pflegebedürftigkeit eine beruflich bedingte Ursache wie einen Arbeitsunfall, einen Wegeunfall oder eine Berufskrankheit hat, dann treten die Berufsgenossenschaften in die Pflicht. Sie übernehmen alle Kosten der ambulanten und stationären ärztlichen Behandlung, der Versorgung mit Arznei-, Verband- und Hilfsmitteln und der Durchführung von Therapien (Heilmitteln) sowie Kosten für die häusliche Krankenpflege, für die Haushaltshilfe, für Kinderbetreuung und Reisekosten. Dabei gilt das Prinzip, dass die Wiederherstellung der Berufsfähigkeit Vorrang vor einer Rente hat. Folgerichtig kommt den Maßnahmen zur beruflichen Wiedereingliederung und zur sozialen Rehabilitation eine besondere Bedeutung zu. Die Berufsgenossenschaften erbringen darüber hinaus auch Geldleistungen in Form von Verletztengeld, Übergangsgeld, einer Rente oder Leistungen für Hinterbliebene.
Auch die Unfallkassen – wie zum Beispiel die Gemeindeunfallversicherun-

gen oder die Unfallkasse des Bundes sowie die Rentenversicherungsträger übernehmen in bestimmten Fällen bestimmte oder einen Teil der Kosten.

Pflegestufen und Pflegeversicherung

Hohe Kosten fallen nicht nur für Krankentransporte, für Medikamente, Therapien und Zuzahlungen sowie für die stationäre und akutmedizinische Versorgung an, sondern auch für die ambulante Pflege zuhause, in deren Rahmen die Patienten regelmäßige Besuche durch examiniertes Pflegepersonal erhalten.

Um in den Genuss einer ambulanten Pflege zu gelangen, muss die Pflegebedürftigkeit durch eine Pflegekasse festgestellt werden. Dazu beantragen Patienten beziehungsweise ihre Angehörigen eine Pflegestufe bei der Pflegekasse. Anschließend ermittelt der Medizinische Dienst der Krankenkassen (MDK) mit eigenem medizinischen Personal Bedarf und Aufwand der Pflege und ordnet dem Patienten die entsprechende Pflegestufe zu. Diese ergibt sich zum einen aus der Notwendigkeit und dem zeitlichen Aufwand der Grundpflege und zum anderen aus dem Umfang der erforderlichen hauswirtschaftlichen Versorgung.

Die Pflegeleistungen können sowohl von Angehörigen als auch von einem dazu beauftragten zugelassenen ambulanten Pflegedienst bzw. von einer stationären Einrichtung erbracht werden. Übernehmen Angehörige die Pflege des Patienten, erhalten sie entsprechend der Einstufung in die Pflegestufe ein Pflegegeld, wird dagegen ein Pflegedienst beauftragt, erhält der Patient Pflegesachleistungen, die direkt mit dem beauftragten Pflegedienst abgerechnet werden. Auch eine Kombination beider Modelle ist möglich, zum Beispiel, wenn eine Pflegevertretung in Anspruch genommen wird, um die pflegenden Angehörigen zu entlasten oder ihnen einen Urlaub zu ermöglichen, oder wenn eine Tages- oder Nachtpflege oder auch eine Kurzzeitpflege erforderlich wird.

Pflegestufe 1

Benötigen Patienten eine Grundpflege von mindestens 46 Minuten und eine Gesamtpflegezeit von mindestens 90 Minuten am Tag (inklusive aller hauswirtschaftlichen Verrichtungen), dann gelten sie als „erheblich pflegebedürftig“ und haben einen Anspruch auf Pflegestufe 1. Dazu muss ein Patient täglich Hilfe bei mindestens zwei Verrichtungen in den Bereichen Körperpflege, Ernährung oder Mobilität erhalten und zusätzlich mehrfach in der Woche bei hauswirtschaftlichen Tätigkeiten unterstützt werden. Das Pflegegeld für Pflegestufe 1 beträgt 235 Euro monatlich, Pflegesachleistungen und der Dienst eines ambulanten Pflegedienstes werden in Höhe von 450 Euro monatlich erstattet.

Pflegestufe 2

Wenn Patienten mindestens dreimal täglich und zu verschiedenen Tageszeiten Hilfe für Verrichtungen aus den Bereichen Körperpflege, Ernährung und Mobilität benötigen, die insgesamt mehr als 120 Minuten in Anspruch nehmen und außerdem in der hauswirtschaftlichen Versorgung unterstützt werden, so dass insgesamt 180 Minuten pro Tag für die Pflege aufgewendet werden müssen, dann gelten sie als „schwerpflegebedürftig“ und werden in Pflegestufe 2 eingeordnet. Das Pflegegeld beträgt dann 440 Euro monatlich, die Pflegesachleistungen 1.100 Euro monatlich.

Pflegestufe 3

Als „schwerstpflegebedürftig“ gilt ein Patient, für den täglich und rund um die Uhr, auch nachts, Hilfebedarf für Verrichtungen in der Körperpflege, der Ernährung und Mobilität besteht. Das heißt, Angehörige müssen durchschnittlich 5 Stunden für die Gesamtpflege und davon 4 Stunden für die Grundpflege aufbringen. In diesem Fall beträgt das Pflegegeld 700 Euro pro Monat. Pflegesachleistungen werden in Höhe von 1.550 Euro pro Monat finanziert, in Härtefällen (Pflegestufe 3+) in Höhe von 1.918 Euro. Für einen Pflegedienst werden 1.550 Euro gezahlt.

Zusätzliche Betreuungsleistungen

Patienten aller Pflegestufen können zusätzliche Betreuungsleistungen (nach §45 des SGBXI) beantragen, mit denen den besonderen Bedürfnissen von Demenz-Patienten, geistig behinderten oder psychisch kranken Pflegebedürftigen Rechnung getragen wird.

Auch Patienten, deren Pflegebedarf noch unter 45 Minuten Grundversorgung am Tag liegt und denen somit keine Pflegestufe zusteht, haben Anspruch auf zusätzliche Betreuungs- und Pflegeleistungen, die ihnen ihr Hausarzt verordnen kann. Auf diese Weise erhalten Patienten Unterstützung in Form der Bereitstellung ihrer Medikamente, dem Verabreichen von Injektionen oder dem Anlegen und Wechseln von Verbänden. In solchen Fällen werden Pflegesachleistungen in Höhe von 200-400 Euro pro Monat erstattet.

So beantragen Sie Ihre Pflegestufe richtig

Lassen Sie sich von einem Pflegedienst beraten, bevor Sie den Anspruch auf Pflegebedürftigkeit stellen. Dieser Service ist üblicherweise kostenlos und wird von allen zugelassenen Pflegediensten angeboten. Besprechen Sie Ihr Anliegen auch mit den behandelnden Ärzten und mit Ihren Angehörigen. Sorgen Sie dafür, dass Sie alle Dokumente wie Arztberichte, Gutachten, Befunde und alle Adressen und Informationen zur Hand haben, die Ihnen helfen könnten, Ihren Anspruch durchzusetzen. Führen Sie ein Pflegetagebuch, in dem Sie auf die Minute genau aufführen, wie viel Zeit für die Pflege aufgewendet wird und welche Leistungen erbracht werden (manchmal scheitert die Einstufung in eine Pflegestufe oder auch die Höherstufung an einigen wenigen Minuten. Oft ist darüber hinaus nicht sofort erkennbar, dass es sich um eine Pflegeleistung handelt, wie im Falle von Krankenhaus- und Arztbesuchen, die mit Fahrt- und Wartezeiten verbunden sind.)

Lassen Sie sich ein Antragsformular von Ihrer Pflegekasse zukommen oder laden Sie es sich im Internet herunter. Füllen Sie das Formular gewissenhaft aus und senden Sie es an die zuständige Pflegekasse. Diese wird Ihnen einen Begutachtungstermin mitteilen, an dem der MDK den Patienten aufsucht, um den Pflegebedarf festzustellen. An diesem Tag sollte der Pflegebedürftige nicht allein sein, sondern dafür sorgen, dass Angehörige und Mitarbeiter des Pflegedienstes zur Stelle sind, die die Bedürfnisse des Patienten und eventuelle Pflegeerschwernisse kennen. Der MDK wird das Ergebnis der Prüfung an die Pflegekasse weiterleiten, die Ihnen schriftlich mitteilt, welche Pflegestufe erteilt wurde. Sollten Sie mit dem Ergebnis nicht einverstanden sein, haben Sie 4 Wochen Zeit, um Widerspruch gegen den Bescheid der Pflegekasse einzulegen.

Der richtige Zeitpunkt, um finanzielle Dinge zu regeln

Die Familie wird nicht nur unter den Kosten leiden, die die Krankheit selbst verursacht, sondern auch den Verlust des Einkommens verkraften müssen, sofern der Patient nicht schon das Rentenalter erreicht hat. Wenn klar ist, dass Sie nicht in der Lage sein werden, an Ihren Arbeitsplatz zurückzukehren, sollten Sie mit der Personalabteilung oder Ihrem Arbeitgeber klären, ob eine Vorruhestandsregelung oder eine Altersteilzeit in Frage kommt. Falls Sie eine Berufsunfähigkeitsversicherung abgeschlossen haben, verfügen Sie zumindest über ein bescheidenes Einkommen, wenn es darauf ankommt.

Falls Sie über finanzielle Vermögenswerte verfügen, z.B. Ersparnisse, Wertpapiere, Aktien oder Immobilien, sollten Sie einen Vermögensberater oder einen Rechtsanwalt aufsuchen, um sicherzustellen, dass so über diese Vermögenswerte verfügt wird, wie der Erkrankte es sich vorstellt. Dies könnte auch ein geeigneter Zeitpunkt sein, um sich über die Kosten einer Beerdigung oder Einäscherung zu informieren. Da unheilbare Krankheiten und der Sterbeprozess in finanzieller Hinsicht katastrophale Folge für die Familie haben kann, ist es schmerzhaft, aber vernünftig, den Kranken darin zu unterstützen, ein Unterstützernetzwerk aufzubauen und einen soliden Finanzplan aufzustellen. Jetzt ist der richtige Zeitpunkt, um einen Anwalt, einen Notar, die Bank oder andere Berater aufzusuchen – nicht erst, nachdem der geliebte Mensch an Ihrer Seite verstorben ist.

Bereiten Sie sich auf die Reise vor

Sterben bringt Veränderungen und Verluste mit sich, bedeutet aber auch Wachstum und Abenteuer. Je mehr Veränderungen zutage treten und Ihren Liebsten unausweichlich ins Mark seiner Identität treffen, desto deutlicher werden bestimmte körperliche und psychologische Veränderungen sichtbar. Die Identifikation mit externen Bezugspunkten und die Bindung an diese nehmen ab und fallen schließlich ganz weg. Das Individuum beginnt nach den beständigen und authentischen Aspekten zu forschen, die sein Dasein prägen. Der Kranke wird nach Sinn stiftenden Aufgaben Ausschau halten, die helfen, die Verwandlung bis zum Tod durchzustehen. Das können so einfache Aufgaben sein wie die Restaurierung eines alten Stuhls, der in der Garage auf seine Fertigstellung wartet, oder das Anbringen einer neuen Türschwelle. Es kann aber auch der Anruf bei einem langjährigen Widersacher sein, um ihm entweder zu vergeben oder ihm noch einmal gründlich die Meinung zu sagen. Die Aufgaben können jedoch auch sehr komplex sein, abhängig davon, was der Erkrankte seiner Meinung nach tun muss, um das Gefühl zu haben, dass sein Leben nun erfüllt ist. Mit großer Wahrscheinlichkeit verspürt er den Drang, viele Projekte zum Abschluss bringen zu müssen. Es sind genau diese Aufgaben, in denen Entdeckungen, Abenteuer und Wachstum zum Vorschein kommen.

Und je mehr der Sterbeprozess voranschreitet, desto intensiver zeigen sich die letzten Aufgaben, die noch bewältigt werden müssen. Der September ist ein Vorgeschmack auf das, was kommen wird. Die Erfahrungen, die im September gemacht werden, helfen dabei, sich auf die Reise vorzubereiten, die es nun zu anzutreten gilt.

Als nächster Angehöriger und Pflegender können Sie dem geliebten Menschen an Ihrer Seite helfen, die enormen Veränderungen und Verluste zu bewältigen, die er – oder sie – aushalten muss. Sie können ihn in seinem Wachstums- und Entdeckungsdrang unterstützen, damit der Sterbeprozess sich von einer äußerlichen Erfahrung zu einer inneren Reise weiterentwickeln kann, in der Sinn und Bedeutung einen Ersatz für Angst und Chaos bieten.

Seien Sie darauf gefasst, dass es ein langer, kurvenreicher Weg sein wird – für den geliebten Menschen an Ihrer Seite, für Sie und für jeden, der von den Veränderungen berührt wird, die dieser Tod mit sich bringt. Nicht jeder wird den gleichen Weg zum endgültigen Ereignis gehen, aber die Themenbereiche, die wir in diesem Buch anschneiden, lassen sich auf jeden anwenden, der den Sterbeprozess durchläuft, egal, ob der Tod nach sechs Monaten oder nach sechs Jahren eintritt. Es gibt keinen richtigen oder falschen Weg; es gibt nicht den einzig wahren Weg. Der Weg, den der geliebte Mensch an Ihrer Seite wählt, um die Tage bis zu seinem Tod zu leben, ist der Weg, mit dem Sie arbeiten müssen. Weil jeder eine andere, einzigartige Antwort hat, müssen Sie sich von vorgefassten Meinungen, die Ihnen nahelegen wollen, wie es sein sollte, oder auch von Ihren eigenen Wünschen freimachen und stattdessen einfach präsent sein und akzeptieren, was geschieht.

Wie Sie sich auf die Reise vorbereiten

Es ist Teil Ihrer Rolle, den geliebten Menschen bis an den Abgrund zu begleiten, ihn während der schwierigen Zeit zu unterstützen und die Erkenntnisse und Offenbarungen, die ihm zuteilwerden, mit ihm zu feiern. Sie sind der Reisebegleiter, der Zeuge und manchmal auch der Führer. Wie können Sie Ihre eigenen Kräfte einteilen, um auf diese Reise vorbereitet zu sein?

- Kehren Sie zu Ihren spirituellen Wurzeln zurück und praktizieren Sie diese. Beten Sie. Meditieren Sie. Beraten Sie sich mit Ihren spirituellen Vorbildern. Jetzt ist der richtige Zeitpunkt, um Ihr eigenes Herz zu nähren.
- Nehmen Sie sich jeden Tag ein wenig Zeit, um sich mit mindestens einer Sache zu beschäftigen, die Sie wirklich lieben. Lesen Sie ein Gedicht. Sitzen Sie in Ihrer Lieblingsecke im Garten. Gehen Sie mit dem Hund spazieren. Sehen Sie sich Ihre Lieblingsserie im Fernsehen an. Je chaotischer und fordernder die Welt um Sie herum wird, desto wichtiger ist es, dass Sie sich ein klein wenig Zeit für sich selbst nehmen.
- Lassen Sie sich von Ihrer Familie oder von Freunden helfen, oder nehmen Sie die Hilfe professioneller Pflegekräfte in Anspruch.
- Lernen Sie, Ihre Kräfte einzuteilen. Läufer wissen, wie sie das tun können, und Schwimmer ebenfalls. Jedes Projekt, das Ausdauer erfordert, setzt voraus, dass Sie Ihre Kraft einteilen. Sie müssen wissen, wann Sie lossprinten sollten und wann es Zeit ist, sich zurückfallen zu lassen. Sie werden lange in dieser Situation sein, und Sie werden nicht vom Anfang bis zum Ende Vollgas geben können. Sie werden auch Ihre Auszeiten nehmen müssen.
- Sorgen Sie dafür, dass Sie sich gut ernähren. Es ist verlockend, sich

ausschließlich von Kohlenhydraten und Süßwaren zu ernähren. Vielleicht verzehren Sie sich sogar danach. Aber Sie werden jedes Quäntchen Kraft und Ausdauer benötigen, dessen Sie habhaft werden können.

- Treiben Sie Sport. Gehen Sie eine Runde spazieren. Joggen Sie, wenn Sie es mögen. Gehen Sie Schwimmen. Indem Sie Ihren Körper bewegen, können Sie die Ängste reduzieren, die Sie vielleicht spüren. Ein leichtes oder moderates Aerobic-Training wird auch helfen, die Endorphine in Ihrem Kopf freizusetzen, so dass Sie emotional gefestigter sind. Denken Sie daran, das hier ist nur der Anfang einer langen Reise.

Kapitel 3

Oktober und November: Der erste Frost

Aber Freddie´s Sommer war schnell vorbei.
Er verschwand in einer Oktobernacht.
Er hatte noch nie so gefroren.
--- Leo Buscaglia, PhD
„The Fall of Freddie the Leaf"

Die Unterstützung des geliebten Menschen in einer Zeit der Veränderungen und Verluste

Es ist die Zeit des ersten Frostes. Es kann eine kalte, von Angst und Chaos bestimmte Zeit werden. Der zu Beginn kaum sichtbare körperliche und psychische Verfall beginnt sich zu manifestieren und schreitet voran.

Das Leben verändert im Spätherbst seine Farben. Selbst die Textur der Welt fühlt sich anders an. Blätter werden spröde und zerbrechlich. Sie verlieren ihren Platz in den Bäumen und regnen still und leise, oft unbemerkt, der Erde entgegen. Die Bäume heben sich kahl und laublos vom Himmel ab. Auch die Qualität des Lichts verändert sich, während sich die Welt langsam dreht und der Sonne den Rücken zukehrt. Es ist dunkler und kälter und eine modrige Feuchtigkeit macht sich in den Knochen breit.

Selbst die Tiere wissen, dass es Winter wird. Die Zugvögel fliegen Richtung Süden – ihre Wege sind ebenso wie ihre Ziele in den geheimsten Codes des Lebens vorgegeben. Eichhörnchen bereiten sich auf den nahenden Winter vor, indem sie Futter suchen und ihre Höhlen bauen.

Der geliebte Mensch an Ihrer Seite verändert sich ebenfalls. Er wird gebrechlicher. Vielleicht wird er auch trauriger und wendet sich immer mehr, wie die Erde auch, von der Sonne ab. Er blickt häufiger in die Ferne und bemerkt das Nahen des Winters. Er weiß, dass dies die Zeit seines Herzens ist. Er kann nicht einfach wegfliegen und entkommen. Er wird bleiben und es aushalten müssen. Er wird all seine Kraft auf sich selbst verwenden müssen. Dies ist auch die Zeit, in der Sie Ihre eigenen persönlichen, emotionalen und spirituellen Ressourcen sammeln müssen.

Äußerlich sichtbare, körperliche Veränderungen und der Verlust des Körperbildes

Eine der Veränderungen, die Sie in dieser Zeit bemerken werden, betrifft die äußere Erscheinung Ihres geliebten Menschen. Sein körperlicher Verfall mag schon für Sie nur schwer zu ertragen sein, aber für den Betroffenen wird er eine Herausforderung sein, die die Grundfesten seiner Existenz erschüttert. Seine Bindung an die äußere Welt und die Dinge, die ihn äußerlich definieren, werden sich radikal verändern.

Die Art und Weise, wie Sie ihn wahrnehmen und wie Sie ihn mit der äußeren Welt identifizieren, wird sich ebenfalls verändern. Auch dies ist ein natürlicher Bestandteil des Sterbeprozesses, aber es ist einer der Aspekte, die am schwierigsten zu ertragen sind.

Die schwierigste Identitätskrise ist das Miterleben des körperlichen Verfalls, oder das Leben mit einem anderen Körper; einem Körper, der nicht mehr leisten kann, was er früher konnte. Wir haben darüber gesprochen, dass der Tod so etwas wie ein Eindringling ist, und über das Gefühl der Ungläubigkeit, die den körperlichen Verfall begleitet. Wir identifizieren uns über unseren Körper. Unser Körper ist durch unsere genetischen Muster geprägt. Wir sehen unseren Familienmitgliedern ähnlich. Wir sind groß oder klein. Wir sind schwarz oder weiß oder indianischer oder asiatischer Herkunft. Wir haben das Lächeln unserer Mutter oder die Hände unseres Vaters geerbt. Wie fühlt es sich an, das körperliche Ich zu verlieren? Mitzuerleben, wie ein Körper sich verändert, so dass er kaum mehr wiederzuerkennen ist?

Da der Verlust der sozialen Rolle mit den körperlichen Veränderungen einhergeht, ist der Einfluss auf das Selbstwertgefühl des Betroffenen umso größer. Denn ebenso wie der Patient es gewohnt war, unablässig Botschaften der ihn umgebenden Welt zu empfangen, war er es auch gewohnt, unablässig Botschaften von oder über seinen Körper zu erhalten. Er ist an seinen Körper und daran, wie er aussieht, gewöhnt. Bei uns allen verändert sich der Körper im Laufe des Lebens langsam, so dass uns Zeit bleibt, uns an die Veränderungen zu gewöhnen oder aber auch, diese zu leugnen. Wenn aber Krankheiten ins Spiel kommen, dann treten die Veränderungen mitunter plötzlich und häufig in dramatischer Form auf. Oft ist es schwierig – und manchmal unmöglich – die Veränderungen zu akzeptieren, besonders,

wenn es sich um eine unheilbare Krankheit handelt, die dazu führt, dass die Veränderungen unumkehrbar sind und im Laufe der Zeit schneller voranschreiten.
Insbesondere Männer, aber zunehmend auch Frauen definieren sich und die Art und Weise, wie sie sich selbst wahrnehmen, über Ihre berufliche Tätigkeit. Wenn es für den geliebten Menschen an Ihrer Seite an der Zeit ist, die Arbeit an den Nagel zu hängen, oder damit aufzuhören, „sein Ding zu machen", und wenn er sich nur über das definiert hat, was er getan hat, dann kann auch dies die schwierigste Zeit in seinem Sterbeprozess sein.
Einer unserer Patienten, Peter, hat genau diese Erfahrung gemacht.

Peter

Peter war Tänzer. In seiner Jugend war er ein unglaublich gutaussehender Mann gewesen – schmal und dunkel und von mysteriöser Ausstrahlung. Über Jahre hinweg galt er als die Hauptattraktion in einem extravaganten Nachtclub im Castro-Viertel in San Francisco. Aber als er an einem tristen Oktobermorgen in seiner Küche saß, war er alles andere als gutaussehend. Sein Körper war geschunden und gezeichnet von dem langen und längst verlorenen Krieg gegen AIDS. Seine Augen lagen tief in ihren Höhlen, seine Wangenknochen traten deutlich hervor und ließen sein Gesicht fast komödiantisch wirken. Seine Haut hatte sich durch einen Leberschaden gelblich verfärbt, und die Haare hatte er während einer Chemotherapie verloren. Am schwersten aber traf ihn vielleicht sein gravierender Gewichtsverlust, der dazu führte, dass er seinen Zahnersatz nicht mehr tragen konnte.
Der Mann, der an sechs Tagen der Woche drei Shows pro Nacht getanzt hatte, war nun nicht mehr in der Lage, auf das Klopfen an seiner Tür zu reagieren. Peters Pflegerin fand ihn in der Küche, wo er Tee trank und in alten Fotoalben blätterte. Sie redeten über belanglose Dinge, bis er ihr zeigte, wer er eigentlich war.
In Wirklichkeit war er ein Tänzer. Sehen Sie? Hier ist er in seinem Maßanzug mit Hut zu sehen. Und hier ist er wieder, mit der Maurice-Chevalier-Nummer. Er schlurfte zum Spülbecken hinüber und erhaschte einen Blick auf sein Spiegelbild im Fenster. „Wer ist dieser Kerl?" fragte er. „Wer ist dieser sterbende alte Mann?"

In dieser Phase des Sterbeprozesses sind die körperlichen Veränderungen vielleicht schon so weit fortgeschritten, dass die Selbstwahrnehmung des Betroffenen sich verändert. Der geliebte Mensch an Ihrer Seite fühlt sich von seinem körperlichen Selbst völlig entfremdet. Chemotherapie, Bestrahlungen, Hormontherapien und Operationen, mit denen Krankheiten wie Krebs behandelt werden, können viel mehr entstellen als die Krankheiten, die sie eigentlich behandeln sollen. Das Voranschreiten der Krankheit oder der körperlichen Veränderungen wird wahrscheinlich den Verlust mancher Körperfunktionen mit sich bringen; so können zum Beispiel Schluck- oder Verdauungsbeschwerden auftreten, oder der Gang zur Toilette ist gar nicht mehr möglich und der Patient benötigt Windeln.

Derartige körperliche Veränderungen werden häufig von anderen Symptomen und Ereignissen begleitet: von allgemeiner Schwäche, von Hustenanfällen, depressiven Schüben oder Selbstmitleid. Die Arbeit, die das Sterben macht, wird schwerer.

Am Ende hat der Betroffene häufig das Gefühl, völlig losgelöst von seinem Körper dazustehen.

Juan

Juan ist zweiundvierzig Jahre alt. Er lebt mit seiner Frau und drei kleinen Kindern in einer für die Mittelschicht typischen Eigenheimsiedlung im Süden Kaliforniens. Er arbeitet als Manager eines großen Autohauses in der Region. Juan ist ein attraktiver, gebildeter Mann mit einem einnehmenden Lächeln und guten Manieren.

Bevor er krank wurde, achtete er penibel auf seine Kleidung und war sehr auf seine äußere Erscheinung bedacht.

Er war muskulös und trainierte mehrmals pro Woche in einem Fitness-Studio, um sein Idealgewicht zu halten.

Dann wurde er sehr plötzlich mit akuten Unterleibsschmerzen ins Krankenhaus eingewiesen. Diagnostiziert wurde eine Divertikulitis, eine Darmerkrankung, die die normale Verdauungsfunktion beeinträchtigen kann. Als Therapie wurde ein operativer Eingriff, eine Ileostomie, notwendig, bei dem der operierende Arzt eine künstliche Öffnung in der Bauchwand anlegte, die mit seinem Dünndarm verbunden wurde. Damit hatte Juan einen künstlichen Darmausgang, durch den sein Stuhlgang permanent und unkontrollierbar in einen Stomabeutel ausgeschieden wurde. Die Masse, die in den außenliegenden Beutel gelangt, ist eine unangenehme braune oder grüne breiige Flüssigkeit.

Pam wurde gebeten, Juan zu besuchen, während er sich im Krankenhaus von dem operativen Eingriff erholte. Er tat sich schwer damit, sich mit den Veränderungen seines Körperbildes abzufinden. Als Juan Pam im Türrahmen sah, zog er sich die Bettdecke bis zum Hals hoch. Er wollte nicht, dass sie das, was er „das Ding" nannte, sah. Auch er selbst konnte es weder ansehen noch beim Namen nennen.

Er zuckte zusammen, als sie beide das Gurgeln seines Darmes hörten, das, wie beide wussten, dazu führte, dass sich der Beutel füllte. Juan räusperte sich übertrieben deutlich in der aussichtslosen Hoffnung, damit das entlarvende Geräusch übertönen zu können. Zu allem Überfluss schaute während Pams Anwesenheit auch noch die Enterostomatherapeutin herein, um Juan zu zeigen, wie er den Ausstreifbeutel leeren und austauschen konnte.

Pam blieb neben Juans Bett stehen, während die Therapeutin ihrer Arbeit nachging. Für Juan war es wichtig zu verstehen, dass ihn andere Menschen als „normal" ansahen und nicht vor ihm zurückschrecken würden. Während die Therapeutin Juans Beutel wechselte, arbeitete sie langsam und ermutigte ihn, sich an seiner Körperpflege selbst zu beteiligen. Sie legte ihm den neuen Beutel in die Hand, so dass er gezwungen war, ihn zu berühren. Nach einer Weile warf er einen ersten Blick darauf. Die Therapeutin klärte Juan über die unterschiedlichen Arten von Beuteln, die Anschlüsse und die Befestigungsmaterialien auf. Sie erläuterte den Gebrauch der Chlorophyll-Tabletten, die dazu dienten, die Gerüche so weit wie möglich zu reduzieren. Sie erklärte ihm, wie häufig er den Beutel wechseln müsse und welche Techniken zur Sterilisation es gebe.

Nachdem die Therapeutin gegangen war, hielt Pam sich noch eine Weile bei Juan auf. Er war zutiefst betroffen und konnte diese heftige Konfrontation mit seiner neuen Körperlichkeit nur unter Tränen verarbeiten. Pam ermutigte Juan, über seine Gefühle zu reden und schlug ihm vor, professionellen Rat einzuholen, um mit diesen riesigen Veränderungen fertigzuwerden. Bevor sie ging, erzählte sie Juan von einer Selbsthilfegruppe, die sich die „Ostomaten" nannte. Juan warf nur einen kurzen Blick auf die Broschüre und verdrehte die Augen. Er versuchte zu scherzen. „Guter Gott, ich bin ein Marsmännchen. Und alle wollen, dass ich eine Marsmännchen-Selbsthilfegruppe besuche."

Nur wenige Tage, nachdem er aus dem Krankenhaus entlassen worden war, erhielt Juan einen Anruf von Roger, der die örtliche Selbsthilfegruppe der Stomaträger leitete. Obwohl er anfangs sehr skeptisch war, stimmte Juan einem Treffen mit Roger noch am gleichen Nachmittag zu.

Sie hatten kaum zwanzig Minuten in Juans Wohnzimmer gesessen und sich unterhalten, als Roger plötzlich breit grinste und fragte: „Willst Du mal meins sehen?" Juan, der bis dahin noch nicht einmal sein eigenes Stoma angesehen hatte, stimmte widerstrebend zu. Indem er Rogers künstlichen Darmausgang betrachtete und bemerkte, mit welcher Leichtigkeit Roger offensichtlich mit dieser Situation umging, fand auch Juan eine Möglichkeit, sich mit den Veränderungen seines eigenen Körpers abzufinden.

Nach einiger Zeit kehrte Juan an seinen Arbeitsplatz im Autohaus zurück, und im Großen und Ganzen normalisierte sich das Leben wieder. Heute trainiert Juan wieder regelmäßig. Er ist immer noch ein wenig eitel und auf sein Äußeres bedacht. Aber nachdem er sich der Herausforderung hatte stellen müssen, die sein Selbstwertgefühl so in Mitleidenschaft zog, und nachdem er sich mit einer abweichenden Version seiner körperlichen Identität hatte abfinden müssen, lernte Juan auch, die Ganzheitlichkeit seines Daseins – über den reinen körperlichen Aspekt hinaus – zu schätzen. Juan verfügt nun über ein viel weiter reichendes Verständnis dessen, was ihn wirklich ausmacht.

Innere Verluste: Die Einbuße des Selbstbildes

Das Selbstbild ist eine Synthese dessen, wie wir unser körperliches Dasein, unsere Spiritualität und unsere Existenz in der Welt wahrnehmen. Es spiegelt die Rollen wider, die wir in unserer Familie, am Arbeitsplatz und in unserem sozialen Umfeld spielen. Es ist das globale Konzept unseres Selbst. Je mehr der Tod uns verändert und uns die vertrauten Identifikationsmöglichkeiten nimmt, desto größer wird unser Bedürfnis, auf andere Definitio-

nen dessen, was uns ausmacht, zurückzugreifen, um uns zu identifizieren und Halt zu finden. Wir haben gesehen, wie die Veränderungen der körperlichen Erscheinung Körper und Geist belasten. Die äußerlich sichtbaren Veränderungen, die sich in der körperlichen Erscheinung und im Verlust der Körperfunktionen äußern, führen auch zu inneren Veränderungen und letztendlich zum Verlust unseres Selbstbildes.
Ed´s Geschichte, die nun folgt, zeigt uns nicht nur den Verlust des Körperbildes auf, sondern auch den totalen Verlust der Identität, der aus den körperlichen Veränderungen im Verlauf der Krankheit und dem nahenden Tod resultiert.

Ed

Ed war High-School-Beratungslehrer in einer kleinen Stadt, in der er buchstäblich sein ganzes Erwachsenenleben verbracht hatte. Zu Beginn seiner Karriere war er gleich nach seinem Examen als schüchterner und irgendwie verschrobener Mathematiklehrer an die Schule gekommen. Nachdem sein anfängliches Unbehagen im Umgang mit seinen Schülern nachgelassen hatte, bemerkte er, dass er scheinbar eine gewisse Anziehungskraft auf die jungen Menschen an der Schule ausübte. Er war der jüngste Lehrer im Kollegium, und die Schüler begannen, ihn um Unterstützung zu bitten, wenn sie schulische Probleme hatten. Dann suchten sie seinen Rat zunehmend auch in persönlicheren Anliegen.
Im Laufe der Jahre intensivierte sich seine Beziehung zu seinen Schülern und damit veränderte sich auch die Rolle, die er an der Schule spielte, bis er schließlich Beratungslehrer wurde – und damit eine Aufgabe hatte, die er liebte. Das war um ein Vielfaches befriedigender, als einfach nur Mathematik zu unterrichten. Die Jahre vergingen. Hunderte von Kindern profitierten – individuell betreut – von Eds Rat und Zuneigung. Ed verdiente nicht viel Geld, aber er konnte auf eine zufriedenstellende, sichere und erfolgreiche Karriere zurückblicken. Er konnte sich nicht durch die Stadt bewegen, ohne einem seiner Schüler zu begegnen. Beratungslehrer an einer High-School zu sein war viel mehr als nur das, was er beruflich leistete. Es trug zu einem großen Teil dazu bei, wie Ed sich wahrnahm. Es war das, was ihn ausmachte. Als Eds Emphysem zu groß wurde, um weiter an der

High School zu arbeiten, verfiel er in eine tiefe Depression und dachte sogar daran, Selbstmord zu begehen.
Er saß auf der Veranda seines Hauses, zündete sich eine Zigarette an und bemerkte gegenüber der Sozialarbeiterin, die gerade zu Besuch war: „Was bin ich jetzt noch?“ Er nahm einen tiefen Zug aus seiner Zigarette, hustete und sah sie an. Sie konnte nur die Augen niederschlagen, als er noch einmal fragte: „Was bin ich jetzt noch?“
Was können Sie tun, um Ihrem Liebsten zu helfen, wenn er sich mit diesem Gefühl der Entfremdung von seinem Körper auseinandersetzen muss? Sie können ihm weder die Schlacht der Gefühle noch seine Schmerzen nehmen. Sie können nur daran teilhaben und sie ein wenig abmildern. Sie können das Gefühl der Befremdung angesichts seiner schwächer werdenden Gesundheit und des körperlichen Verfalls teilen. Dabei müssen Sie jedoch in Ihrem Herzen das Bild des Menschen bewahren, den Sie in all den Jahren geliebt haben: seine Liebe zur Poesie, seine Freundlichkeit gegenüber alten Menschen, seinen Sinn für Humor. Das sind die Eigenschaften, die überdauern werden. Erinnern Sie ihn daran. Und erinnern Sie sich selbst daran. Am Ende werden dies die Eigenschaften bleiben, die zurückkehren und an denen Sie beide sich inmitten des Verfalls werden festhalten können. Es werden diese Eigenschaften sein, die ihn am Ende retten werden. Und die Sie retten werden.

Verlust der Sicherheit

Hinter ihm lagen die grauen Azoren
Hinter den Toren des Herkules
Vor ihm lag keine gastfreundliche Küste
Vor ihm lagen nur die Weiten des Meeres
--- Joaquin Miller

In den Fortbildungen für ehrenamtliche Hospizmitarbeiter führen wie eine Übung durch, die ihnen helfen soll, ihre eigenen, in ihnen verwurzelten Antworten auf persönliche Verluste zu finden. In diesen Übungen verteilen wir buntes Papier, Filzstifte, Glitter, Scheren und Klebestifte und bitten sie, gemeinsam mit uns ihre persönlichen Mandalas zu entwerfen, die die wichtigsten Dinge in ihrem Leben zeigen und ihre Welt darstellen sollen. Alle Anwesenden wählen sechs verschiedene Bögen farbiges Papier aus. Auf jedem dieser Bögen notieren sie einige Informationen, die sie selbst und ihr Leben beschreiben.

1. Was tun sie beruflich, was leisten sie in ihrer Lebenswelt?
2. Was mögen sie an sich selbst am meisten: eine „Ein-Wort-Reklame"?
3. Der Name eines Menschen, den sie lieben
4. Etwas, das sie für ihr Leben gern tun
5. Ein weiterer Mensch, den sie lieben
6. Der größte Traum für die Zukunft

Nachdem sie diese Aufgabe erfüllt haben, bitten wir sie, die farbigen Papierbögen auf einem großen Tonpapierbogen anzuordnen und mit Hilfe der Filzstifte, dem Klebestift und der Schere ein persönliches Mandala zu entwerfen. Wir bitten sie, die einzelnen Zettel noch nicht dauerhaft festzukleben, sondern nur so viel Klebstoff zu benutzen, dass sie in dem Mandala haften bleiben, solange sie die einzelnen Aspekte mit der Gruppe diskutieren.
Zu Beginn spüren wir immer einen großen Widerstand gegenüber dieser Übung: es gibt viele Bemerkungen und Vorbehalte gegenüber einem solchen „emotionalen Kram". Es ist dann immer sehr erfreulich zu sehen, wie die Teilnehmer mit zunehmendem Enthusiasmus den Stoff ihres Lebens arrangieren und schließlich auf eine ganz bestimmte Art und Weise auf ihren Postern anordnen.
Sie greifen nach dem Glitter, um zu verdeutlichen, welche Dinge in ihrem Leben wirklich wichtig sind. Sie nutzen die Filzstifte, um bestimmte Aspekte hervorzuheben. Sie schneiden oder reißen die Formen mit großer Sorgfalt aus und kämpfen mit der richtigen Platzierung, mit Mustern und Farben. Manchmal kommen sie während der Arbeit ins Gespräch und sind sehr mitteilsam, manchmal ist es im Raum ganz still und die Luft scheint von düsteren Vorahnungen erfüllt zu sein. Schließlich beenden sie ihr Werk und sind sichtbar zufrieden mit den Ergebnissen ihrer Arbeit.

Als Nächstes stellen sich alle Teilnehmer vor und nutzen dabei die Mandalas als Landkarte ihres Lebens. „Erzählen Sie uns etwas über das Mandala," bitten wir sie dann. „Erzählen Sie uns, wen Sie lieben, was Ihnen Spaß macht und womit Sie Ihre Zeit verbringen. Sagen Sie uns, wovon Sie träumen." Sie teilen ihre Geschichten mit uns, teils unter Gelächter, teils unter Tränen.

„Das hier ist mein Hund," sagte eine Frau. „Er ist für mich wie eine Person, und ich liebe ihn mehr als alles in der Welt."

„Das hier heißt 'Doktor'," erzählte uns eine junge Frau. „Ich wurde soeben an der Medizinischen Fakultät der Stanford-Universität angenommen. Ich will gar nicht daran denken, wie hoch das Darlehen sein wird, das ich für mein Studium aufnehmen muss, aber das ist mir egal. Seit meinem achten Lebensjahr will ich Ärztin werden."

Ein Mann mittleren Alters wird ein wenig rot und sagt: „Das, was ich am meisten an mir mag, ist meine Bauch- und Brustmuskulatur." Als alle im Raum in lautes Gelächter ausbrechen, wird er tiefrot im Gesicht und protestiert: „Ich weiß, *ich weiß*, wie blöd das klingt." Er lacht selbst ein wenig. „Aber es *stimmt*."

Und so geht es weiter, jeder in der Tischrunde teilt einige sehr persönliche Dinge mit Menschen, die bislang Fremde waren, alle stellen sich dar und zeigen, wie verwundbar sie sind, fühlen sich aber gleichzeitig sicher.

Wenn sich die Präsentationsrunde dem Ende zuneigt, bitten wir alle Teilnehmer, einen abschließenden Kommentar über die Landkarte ihres Lebens abzugeben. Normalerweise gibt es nicht mehr viel zu tun. Dann fragen wir sie noch einmal, ob sie nun bereit sind, ihre Papierausschnitte fest auf den Untergrund zu kleben. Sie nicken voller Vertrauen.

„Tja," sagen wir dann und lächeln immer noch, „es ist ein bisschen so wie im wirklichen Leben. Gerade wenn Sie glauben, dass alles so ist, wie Sie es sich immer gewünscht haben, kommt das Leben und nimmt Ihnen irgendetwas weg." Dann nehmen wir unsere Brillen ab, gehen am Tisch entlang und halten an jedem Mandala einmal an. Ohne ein Wort zu sagen, nehmen wir willkürlich ein oder mehrere Teile ihres Mandalas an uns. Gerechtigkeit ist blind, sagen wir ihnen, genauso wie wir ohne unsere Brillen. Wir wissen gar nicht, was wir ihnen da weggenommen haben. Wir sehen nur

ein buntes Stück Papier, das aus der Landkarte ihres Lebens gerissen wird. Was wir nicht sehen können, das hören wir dann.
„Sie haben mir meinen Ehemann weggenommen!", schreit eine Frau auf.
„Nein," protestiert die junge Frau, „nicht mein Medizinstudium!"
Andere seufzen erleichtert auf, weil wir nur mit den „blauen Augen" oder dem „Inline Skating" weggehen.
Direkt nach dieser Übung machen wir eine Pause von fünfzehn Minuten, und wenn wir zurückkommen, verarbeiten wir die Reaktionen darauf. Fast ausnahmslos reagieren die Teilnehmer mit Wut. Ihnen bleibt ein hässliches Loch in ihren kreativen Werken. Es gab keine Vorwarnung, und es war keine Logik in der Art und Weise zu erkennen, was ihnen genommen wurde. Wenn wir über ihre Reaktionen auf diese Übung reden, erinnern wir sie daran, dass es nur ein Spiel ist, das wir hier spielen. Sie wissen, dass es nur eine Welt aus Papier ist. Und trotzdem sind ihre Reaktionen sehr real und schmerzvoll.
Für schwer erkrankte Patienten und ihre Familien ist es nicht nur ein Spiel. Eine solche Situation ist ihre Realität. Das Leben ist plötzlich hinterrücks aufgetaucht und hat ihnen etwas oder jemanden weggenommen, das bisher in ihrem Leben von großer Bedeutung war. Und nun weist ihr Leben Narben und Löcher auf. Nachdem wir die Übung beendet haben, unterbrechen wir noch einmal, um eine Mittagspause zu machen, in der wir uns ausruhen und auf den Vortrag, der am Nachmittag Bestandteil des Trainings ist, vorbereiten können.
Eines Nachmittags nahmen wir, nachdem wir diese Übung durchgeführt hatten, ein gewisses Unbehagen wahr. Es war auch in verschiedenen nachfolgenden Kursen zu spüren, egal, wie das Material organisiert wurde oder wie wir die Präsentation veränderten. Irgendetwas fühlte sich *falsch* an, und wir konnten nicht genau sagen, was es war. Nach zahlreichen Sitzungen sprachen wir das Problem einfach an. Wir sprachen über Kübler-Ross und die verschiedenen Stadien der Trauer, aber es war deutlich zu spüren, dass die Teilnehmer sich weder auf das Thema noch auf uns einlassen konnten. Wir unterbrachen die Diskussion und fragten: „Was ist los? Ist irgendetwas unklar? Gibt es etwas, das keinen Sinn ergibt?"
Sie sahen uns leicht besorgt an. Schließlich stand ein älterer Herr, der weit

hinten saß, auf und sagte: „Nun ja, wir wüssten gern, was heute Nachmittag wirklich auf dem Programm steht." Wir waren perplex. Worüber redete er? Er fuhr fort: „Die Sache mit dem Mandala scheint vorbei zu sein. Wir warten nur ab, um zu sehen, was Sie als Nächstes mit uns tun werden."

Das war es also. Sie vertrauten uns nicht mehr. Wir hatten sie an diesem Morgen in die Irre geführt und ihr Vertrauen missbraucht. Damit war nun alles, was wir sagten, verdächtig. Sie konnten in unserer Gegenwart nicht mehr entspannen. Ihr Gefühl der Offenheit und ihre Sicherheit waren mit den hastig an uns gerissenen Stücken Papier verschwunden. Das Vertrauen würde nicht leicht wieder herzustellen sein.

Wir stehen dem Leben nicht mehr sorgenfrei gegenüber. Wir gehen das Leben nicht mehr mit derselben Leichtigkeit an wie früher. Das Leben begegnet uns nicht mehr wie ein alter Kumpel, mit dem wie einen netten Abend verbringen, sondern wie die alte Witwe, die wir der Höflichkeit halber zum Kaffeetrinken eingeladen haben. Wenn wir beginnen, mit der Welt zu interagieren, dann tun wir es mit Vorsicht, legen großen Wert auf die äußere Form und investieren wenig in den Prozess selbst. Genau diese Stimmung war es, die dieser Kurs am Nachmittag an den Tag legte, sie beobachteten uns genau, waren aber nicht bereit, irgendetwas in uns zu investieren.

Die Teilnehmer unserer Nachmittagskurse fühlten sich offensichtlich sehr unwohl und warteten darauf, dass noch etwas passierte. Ebenso wie die Menschen, die einen wirklichen Verlust in ihrem Leben erlitten hatten, waren sie sehr wachsam: diesmal bin ich vorbereitet. In der Welt der Sterbenden scheinen Unschuld und Verletzlichkeit für immer verschwunden zu sein, keine Gültigkeit mehr zu haben, nicht mehr erwünscht zu sein. Freude an sich, Verletzlichkeit an sich, Vertrauen an sich – diese Dinge werden zum Feind. Die Teilnehmer dachten darüber nach, was in den Verlustszenarien, die dem wirklichen Leben nachempfunden waren, geschieht und waren dermaßen wütend über diese hinterlistige Täuschung, dass sie uns nicht mehr trauen wollten.

Egal, wie vorbereitet wir uns fühlen, der Verlust eines geliebten Menschen ist eine Tragödie. Das Undenkbare ist geschehen. Innerhalb eines Augenblicks hat sich nicht nur unsere Welt, sondern auch unser Status in der Welt für immer verändert. Wie die Papiermandalas werden wir zerrissen und herabgewürdigt und ängstlich zurückgelassen. Ob sofort oder allmählich, es entsteht das Gefühl, betrogen worden zu sein, das Misstrauen wächst. Eine frühere Patientin, die sich inzwischen von ihrer Brustkrebserkrankung erholt, hat es einmal folgendermaßen formuliert: „Als der Krebs bei mir diagnostiziert wurde, fühlte es sich an, als hätte ich meine Lebensberechtigung verloren. Heute fühle ich mich, als hätte ich nur eine vorübergehende Aufenthaltsgenehmigung, die ich beizeiten verlängern muss."

Vertrauen versus Kontrolle

Das Gefühl des Verlustes stellt sich sowohl für denjenigen ein, der stirbt, als auch für diejenigen, die sich um ihn kümmern. In manchen Fällen ist das Gefühl der Unsicherheit zu beängstigend, um es fühlen, verarbeiten und zeigen zu können. Der Versuch, die Furchtsamkeit, die ein Leben in einem willkürlichen Universum mit sich bringt, zu bannen, endet häufig damit, ohnmächtig um Kontrolle zu ringen.

Mrs. Murray

Mrs. Murrays Ehemann war siebenunddreißig Jahre alt, als er während des Abendessens plötzlich einen Herzinfarkt erlitt. Sie rief den Notarztwagen, der innerhalb kürzester Zeit kam. Glücklicherweise gelangte Mr. Murray so schnell ins Krankenhaus, dass er gerettet werden konnte. Er war schon auf dem Weg der Besserung, als das Pflegepersonal ihre Aufmerksamkeit auf seine Frau richtete, die jeden Tag im Krankenhaus war.

Mrs. Murray hatte jeden Tag etwas zu essen von zuhause mitgebracht und bestand darauf, dass das Krankenhausessen nicht nahrhaft genug sei. Sie hielt Nachtwache im Krankenzimmer ihres Mannes und beobachtete unablässig die Monitore. Die Schwestern riefen uns an und baten darum, die Sozialarbeiterin vorbeizuschicken, damit sie Mrs. Murray erklären sollte, wie wichtig es für ihren Mann sei, seinen Schlaf zu bekommen und zwischendurch allein zu sein, und dass auch die Schwestern ein wenig Zeit benötigten, um seine Pflege zu gewährleisten.

„Aber ich muss die Monitore im Auge behalten," protestierte Mrs. Murray. „Was, wenn sein Herz stehen bleibt?"

Die Sozialarbeiterin versuchte, ihr zu versichern, dass in diesem Fall eine ganze Reihe von Alarmen ausgelöst würden. Sie zeigte Mrs. Murray das Überwachungssystem im Schwesternzimmer sowie den Notfallwagen und die Notfallausrüstung auf der Station. Ausführlich erklärte sie Mrs. Murray die Verfahren, die bei Notfällen auf der Intensivstation oder bei der Herz-Lungen-Wiederbelebung zum Einsatz kamen. Mrs. Murray war nicht beeindruckt.

„Was, wenn Ihre Monitore nicht funktionieren?" fragte sie. „Ich glaube, ich bleibe heute Nacht einfach wieder hier."

Mr. Murrays Herzinfarkt hatte seiner Frau das Vertrauen in die Sicherheit ihrer Welt genommen. Ihre Nachtwachen-Manie auf der Intensivstation hatte dazu geführt, dass das Personal sie als Störfaktor mit Kontrollfimmel betrachtete. Mrs. Murray dagegen wollte nichts anderes, als ihr verlorenes Gefühl von Sicherheit und Vertrauen wiederzugewinnen. Sie konnte der Welt nicht mehr trauen. Sie konnte selbst ihrem eigenen Esszimmertisch kein Vertrauen mehr schenken – wie sollte sie dann in der Lage sein, den Schwestern zu vertrauen, die bis vor wenigen Tagen noch völlig Fremde gewesen waren? Mrs. Murrays Angst und Misstrauen waren nur zu offensichtlich.

Manchmal bleiben diese Gefühle im Verborgenen, bis eine Krise vorüber ist und treten erst später als posttraumatische Belastungsstörung zu Tage.

Manchmal können die Veränderungen, die nach der Diagnose einer unheilbaren Erkrankung im Leben der Patienten auftreten, dazu führen, dass die Patienten selbst oder Ihre nächsten Angehörigen sich völlig unerwartet verhalten – ganz anders, als Ihre Umwelt es von Ihnen erwartet. Margarets Geschichte ist ein treffendes Beispiel für eine solche Situation.

Margaret

Margaret ist eine neunundvierzigjährige Frau, die heute in einer Kleinstadt in Florida lebt. Vor zehn Jahren, als ihre Kinder langsam erwachsen und selbstständig wurden, beschloss sie, sich noch einmal an einem College einzuschreiben. Sie hatte eine erfolgreiche Karriere hinter sich, in einem Beruf, der sie ausfüllte, und sie hatte drei wunderbare Kinder großgezogen, die nun fast erwachsen waren. Die Möglichkeit, nun noch einmal ans College zurückzukehren und ihre vor langer Zeit unterbrochene Ausbildung zu

Ende zu bringen, schien die Erfüllung eines lang gehegten Traums zu sein. „Ich gehe aufs Ganze," sagte sie, als ihre Kurse begannen. Margaret arbeitete wirklich hart für ihr Studium und schloss es mit herausragenden Prüfungsergebnissen ab. Sie dachte ernsthaft darüber nach, noch ein Graduiertenkolleg zu besuchen. Sie kaufte sogar ein neues Auto – einen roten Chrysler New Yorker, der perfekt zu ihrem neuen Image und zu ihrem neuen Leben zu passen schien.

Vier Monate, bevor Margaret ihr Studium beendete und ihr Diplom bekommen sollte, wurde bei ihr ein inoperabler Hirntumor festgestellt. Er war aus dem Nichts entstanden. Sie hatte leichte Kopfschmerzen, leichte Sehstörungen und nach dem Aufstehen ein gewisses Schwindelgefühl verspürt. Es war eine niederschmetternde Nachricht für sie. Aber Margaret begegnete dem Schock und der Fassungslosigkeit mit ihrem wohlbekannten Sinn für Humor. Sie lächelte gezwungen, zielte mit ihrem Finger wie mit einer Pistole auf ihre Schläfe und sang: „Bing-Bang-Buh, und tot bist Du".

Aber Margaret war nicht tot. Sie unterzog sich einer aufreibenden Strahlentherapie, die dazu führte, dass sie schwach und antriebslos wurde und die ihr Übelkeit verursachte. Wir beobachteten und unterstützten sie und gratulierten, als der Tumor schrumpfte. Zwei Jahre später war der Tumor ganz verschwunden. Und mit ihm auch die alte Margaret.

Sie verkaufte den roten Chrysler und fuhr fortan einen grauen Sedan. Auf Drängen ihrer Familie schloss sie zwar ihr Studium ab, schrieb sich aber nie an einem Graduiertenkolleg ein oder versuchte, ihre Karriere fortzusetzen. Sie blieb zuhause und lieh sich Videos mit alten Spielfilmen aus den 50er Jahren aus. Diese Frau, die so aktiv und vital gewesen war, die vor Plänen, Zielen und Enthusiasmus nur gestrotzt hatte, begann, sich aus der Welt zurückzuziehen. „Ich hatte Angst," sagt sie heute. „Es ist schwer zu erklären. Es war so, als würde ich da draußen mein Ding machen, und dann kommt Gott und sagt: \`Bing-Bang-Buh - und tot bist Du!\` Danach wollte ich mich nur noch verstecken. Und ich wollte nicht, dass Gott mich sieht." Für Margaret war das Leben selbst etwas geworden, was sie fürchtete. „Ich wollte nicht, dass Gott mich sieht."

Wenn das Undenkbare eintritt, werden alle Annahmen über die Sicherheit im Leben auf die Probe gestellt. Der Boden unter unseren Füßen ist nicht

mehr sicher. Das Vertrauen gegenüber anderen Menschen stellt sich nicht mehr so leicht ein. Vertrauen im Allgemeinen wird schwierig, so wie das Vertrauen in das Leben an sich. Dieser Verlust des Vertrauens und des Sicherheitsgefühles kann sich in dem zwanghaften Versuch manifestieren, die Kontrolle zu behalten, wie bei Mrs. Murray, oder sich äußern wie bei Margaret, die den Rückzug aus dem Leben antrat. Darüber hinaus kann es unzählige weitere Verhaltensmuster oder psychologische Symptome geben, und es ist nicht vorherzusehen, wie sie sich zeigen.
Was zählt, ist die Tatsache, dass für jemanden, der sterben wird, die Welt in Scherben liegt. Der geliebte Mensch an Ihrer Seite muss in dieser kritischen Situation seinen Vertrag mit dem Leben neu verhandeln. Das Gefühl der Unsicherheit manifestiert sich in zahlreichen körperlichen und mentalen Verlusten. Wahrscheinlich wird der Erkrankte nie mehr die Sicherheit empfinden, die früher selbstverständlich war.

Etwas geht verloren, aber etwas wird auch gewonnen

Psychologen nennen die unerwarteten Vorteile, die aus schmerzlichen Ereignissen hervorgehen oder in schwierigen Zeiten erwachsen, „kompensatorische Gewinne“. Dieser Prozess vollzieht sich auch, nachdem ein Individuum sein Gefühl der Sicherheit verloren hat. Wenn die Erde unter seinen Füßen nicht mehr bebt, bemerkt der Betroffene vielleicht etwas Neues an sich. Nachdem er mit all der Verwirrung und all dem Schrecken gerungen hat, nachdem er die Landschaften der Angst durchwandert ist, bemerkt er eine riesige Veränderung in der Art und Weise, wie er sich und sein Leben wahrnimmt. Er weiß, dass das Ergebnis nicht vorhersehbar ist. Mit diesem Wissen löst er sich von einer zu starken Erwartungshaltung und erwirbt eine ausgeprägtere Fähigkeit, sein Leben in der Gegenwart zu leben.
Patienten, die diese bedrohlichen Erfahrungen überleben, machen mit großer Wahrscheinlichkeit Veränderungen durch, die zu einem intensiveren Erleben ihres Daseins führen können, egal wie lang oder kurz der Rest ihres Lebens noch sein mag. Die Entscheidungen, die sie treffen, die Prioritäten, die sie setzen und die Qualität der Hingabe und Leidenschaft, die sie ihrem Leben entgegenbringen, durchlaufen eine gewaltige Veränderung. Die Krise, die den Verlust der Sicherheit mit sich brachte, wird zum Wen-

depunkt. Von diesem Zeitpunkt an wird sie als wesentliche Wegmarkierung zurückbleiben, an der sich das Leben anschließend messen lassen muss. Als Pflegender eines Patienten sollten Sie sich über diese Veränderungen im Klaren sein.
Der Übergang, den der Verlust der Sicherheit einleitet, erinnert uns auf den tiefsten Ebenen unserer Seele daran, dass es keine Garantien gibt, schon gar nicht solche, die unsere Gesundheit und unser zukünftiges Leben betreffen. Wenn Sie diesen Weg mit jemandem gehen, den Sie lieben, werden Sie dieses Gefühl der Verletzlichkeit selbst spüren. Jemanden zu verlieren, den Sie lieben, ist mit einem Verlust an Sicherheit auch in Ihrem eigenen Leben verbunden. Und es erinnert uns daran, dass wir, wenn wir gesund sind – jeder von uns – uns nur in Intervallen, die frei von Krankheiten sind, befinden. Anzuerkennen, dass auch wir sterblich sind, bewirkt eine bestimmte Art der Freiheit, die dazu führt, dass wir intensiver in der Gegenwart leben.

Abgetragen

Die Zeit sorgt dafür,
dass ich weniger Angst habe
Vor Narben und Flecken.
Dass ich aufmerksamer bin
gegenüber harten und weichen
Menschen und Dingen
um mich herum.
Dass ich eher bereit bin,
alles zu riskieren,
abgetragen zu sein
und wirklich gebraucht
Bevor ich aus diesem Leben
hinauswachse.
--- Patrick W. Flanigan, MD

Lebensrückschau

Ich erinnere mich,

dass die Schmerzspitzen schärfer waren
das Klima des Geistes
wie ein klarer Herbstmorgen
der Klang meines Atems
heiliger/profaner
und nun
wirbelt der November der Seele
eine Wolke aschgrauen Laubes herein
und ich erinnere mich.
--- Carrie Hyde

Je weiter die Rückschau auf das Leben und gleichzeitig auch der Sterbeprozess voranschreiten, desto mehr sind wir bereit, unser Leben anzunehmen, zu akzeptieren und aufzulösen. Dies ist die Zeit, in der wichtige Fragen gestellt und Antworten gesucht werden. Der Rückblick auf das eigene Leben beginnt jetzt und dauert bis zum Ende. Der geliebte Mensch an Ihrer Seite wird zurückblicken, um in seinem Leben Sinn und Zweck zu erkennen. Er nähert sich dem Ende seiner dynamischen Beziehung, die er zur Welt und zu denen, die er liebt – darunter auch zu Ihnen – pflegt.
Auch Sie gelangen an ein Ende: an das Ende des Lebens mit dem Menschen, den Sie lieben. Auch Sie werden einen Blick zurückwerfen auf die Landschaft Ihrer gemeinsamen Zeit miteinander. Sie werden reflektieren, abwägen und die Bedeutung des Lebens, das Sie geteilt haben, sowie Ihrer Rolle auf seinem Weg zum Tode entschlüsseln. Sie werden beginnen, herauszufinden, wie die Dinge zum Ende kommen und sich mit dem abfinden, was geschieht. Es ist der Beginn einer Entwicklung, an deren Ende Sie in der Lage sein werden, „Lebewohl“ zu sagen.
In seinem Buch „Reise nach Ixtlan“ erinnert uns Carlos Castaneda daran, dass der Tod uns leitet, wenn wir seinen Rat befolgen: „Der Tod ist unser Berater, er sitzt auf unserer Schulter und wispert uns leise ins Ohr.“
Der Tod zeigt uns, was wichtig ist, was wir als nächstes tun müssen und was wir hinter uns lassen können. Indem wir diesem Rat folgen, werden wir offen für alle Möglichkeiten, die uns das Leben bietet. Indem wir unsere Liebsten begleiten, während sie dem Tod ins Auge sehen, werden wir *alle*

offen für die Möglichkeiten, die uns das Leben bietet. Die Pflegenden spielen eine tragende Rolle in der Kommunikation mit einem Sterbenden, und dabei ist es egal, ob es sich um professionelle Pflegekräfte (Schwestern, Ärzte, Sozialarbeiter) handelt, um ein Familienmitglied oder um einen engen Freund. Am wichtigsten sind die Bedürfnisse des Patienten, und hierbei spielen die spirituellen Bedürfnisse, die alle Menschen am Ende ihres Lebens teilen, die größte Rolle. Wenn alle Beteiligten – professionelle Pflegekräfte, Freunde und Familie – sich dieser gemeinsamen Bedürfnisse bewusst sind, dann ist die Kommunikation mit dem Sterbenden wesentlich effektiver.

Wir haben schon darauf hingewiesen, dass die körperlichen Einschränkungen den Erkrankten zwingen werden, das Fortschreiten der Krankheit zu akzeptieren und sich einzugestehen, dass sie unausweichlich auf das Ende seines Lebens hinausläuft. Es ist ein langsamer, aber stetig voranschreitender Prozess.

Die emotionale Reaktion auf diese Konfrontation mit der eigenen Sterblichkeit kann sehr intensiv sein, und der Sterbende wird dies vermutlich diejenigen spüren lassen, die ihm sowohl körperlich als auch psychisch am nächsten stehen. Zur Zielscheibe der Gefühle, die der Patient äußert, können Familienmitglieder, Freunde, (Ehe-)Partner, der Arzt oder andere Pflegende, ja selbst Gott werden. Es ist wichtig, dass jeder versteht, dass diese emotionalen Ausbrüche keine persönlichen Angriffe darstellen, sondern die zugrundeliegende emotionale Krise widerspiegeln, die durch die Erfahrung, selbst sterben zu müssen, ausgelöst wird. Diese Gefühlsausbrüche müssen dem Patienten zugestanden werden, sie müssen verstanden und akzeptiert werden, um die emotionalen Investitionen und die weitere Teilhabe des Patienten am Lebens- und Sterbeprozess zu erleichtern. Der Patient ist somit eine Leitfigur für diejenigen, die ihn lieben, versorgen und loslassen – und die ihm letztendlich in den Tod folgen werden. Sein positives Selbstbild wird durch das Wissen gestärkt, dass seine Erfahrungen geschätzt und respektiert werden, und dies ist die Aufgabe, die Sie leisten müssen. Das ist nicht leicht angesichts der Tatsache, dass Sie mitunter das Gefühl haben, von dem todgeweihten Menschen, den Sie lieben, missbraucht zu werden. Seien Sie stark. Sie sind nicht nur in der Lage, die Gefühlsausbrüche auszuhalten, Sie können noch viel mehr ertragen. Sie können es aushalten. Und natürlich werden Sie das auch, und das mit großem Erfolg. Eigentlich beginnt der Rückblick auf das Leben in der einen oder anderen Form, sobald die Diagnose gestellt wird, dass es sich um eine unheilbare Krankheit handelt. Noch läuft dieser Prozess vielleicht im Unterbewusstsein ab, aber er vollzieht sich mit Sicherheit, bis er umso aktiver und offensichtlicher wird, je näher sich der Patient dem Tod wähnt. Seien Sie sich darüber im Klaren, dass dieser Prozess bis zum letzten Atemzug anhalten wird. In jedem Leben gibt viele lose Fäden, die verknotet werden müssen.

Das Konzept der Rückschau auf das Leben verstehen

Der Prozess, in dem sich die Rückschau auf das eigene Leben vollzieht, ist wichtig und faszinierend. Er dient dazu, ein Konzept des eigenen Ich zu erschaffen, das für einen vollständigen Sterbeprozess von herausragender Bedeutung ist. Der geliebte Mensch an Ihrer Seite wird sich an sein Leben erinnern. Die Erinnerungen, die durch sensorische und akustische Einflüsse oder allein durch die Fantasie wachgerufen werden, tauchen spontan auf. Sie können mitten am Tag oder mitten in einer Unterhaltung aufbrechen. Sie entstehen durch äußere Reize: Ein Duft, der soeben noch wahrgenommen wird, das Licht, das durch die Vorhänge fällt, der Klang einer bestimmten Stimme. Diese Erinnerungsschübe nehmen in ihrer Häufigkeit und Deutlichkeit zu, je näher der Tod rückt. Ein Mensch nimmt die gesamten Erfahrungen und Erinnerungen seines Lebens mit in den Tod: Seine Erfolge und sein Scheitern, den ersten Tanz, den ersten Kuss, die erste Enttäuschung – alles ist da. Wie jede gute Geschichte hat das Leben einen Anfang, eine Mitte und ein Ende.

Eine der Aufgaben im Rahmen der Rückschau auf das eigene Leben ist es, die Fragmente der Bedeutung und der scheinbar zufälligen Erfahrungen früherer Jahre zu überdenken. Im Zuge des Lebensrückblickes werden die Puzzleteile und Bruchstücke der eigenen Erfahrungen, die sich über unsere Tage verteilen wie eine Handvoll weggeworfener Kieselsteine, zusammengebracht und neu untersucht. Das kann zu einer Neuordnung der eigenen Leistungen, zur Neubewertung bestimmter Ereignisse oder zur Verlagerung eigener Prioritäten führen. Das Selbstkonzept wird durch den Lebensrückblick einer vollständigen Neuordnung unterzogen. Die neue Perspektive auf das Leben des Patienten wird zum einen durch den Patienten selbst erreicht, zum anderen aber auch durch diejenigen, mit denen er diese Reise absolviert. Vor diesem Hintergrund kann der Tod seinen Platz im Kontext des Lebens als akzeptabler Übergang einnehmen: Es war ein gut gelebtes Leben.

Wenn der Tod naht, geht die Rückschau auf das Leben weiter. Der Rückblick ermöglicht Ihnen – und ebenso dem geliebten Menschen an Ihrer Seite – die Ganzheit des Lebens in ein Konzept zu fassen und die Anwesenheit von Schmerzen zu verstehen und zu durchstehen. Indem das Leben in seiner Ganzheit erfasst wird, wird das Leiden in die Grenzen eines Kontextes verwiesen. Die Rückschau auf das Leben führt vielleicht zu einem besseren Verständnis der Beziehung zwischen dem Leid Ihres Liebsten und der Art und Weise, wie er dem Tod entgegengetreten wird.

Unterstützen Sie den geliebten Menschen bei seiner Rückschau auf das Leben

Das wertvollste Geschenk, das Sie einem sterbenden Menschen machen können, während er Rückschau auf sein Leben hält, ist es, zuzuhören. Lassen Sie ihn wissen, dass Sie da sind, um Zeuge seines Lebens zu sein und seine Geschichte in all ihren Facetten zu hören. Einzelne Kapitel dieser Geschichte werden Ihre Beziehung zueinander darstellen. Sie können ihm und sich selbst helfen, indem Sie an diesen Spaziergängen über die Pfade der Erinnerung teilhaben. Einige dieser Erinnerungen werden wundervoll sein und Sie näher zusammenrücken lassen: die Erinnerung an den Tag, an dem Sie sich getroffen haben, Geburtstage, vielleicht Hochzeits- oder Jahrestage. Dies sind die wichtigen Tage in Ihrer noch immer andauernden Geschichte.

Nicht alle Erinnerungen aber werden für Sie leicht zu hören und zu ertragen sein. Langwährende Beziehungen durchlaufen oft auch schlechte und schmerzhafte Zeiten. Schlimmer noch, Sie beide bewerten manche Themen und Zeitabschnitte vielleicht völlig unterschiedlich. Es ist wichtig, dass Sie hören, was Ihr Liebster Ihnen zu sagen hat. Das heißt nicht, dass Sie seiner Version der Geschichte wirklich zustimmen müssen – sondern, dass Sie seinen Weg, die Dinge zu erleben, nicht einfach leugnen. Hören Sie zu mit der Absicht, ihn zu verstehen – nicht ihn zu korrigieren. Manchmal werden Sie einfach ruhig zuhören, manchmal wird es zu lebhaften Diskussionen kommen.

Nicht alle Erinnerungen werden Sie einschließen. Nicht alle Erinnerungen werden angenehm für Sie sein. Unter Umständen hat Ihr geliebter Mensch ein Kind, das er über alles liebt, das aber aus einer früheren Beziehung stammt und das Sie nicht lieben. Vielleicht hat er Freunde, die Sie nie besonders mochten oder mit denen Sie nie einverstanden waren. Auch wenn Sie beide lange Seite an Seite gelebt haben, ist es doch gut daran zu denken, dass das Leben eines jeden Menschen einer weiten Landschaft gleicht. Diese setzt sich aus unzähligen Erfahrungen, Begegnungen mit vielen Menschen und unterschiedlichsten Ausprägungen von Sympathien und Leidenschaften zusammen. Sie stehen nicht unbedingt in jeder Hinsicht im Mittelpunkt.

Gerade in den letzten Tagen eines Lebens sehen Menschen sich oft mit Erinnerungen und Bildern konfrontiert, die für die Bildung ihrer Charaktereigenschaften und für die Erfahrungen ihres Lebens von wesentlicher Bedeutung waren. Wenn Sie all die Erfahrungen aufreihen würden, die wirklich von Bedeutung waren, würde die zeitliche Ausdehnung dieser Ereignisse wahrscheinlich weniger als ein Jahr ausmachen. Die restliche Zeit wirkt eher so, als würden wir alle einfach nur *Schlange stehen*. Was am Ende zählt, ist, wie viel Zeit wir damit verbracht haben, etwas Sinnvolles zu tun, nicht, wie viel Zeit wir auf diesem Planeten gelebt haben oder in der Schlange gestanden haben. Auch der geliebte Mensch an Ihrer Seite wird sich auf diese wichtigen Zeiten in seinem Leben konzentrieren. Die Dinge, die wir als wichtig ansehen, wenn wir uns inmitten der produktivsten Jahre unseres Lebens befinden, mögen sich am Ende als weniger bedeutend erweisen.

In der Rückschau auf unser Leben geht es um nichts anderes als darum, die Bedeutung dieser Momente zu erfassen. Sie läuft darauf hinaus, dass wir diesen Momenten erlauben vorüberzuziehen und ihnen dann einen Rang auf einer sehr individuellen Prioritätenliste zuweisen. Dieser Prozess erlaubt es uns, loszulassen und Vergangenes akzeptieren und wertschätzen zu ler-

nen. Erst dann wird der geliebte Mensch an Ihrer Seite über einen so freien Geist verfügen, dass die Wunder, die im Dezember auf Sie warten, geschehen können.
Die Rückschau auf das Leben ist ein Wechselspiel des Zulassens und Loslassens. Es ist eine Zeit, in der die unzusammenhängenden Fragmente eines Lebens in einen Zusammenhang gebracht werden. Dr. Eric Cassell, ein berühmter britischer Palliativmediziner, redet von der „Topologie des Lebens". Diese Idee mag sich als nützlich erweisen, um Ihrem Liebsten zu helfen, aber jeder muss den Weg wählen, der für seine eigene Situation von Nutzen ist. Hier ist eine Zusammenfassung der Ideen Cassells, die wir Ihnen als Anregungen darlegen möchten.

- Während der Rückschau auf das Leben beschäftigt der geliebte Mensch an Ihrer Seite sich mit seiner **Vergangenheit**. Er denkt darüber nach, was er erreicht hat, wann er gescheitert ist, und was noch nicht vollendet wurde. Er erinnert sich an Orte, die er besucht hat und an Orte, die er sich für später aufgehoben hat. Diese Erfahrungen haben nicht nur einen Bezug zur Vergangenheit, sondern auch eine Bedeutung für Gegenwart und Zukunft. Ereignisse in der Gegenwart können anders wahrgenommen werden und damit die Erinnerungen an die Vergangenheit beeinflussen, während Ereignissen, die vor langer Zeit und an fernen Orten stattgefunden haben, neue Bedeutungen zugewiesen werden können. Es ist ein wichtiges Geschenk der Rückschau auf das Leben, dass alle Fragmente im Leben eines Individuums – auch die eines geheimen Lebens – zusammenkommen und ein zusammenhängendes Ganzes ergeben, so dass Frieden und Ruhe einkehren können. Während Ihr Liebster diesen Prozess durchlebt, unterstützen Sie ihn und seien Sie liebevoll. Versuchen Sie, nicht zu urteilen, und erlauben Sie, dass der Strom der Erinnerungen ungehindert und ohne kritische Kommentare fließen kann.
- **Erinnerungen** beeinflussen die Topologie des Lebens und enthüllen, auf welche Weise das Leben des Menschen an Ihrer Seite im Laufe der Zeit bereichert und mit Leben gefüllt wurde. Einige Erinnerungen, denen einst eine Schlüsselrolle zukam, sind eventuell unwichtig gewor-

den und tief im Strom der Erinnerungen verborgen. So mag sich ein erfolgreicher Geschäftsmann mit Stolz und großer Freude an seine erste „richtige" Arbeit erinnern, und der Lohn (in Höhe von 5 Dollar pro Stunde) erweist sich vielleicht als größere Quelle des Stolzes und der Befriedigung als die Aktienpakete, die er in seinem späteren Berufsleben erhielt. Eine ältere Hausfrau, die von außen betrachtet ein bescheidenes und leidenschaftsloses Dasein gefristet hat, trägt vielleicht die Erinnerung an ihren ersten Tanz und ihre erste große Liebe tief in ihrem Herzen verborgen... sorgsam darauf bedacht, dass niemand die Gefühle, die sie hegt, auch nur annähernd erahnt. Ein Mechaniker, der auf dem Sterbebett liegt und aus dem Fenster sieht, erlebt vielleicht noch einmal den Tag, an dem er den entscheidenden Ball annehmen konnte und das Tor schoss, mit dem Sieg seiner Mannschaft an diesem Tag besiegelt war – oder den Tag, an dem er für einen Augenblick der Held seiner Heimatstadt war – oder den Tag, an dem er das Tor *fast* geschossen hätte. Erinnerungen sind in unseren Sinnen gespeichert. Der Geruch einer frisch gemähten Wiese kann die Erinnerung an lange, glückliche Sommer unserer Kindheit wachrufen. Krankenhausgerüche können uns angsteinflößende Erfahrungen inklusive der dazugehörigen schmerzhaften Nadelstiche wiederbringen. Hände haben eigene Erinnerungen und rufen sogar noch mehr Bilder hervor: Geschirrspülen in zu heißem Wasser, das Beruhigen eines erschreckten Kindes, das Zusammenbauen eines ´57er Chevys. Füße erinnern sich an das merkwürdige Gefühl, zum ersten Mal Skischuhe zu tragen – und an das erhebende Gefühl, den Berg hinunterzugleiten. Arme und Beine erinnern sich ein Leben lang an die Müdigkeit, die wir verspürten, während wir unser schreiendes Baby nächtelang durch die Wohnung trugen, weil es Koliken hatte. Erinnerungen sind in unseren Sinnen gespeichert. Und auch unser Körper erinnert sich.

- **Lebenserfahrungen, die die eigene Gesundheit und frühere Erkrankungen betreffen**, Erinnerungen an die Zusammenarbeit mit Ärzten und dem Pflegepersonal, Erfahrungen mit Medikamenten, Krankenhäusern, Operationen, körperlichen Behinderungen und vieles mehr bilden den Hintergrund und den Bezugsrahmen für die aktuelle Erkrankung und die Reaktion des Patienten auf diese. Wenn Ihr Partner in der Vergangenheit bereits erfolgreich Erkrankungen bewältigt hat, dann wird die aktuelle und unheilbare Krankheit aus einer optimistischeren und kräftigeren Perspektive gesehen. Und mit dieser Einstellung nimmt der Patient, während sein Körper stirbt, es nicht so wahr, als würde er als Ganzes sterben. Seine guten Erfahrungen, die aus der Bewältigung früherer Erkrankungen herrühren, geben ihm die Stärke und das Selbstvertrauen, die jetzige Krankheit zu bewältigen. Umgekehrt wird es die Wahrnehmung und die Erfahrung mit der aktuellen Krankheit beeinflussen, wenn er sein Leben lang gesundheitlich angeschlagen war und sein ganzes Leben lang gegen unterschiedlichste Krankheiten ankämpfen musste.

- Die Topologie unseres Lebens ist auch von der Rückschau auf **familiäre Beziehungen** geprägt. Menschen betrachten sich oft als Fortsetzungen ihrer Eltern. Im Angesicht des Todes wird ihre Einstellung häufig von der Erinnerung an den Tod ihrer Eltern bestimmt. Die Familienidentität kann die Art und Weise beeinflussen, wie ein Patient sein Leiden annimmt. Die Familienidentität wirkt sich auch unterstützend auf die Akzeptanz einer unheilbaren Krankheit oder des endgültigen Sterbeprozesses aus. Cassell betont, dass die Krankheit die letzte Verbindung zur Familie darstellt – das Schicksal ist damit erfüllt. Genauso wie die persönliche Vergangenheit Ihres Partners seinen gegenwärtigen Erfahrungen Bedeutung verleiht, trägt auch die kollektive Vergangenheit seiner Familie einen Anteil zu seiner gegenwärtigen Realität bei. Seine Erfahrung als Individuum muss mit der Erfahrung seiner selbst als Mitglied seiner Familie in Übereinstimmung gebracht werden, um sein neues und überdachtes Selbstkonzept zu vervollständigen.

Einer unserer Freunde hat viele Familienmitglieder, die unter Herzerkrankungen leiden. Seine Mutter und zahlreiche Verwandte mütterlicherseits starben in sehr hohem Alter an Herzinfarkten. Er war sicher, dass auch er irgendwann einem Herzinfarkt erliegen würde – vorzugsweise nach seinem neunzigsten Geburtstag. Aber als er Anfang Siebzig war, diagnostizierte sein Arzt das Lou-Gehrig-Syndrom bei ihm (auch bekannt als ALS-Syndrom, eine unheilbare Erkrankung des Nervensystems, Anm. d. Übers.). Seine Angst und Trauer waren mit einer unbändigen Wut verbunden. Das hätte ihm nicht passieren sollen. Er sollte an einer Herzerkrankung sterben. Das war gute Familientradition.

- Die **Gemütsverfassung** ist eine weitere Komponente der Topologie unseres Lebens. Der geliebte Mensch an Ihrer Seite hat sich – und wurde auch von anderen – über etwas definiert, das sein Verhalten vorhersagbar machte. Wir alle tun das, und diese Tatsache ist geschichtlich begründet. Aber der Tod ist so aufwühlend, dass diese vorhersagbaren Verhaltensmuster sich verändern. So kann beispielsweise jemand, der immer sehr stoisch war, plötzlich fordernd werden. Ein fürsorglicher Mensch geht plötzlich in sich und sehnt sich nach Einsamkeit. Sie meinen, den erkrankten Menschen zu kennen, aber die Veränderungen führen dazu, dass Sie Ihren Partner nicht mehr wiederzuerkennen glauben. Tatsächlich aber zeigen diese Veränderungen lediglich einige weitere Facetten seiner Persönlichkeit auf. Indem Sie diese Veränderungen akzeptieren, wird Ihre Liebe zu ihm noch tiefer und die Wahrnehmung seiner Person noch intensiver.
- Während dieser Zeit wird die **körperliche Erscheinung** des geliebten Menschen eine entscheidende Rolle spielen. Nur sehr wenige Menschen betrachten unsere Körper lediglich als Hülle, die nützlich ist, um unseren Verstand zu unterstützen. Wir neigen dazu, uns deutlich mit unserem Körperbild zu identifizieren. Unsere Körper weisen die physikalischen Merkmale unserer genetischen Abstammung auf. Sie haben „die Augen Ihrer Mutter" oder „das Haar Ihres Vaters". Vor Jahren, als Pam ein Schnellboot durch die Bucht von San Francisco lenkte, betrachtete sie ihre Hände auf dem Steuerrad und bemerkte mit einem Mal, dass sie die Hände ihres Vaters geerbt hatte! Ihr Vater war seit 10 Jahren tot, aber für einen winzigen Moment an diesem sonnigen Tag vor der Küste gab es eine Verbindung zu ihm. Pams Verbindung zu ihm bestand in ihrer körperlichen Erscheinung. Die Beziehung, die der geliebte Mensch an Ihrer Seite zu seinem Körper hat, seine Wahrnehmung von seinem Körper und die Verbundenheit mit seinem Körper werden beeinflussen, wie er mit dem Prozess der unheilbaren Erkrankung umgeht. Der Körper wird sich verändern, seine Vitalität verlieren, zuneh-

mend unattraktiver und nutzloser werden und letztendlich ausgelöscht werden. Je näher der Tod rückt, desto mehr könnte der Patient glauben, sein Körper lasse ihn im Stich. Diese Wahrnehmung muss angesprochen und gelöst werden. Dieser Aspekt gehört zu den wichtigsten Komponenten der Heilung, die im Rahmen des Rückschauprozesses stattfinden werden muss und die darauf hinausläuft, dass der Patient akzeptiert und sich mit seinem Zustand abfindet.

- Jeder Mensch hat ein **geheimes Leben**. Dieses kann sich in Form von Fantasien oder Träumen ausdrücken oder aber, gelegentlich, eine wirkliche Existenz darstellen, die nur wenigen Menschen bekannt ist. Zu diesem geheimen Leben gehören mitunter Lebensabschnitte oder geliebte Menschen aus der Vergangenheit oder aus der Gegenwart, vielleicht ein Beruf, der geheimgehalten wird oder ein einzigartiger Weg, Probleme zu lösen, der nur dem Patienten bekannt ist, oder aber auch emotionale Angelegenheiten. Cassell betont, dass diese Dinge als Bestandteil eines sehr privaten und abgetrennten Lebens auch geheim bleiben sollten. Unglücklicherweise betrifft eine unheilbare Krankheit alle Menschen, die irgendwie in Verbindung zu dem Patienten standen oder stehen – darunter auch diejenigen, zu denen er eine geheim gehaltene Liebesbeziehung unterhielt. Es ist eine Tragödie, dass der Sterbende seiner heimlichen Geliebten, Freundin oder Lebensgefährtin keinen angemessenen Platz an seinem Sterbebett anbieten kann, weil es im öffentlichen Leben keinen legitimen Platz für diesen Menschen gibt. Wenn dieser aber das Sterben und den Tod des Geliebten nicht miterleben darf, kann das wiederum tiefgreifende Auswirkungen auf den späteren eigenen Sterbeprozess haben. Dies mag auch ein ansonsten nicht nachvollziehbares Verhalten oder Handeln erklären. Er oder sie hat einen Teil des Lebens verloren, der es ermöglichte, schwierige Beziehungen aufrechtzuerhalten oder heikle Situation zu überstehen. Diese wichtige Beziehung kann nicht zu einem zugänglichen Teil des Lebens des Patienten werden, solange das geheime Leben nicht bekannt wird und von der Familie oder anderen nahe stehenden Menschen akzeptiert wird.
- Die einstmals erwartete **Zukunft** muss ebenfalls einer Neubewertung unterzogen werden. Dies ist eine Zukunft für Ihre Kinder und En-

kelkinder, andere Familienmitglieder, Freunde oder die geheimen Aspekte Ihres Lebens. Es kann dabei um so profane Dinge gehen wie die Frage, was aus der Immobilie wird oder um so drängende wie die Sorge, wer sich um ein Haustier kümmern wird. Persönliche Anliegen bereiten die größten Sorgen. Wenn der geliebte Mensch an Ihrer Seite sich eine positive Zukunft für Ihre Familie und Ihre Kinder vorstellen kann, dann wird er auf seinem letzten Weg von einem hoffnungsvollen Gefühl begleitet werden. Hoffnung ist immer wieder als etwas beschrieben worden, das zu einem erfolgreichen Leben gehört. Alisdair MacIntyre, ein irischer Dichter, definiert Hoffnung etwas anders, und diese Definition möchten wir Ihnen und Ihren Liebsten mit auf den Weg durch die Rückschau auf das Leben geben: „Die Hoffnung ist genau da, wo das Böse versucht, uns zur Verzweiflung zu bringen, und zwar genau das Böse, das unserem eigenen Alter und Zustand entspricht... Die Voraussetzung für Hoffnung ist deshalb ein Glaube an die Realität, die über das hinausgeht, was als bewiesen gelten kann.“

- Der letzte Bereich der Rückschau auf das Leben, den wir mit Ihnen und Ihrem Partner teilen wollen, ist die **transzendierende Dimension** des geliebten Menschen an Ihrer Seite. Dabei geht es um das Leben des Geistes, in welcher Form auch immer dieser gedacht oder anerkannt wird. Wir wissen nur sehr wenig darüber, was Transzendenz ist, insbesondere, wenn man sich vor Augen hält, welch zentrale Rolle sie in unserem Glaubenssystem, in der Erlösung von Leiden, in unserem Leben insgesamt einnimmt. Wenn wir von dem transzendenten Selbst reden, beziehen wir uns auf den Teil von uns, der den Tod unseres Körpers überdauert und unser Handeln und unsere Taten auf Erden übersteigt. Viele Menschen glauben an eine unsterbliche Seele, vielleicht sogar an eine Seele, die zu unterschiedlichen Zeiten und unter den unterschiedlichsten Umständen wieder eine menschliche Form annimmt. Andere glauben an eine andere Daseinsform nach dem Tod: im Himmel oder in der Hölle. Einige Menschen neigen eher dazu zu glauben, dass das Leben mit dem körperlichen Tod endgültig erlischt. Aber wir alle stimmen dahingehend überein, dass es eine immerwährende Erinnerung gibt. Egal, in welcher anderen Form wir vielleicht weiterexistieren, wir werden immer in den Menschen weiterleben, die uns lieben und damit ihr Leben weiterhin beeinflussen. Cassell bemerkt, dass wir in den mystischen Traditionen Hilfe finden können, sowohl innerhalb als auch außerhalb der traditionellen Religion. Der sterbende Mensch an Ihrer Seite erlangt vielleicht ein Gefühl für seine eigene ewige Existenz, wenn er sich mit der Ganzheit oder Qualität, die unsere letzte Reise im Leben übersteigt oder transzendiert, identifizieren kann. Diese Reise ist wichtig für Ihren Partner, weil es eine Perspektive verschafft, die über die Grenzen des Leidens, der Krankheit und der Körperlichkeit hinausreicht. Die zugrundeliegende Idee ist, dass wir spirituelle Wesen sind, die physische Erfahrungen haben. Die Reise kann viele Formen annehmen, und sie folgt keinem Zeitplan.

Was in diesem Schlaf des Todes für Träume kommen mögen,
Wenn wir diese sterblich Hülle abgeschüttelt
--- William Shakespeare

Die Rückschau auf das Leben muss nicht unbedingt abgeschlossen sein, wenn Ihr Liebster endgültig im Sterben liegt und dem Tod immer näher kommt. Denken Sie daran, dieser Prozess dauert an. Der geliebte Mensch an Ihrer Seite weiß das und bestimmt den Zeitplan. Jeder Mensch hat andere Bedürfnisse in Bezug auf die Rückschau auf sein Leben.

Der Beginn des Trauerprozesses

Der November hat begonnen, und deshalb ist es für jeden an der Zeit zu trauern. Die Trauer hält an und ist etwas, das aktiv bewältigt werden muss; Sie müssen etwas *tun*. Mit Ihrer Trauer bringen Sie der Welt gegenüber Ihr tiefes Leid und Ihr Gefühl des Verlustes zum Ausdruck. Sie hält vielleicht schon seit einiger Zeit an und betrifft jeden, der dem Erkrankten an Ihrer Seite nahe steht. Bedenken Sie, dass die Dinge, über die wir hier reden, im Fluss sind und dass sie genauso gut gleichzeitig geschehen können – und nicht unbedingt in der Reihenfolge, in der wir sie hier mit Ihnen erörtern. Der Tod eines jeden Menschen und die dazugehörigen Umstände sind bei jedem Menschen anders. Nutzen Sie das Wissen, das wir mit Ihnen teilen, um es auf Ihre eigene Situation anzuwenden. Jeder Mensch trauert anders, und es ist wichtig, die Unterschiede zu respektieren und die Integrität des jeweils individuellen Trauerprozesses anzuerkennen. Viele Menschen verleihen ihrer Trauer durch Rituale und religiöse Zeremonien oder Traditionen Ausdruck. Sie zünden Kerzen an, sitzen Schiwa, bestellen ein Hochamt, sie beten oder meditieren. Die Unterstützung durch einen spirituellen Führer – einen Pfarrer, Priester, Prediger, Rabbi oder Mullah – ist häufig tröstlich.

Manche Menschen trauern offen und wortreich. Sie suchen die Unterstützung ihrer Familie, enger Freunde oder eines professionellen Trauerbegleiters. Sie reden über ihre Gefühle. Sie weinen. Sie suchen tröstenden Körperkontakt, greifen nach einer Hand, die Sicherheit vermittelt, lassen sich umarmen. Sie suchen nach einer Verbindung und nach Intimität mit anderen Menschen. Auch wenn es schwierig ist, mit der Angst und dem Schmerz eines Sterbenden umzugehen, fällt es manchen Menschen viel leichter, wenn sie sich selbst verbal ausdrücken und ihr Innenleben mitteilen können.

Andere Menschen tun das nicht. Sie trauern weniger sichtbar. Wir haben schon erwähnt, dass viele Menschen so sterben, wie sie auch gelebt haben. Ganz ähnlich verhält es sich mit der Trauer, und die Menschen trauern auf eine Art und Weise, die mit ihrer Art, andere Verlusten im Leben zu verarbeiten, übereinstimmt.

Abgesehen von individuellen Eigenarten gibt es auch signifikante kulturelle Unterschiede hinsichtlich der Art und Weise, wie Trauer zum Ausdruck kommt. Einige Kulturen sind in sich gekehrter als andere. Gefühle und Gedanken werden mit Hilfe von Gesten und Zwischentönen, die gegenseitig verstanden werden, geteilt. Die Traditionen, festgefügten Beziehungen und Normen innerhalb der Familie und der Gemeinde bieten eine Struktur, um den Trauer- und Heilungsprozess zu bewältigen. Ihre Gegenwart wird dem geliebten Menschen an Ihrer Seite gut tun, auch wenn seine Trauer eher introvertiert ist. Und Ihr Respekt vor diesem persönlichen und kulturell geprägten Trauern wird Erleichterung verschaffen und als Zuflucht dienen.

Eine sehr junge Frau, die unheilbar an Krebs erkrankt war, stieß eines Abends zu unserer Selbsthilfegruppe. Während des Treffens war sie still, und nachdem die Zusammenkunft beendet war, bat sie uns, ob wir noch ein paar Minuten bei ihr bleiben könnten. Nachdem die Gruppenteilnehmer gegangen waren, setzten wir uns zu ihr und sahen sie erwartungsvoll an, weil wir dachten, dass sie nun, da sie mit uns allein war, mit uns über ihre Gefühle reden wollte. Sie sagte: „Ich will nicht reden. Ich will nur, dass Sie hier bei mir sitzen bleiben." Wir saßen eine Weile schweigend da. Schließlich sagte sie: „Jetzt geht es mir gut. Ich gehe nach Hause."

Einige Wochen später rief sie an. Sie erzählte uns, dass sie nicht zu einer Selbsthilfegruppe gehen wolle; sie habe eine zu introvertierte Persönlichkeit. Es fühle sich für sie nicht natürlich oder beruhigend an. Bevor sie auflegte, sagte sie: „Aber an dem Abend, als ich bei Ihnen war, habe ich mich sicher gefühlt wie in einer Höhle. Sie haben mich nicht gezwungen, herauszukommen. Sie sind mit mir in meine Höhle gekommen. Sie haben das Schweigen und die Dunkelheit und die Angst mit mir geteilt. Ich habe mich zum ersten Mal seit langer Zeit nicht allein gefühlt. Vielen Dank."

Die Gefühle, über die wir reden, sind universell, aber die Art und Weise, wie sie zum Ausdruck kommen, ist zutiefst persönlich. Was auch immer Sie oder der geliebte Mensch an Ihrer Seite fühlen, und wie auch immer Sie dies zum Ausdruck bringen, es ist Ihre Gegenwart, die den entscheidenden Unterschied macht: Ihre Bereitschaft, einfach da zu sein.

Der Umgang mit Wut

Geh nicht gelassen in die gute Nacht,
Brenn, Alter, rase, wenn die Dämmerung lauert;
Im Sterbelicht sei doppelt zornentfacht
---Dylan Thomas

„Was ist das für ein Gott, der so etwas zulässt?"

Wut ist der erste Gefühlsausbruch, der den direkten Widerstand gegen das, was gerade geschieht, zum Ausdruck bringt. Egal wie unnachgiebig Ihr Partner vor einiger Zeit noch wirkte, diese schreckliche Krankheit wollte einfach nicht weggehen, und Gott schien gar nicht helfen zu wollen. Die Wahrscheinlichkeit ist groß, dass Sie völlig wütend sind. Sie sind sauer auf die Ärzte, die die Krankheit nicht früher erkannt haben oder nicht in der

Lage sind, den geliebten Menschen an Ihrer Seite zu heilen. Sie sind wütend auf die Pflegekräfte, weil sie nicht schnell genug auf den Notruf reagieren, weil sie die Vene nicht beim ersten Versuch treffen, weil sie um drei Uhr morgens mit der Taschenlampe in die Augen Ihres Liebsten leuchten. Sie sind wütend auf den Sozialarbeiter, weil er Ihnen Ihre Angst nicht nehmen kann, weil er Ihren Anruf gestern nicht entgegengenommen hat, und weil er so verdammt lebhaft ist. Das ist nicht angenehm, aber es ist normal – es war sogar zu erwarten. Es ist gesund und muss als Teil des Prozesses betrachtet werden, der das Loslassen bestimmt.

Frühling

Zu welchem Zweck kehrst Du zurück, April?
Schönheit ist nicht alles.
Du kannst mich nicht länger beruhigen, indem du
dafür sorgst, dass sich kleine Blätter zaghaft rötlich schimmernd öffnen.
Ich weiß, was ich weiß.
Die Sonne brennt heiß in meinem Nacken, während ich
die Krokusblätter betrachte
und der Geruch der Erde ist gut.
Es ist offensichtlich, dass da kein Tod ist.
Aber was hat das zu bedeuten?
Nicht nur unter der Erde sind die Gehirne von Menschen
aufgefressen von Maden.
Das Leben an sich ist nichts.
Eine leere Tasse, eine Treppenflucht ohne Teppiche.
Dieser April ist nicht genug, einmal jährlich, den Berg hinunter
Taucht auf wie ein Idiot, brabbelnd und Blumen streuend.
--- Edna St. Vincent Millay

Indem sie gegen den Frühling wettert, drückt Millay nicht nur ihre Wut aus, sondern auch Ihre Entrüstung darüber, wie unfair das ist, was gerade geschieht. Sie verleiht ihrer Wut aktiv und energisch Ausdruck: „Du kannst mich nicht länger beruhigen. Ich weiß, was ich weiß."

Indem sie ihre Unzufriedenheit mit der Welt zeigt, gewinnt Millay die

Oberhand über die Umstände ihres Daseins. Das ist wichtig! Sie kanalisiert ihre Wut und fordert, dass die Welt sie respektiert. „Es ist nicht genug," sagt sie zu den Jahreszeiten. Die Macht ihrer Wut verleiht ihr wieder ein Gefühl von Kompetenz und Würde in der Welt. Das zeigt, warum Wut in dieser Zeit gesund ist.

Auf ganz ähnliche Art und Weise wird Ihr Partner seine Wut und Verzweiflung über diese Bedrohung seiner Existenz zum Ausdruck bringen, um sich letztendlich seines Gefühls von Würde zu versichern. Dies kann zu einer schwierigen Phase für Sie und andere Pflegekräfte werden, weil Sie häufig zum Ziel dieser generalisierten Wut werden (oder glauben, es zu sein). Weil dies eine schmerzhafte Zeit sein kann, neigen Sie vielleicht dazu, Ihren Partner zu ermahnen, sich wieder „normal" zu verhalten, oder zu seinem emotionalen Gleichgewicht zu finden. Bedenken Sie jedoch, dass der sterbende Mensch, den Sie lieben, diesen Energieschub benötigt, der mit der Wut freigesetzt wird.

Vielleicht hilft es Ihnen, sich zu erinnern, dass Sie, auch wenn Sie der Adressat des Wutausbruchs sind, dennoch nicht das eigentliche Ziel der Wut sind. Es geht so gut wie nie um Sie persönlich, oder um Ihre persönliche Beziehung zu Ihrem Partner. Die Wut ist sein Ding. Sie ist eine emotionale Antwort auf das, was mit ihm passiert.

Eine entscheidende Ursache für diese Gefühle kann die Wut sein, die Ihr Partner auf sich selbst hat, weil er sich vielleicht im Nachhinein fragt, ob seine Lebensweise zu seiner Krankheit und zu seinem jetzigen Zustand beigetragen hat. Er empfindet vielleicht auch Wut, weil er Gelegenheiten in seinem Leben versäumt hat, weil er über gescheiterte Beziehungen nachdenkt, oder weil er in früheren Zeiten nicht einfach seinem Herzen gefolgt ist. Er sieht, wie die letzte Seite im Buch seines Lebens geschrieben wird und ist mit der Geschichte insgesamt nicht zufrieden. Die Wut, die er fühlt, kann auch in Gebeten an (seinen) Gott zum Ausdruck kommen. Er könnte annehmen, dass er „von Gott verlassen" ist und seine Wut darüber zum Ausdruck bringen. „Das muss ein gefühlloser Gott sein, wenn er es zulässt, dass ich vor meiner Zeit sterbe. Warum lässt Du zu, dass mir das zustößt?"

Diese Wut wirkt als Schubkraft, sie verschafft ihm ein Gefühl der Eile und

verleiht ihm die notwendige Energie, um zu handeln.
Er greift nach den Zügeln seines Lebens, diesmal zweckgerichtet und mit einem Ziel. Das Geschenk der Wut heißt Selbstbestimmung.

Das Leiden mittragen
Der sterbende Patient und diejenigen, die ihn lieben und pflegen, sprechen häufig von einem Gefühl der Isolation voneinander, und das trotz der Tatsache, dass jeder Beteiligte eine intensivere Kommunikation braucht und einfordert. Wenn der Pflegende eine bessere, klarere, liebevollere Kommunikation zustande bringt, werden alle Beteiligten in der Lage sein, das zu sagen, was gesagt werden muss, bevor der Tod eintritt.
In dieser Zeit sind alle mit einer tief sitzenden Angst konfrontiert – Angst vor dem Unbekannten, Angst vor Schmerzen, Angst davor, nicht tapfer genug zu sein, um diese Reise durchzustehen, Angst, von anderen Familienmitgliedern oder Freunden verlassen zu werden. Jeder fürchtet, dass der geliebte Mensch allein sterben könnte und dass man im entscheidenden Moment vielleicht nicht da ist. Es ist die Zeit, in der Sie möglichst nah an Ihren geliebten Menschen heranrücken sollten, um ihm zu versichern, dass er dem Tod nicht allein gegenübertreten und ihn nicht allein bewältigen muss. Wie aber können Sie in diesem Prozess der Transformation, dem Übergang vom Leben zum Tod, am besten assistieren? Ira Byock, MD, ein bekannter Palliativmediziner, nutzt ein Gedicht von Rainer Maria Rilke, um die Geisteshaltung eines sterbenden Menschen zu erklären, dessen Leiden uber die körperlichen Schmerzen hinausgeht. Das Gedicht ist tatsächlich ein Gebet an Rilkes Gott, kann aber ebensogut zur Bitte eines Menschen werden, bei dem gerade eben eine unheilbare Krankheit diagnostiziert wurde oder der gerade im Sterben liegt und der versucht, mit den Pflegekräften und mit Ihnen zu kommunizieren.

Vielleicht, dass ich durch schwere Berge gehe
Vielleicht, dass ich durch schwere Berge gehe
in harten Adern, wie ein Erz allein;
und bin so tief, dass ich kein Ende sehe
und keine Ferne: alles wurde Nähe,

und alle Nähe wurde Stein.

Ich bin ja noch kein Wissender im Wehe,
so macht mich dieses große Dunkel klein;
bist Du es aber: mach dich schwer, brich ein:
dass deine ganze Hand an mir geschehe
und ich an dir mit meinem ganzen Schrein.
--- Rainer Maria Rilke

Wenn Sie sich auf die Gedanken Rilkes einlassen, werden Sie einen Teil des Leidens und der emotionalen Schmerzen Ihres geliebten Menschen auf sich nehmen. Rilke fordert Sie dazu auf, sich dem Sterbenden zu nähern und ihn in seinem Transformationsprozess zu helfen, indem Sie seinen Schmerz und seinen emotionalen Aufruhr teilen. Rilke sagt, dass Sie den Schmerz und die emotionale Unruhe so verstehen müssen, dass der Sterbende *fühlt*, dass Ihnen das gelungen ist, und das ist von größter Bedeutung. Indem Sie das leisten, ist der geliebte Mensch an Ihrer Seite nicht allein, und damit kann sein Leid gemildert werden.
Byock sagt, dass dieses Konzept Rilkes die Wurzel allen Mitgefühls ist, und dass aufgrund des Mitgefühles eine wunderbare Verwandlung möglich ist. Byock geht davon aus, dass diese sensible Arbeit, diese Bereitschaft zur Vertrautheit dazu führen kann, dass die Pflegenden ihre Angst verlieren. Die Ärzte sind im Gegensatz dazu nicht immun gegen diese Ängste. Ärzte benutzen manchmal Wörter wie „nicht therapierbar", um den Schmerz und das Leid eines Menschen zu beschreiben. „Nicht therapierbar?" sagt Byock. „Ist das nicht dasselbe wie aufgeben? Es ist leichter zu sagen ´Ich kann nicht helfen´. Wenn Sie als Familie und Pflegende gemeinsam mit uns den Weg der Verwandlung weiter beschreiten wollen, dann müssen Sie jenseits unseres Wissens handeln, dann müssen Sie sich den Weg durch die Dunkelheit erfühlen."
Rilke weist dem Pflegenden die schwierigste Aufgabe zu: die Teilhabe am Schmerz und am Leid des Sterbenden, auf eine ehrliche und mitfühlende Art und Weise, ohne Küchenpsychologie zu betreiben oder sich medizinischer Phrasen zu bedienen. Erspüren Sie den Weg durch die Dunkelheit,

auf dem Sie den Sterbenden begleiten werden. Indem die Wandlung vollzogen wird, so wie Rilke es vorgibt, können Sie helfen, ein lebendiges Sterben zu erleichtern. Es gibt keine größere Verpflichtung, kein größeres Unternehmen – oder keines, das mehr Mut erforderte – als das anzunehmen, was wir letztendlich nicht wissen können, als diese Reise ins *Unbekannte*.
Die Erkenntnis und Akzeptanz, dass Sie und der geliebte Mensch an Ihrer Seite diesen unbekannten Weg in Richtung Tod gemeinsam gehen, schafft ein solides Fundament, von dem aus Sie ins Unbekannte aufbrechen können. Das Gefühl, dass keiner von Ihnen allein ist – dass Sie diese Erfahrung teilen werden – ist eine große Erleichterung.
Ihre Aufgabe ist es – ebenso wie die der professionellen Pflegekräfte, die Ihrem geliebten Menschen zur Seite stehen – an dieser ultimativen, vertrauensvollen Expedition ins Unbekannte teilzuhaben. Tatsächlich kann das Greifen nach dem Unbekannten zu einer Quelle großer Kraft werden und Ihnen die transzendentale Fähigkeit verleihen, das Wachsen und Heilen im Sterbeprozess zu erleichtern. Wie leisten Sie dies? Wie können Sie jenseits Ihres Wissens handeln? Weder Rilke noch Byock geben eine bestimmte Richtung vor. Rilke sagt „mach Dich schwer; brich ein!“, Byock sagt: „Fragen Sie nach dem Unbekannten, auf das Rilke verweist.“
Wenn Sie mit dem nichtendenwollenden Leid Ihres Liebsten konfrontiert werden, müssen Sie sehr tief in einen Bereich in Ihrem Innern vordringen, den Sie nicht besonders gut kennen, und fragen, was zu tun ist. Sie müssen ein Element der Kapitulation vor dem Unbekannten entwickeln, so dass Sie sich selbst erlauben können, zum Vehikel für ein noch tiefer reichendes Wissen zu werden. Beginnen Sie damit, aus welchen Gründen Sie den Menschen an Ihrer Seite lieben und bewerten Sie diese Gründe. Seien Sie mit sich selbst und Ihrer Rolle, die Sie für den Sterbenden spielen, im Reinen. Wenn Sie nicht mit sich im Reinen sind, dann greifen Sie auf Ihre ausgeprägtesten inneren Stärken zurück und begraben Sie Ihre mentale Verwirrung, so dass Ihr Verstand klar ist und die Gedanken ungehindert fließen können. Konzentrieren Sie sich auf das, was der geliebte Mensch braucht. Byock sagt, dieser Prozess sei getrieben von selbstloser, liebender Absicht. Dauerhaft mit Leid konfrontiert zu sein – sei es Ihres oder das Ihres Liebsten – erfordert sowohl Mut als auch Demut. Der größte Schritt

auf dem Weg ins Unbekannte besteht darin, die Angst zu überwinden und allen Mut zusammenzunehmen, um zu tun, was getan werden muss. Dazu kommt, dass auch Ihr eigenes Leid gelindert werden kann, wenn Sie sich ernsthaft erlauben, „schwer zu sein und einzubrechen".

Sie werden die eigene Wandlung durch das Leiden Ihres Liebsten erfahren, indem Sie es zulassen, dass das „ganze Schrein", das Rilke in der letzten Zeile seines Gedichtes erwähnt, Ihnen widerfährt. Seien Sie aufmerksam und erkennen Sie, dass keiner von Ihnen beiden allein ist. Vielleicht führt Rilkes Aufforderung an die Familienmitglieder und an die Pflegekräfte dazu, dass wir alle eine Liebesfähigkeit zurückgewinnen, die zwar notwendig, aber vielfach verloren gegangen ist. Es ist wichtig, dass Sie sich darüber im Klaren sind, was Sie leisten können und was nicht, und wie Sie es umsetzen können. Seien Sie in höchstem Maße ehrlich zu sich selbst. Wenn Sie selbst das Erforderliche (wie zuvor beschrieben) nicht leisten können, dann erlauben Sie dem Sterbenden, diese Hilfe von einer anderen Person anzunehmen. Das bedeutet nicht, dass das, was Sie tun können, unbedeutend ist; es bedeutet einfach nur, dass jemand anders vielleicht eher die Fähigkeit mitbringt, den Sterbenden zu begleiten. Jemand anders kann übernehmen, wenn Sie selbst aufhören müssen. Daran ist nichts Verwerfliches.

Wir hegen aber keine Zweifel, dass Sie Ihre Ängste mit Hilfe starker und bedingungsloser Liebe überwinden können. Das ist eine Übung und eine Fertigkeit, die entwickelt werden kann. Auf lange Sicht wird diese Fähigkeit nicht nur der Unterstützung Ihres Partners dienen, sondern auch Ihr eigenes Dasein bereichern.

Verhandeln

Ich würde alles geben, was ich habe,
Mein Leben, mein Herz, mein Heim aufgeben,
Ich würde alles geben, was ich habe
Nur um Dich noch einmal zu sehen
Nur um Dich noch einmal zu berühren
--- Bread

Wenn der geliebte Mensch an Ihrer Seite zu verhandeln beginnt, ist das der Anstoß zu einem anhaltenden Dialog mit Gott. Zuerst wird er versuchen, mit Hilfe von Gebeten und Versprechen den Willen des Universums zu beeinflussen und den Verlauf seiner Krankheit abzuändern. Der Wunsch zu verhandeln entspringt der Einsicht oder dem Glauben, dass es dort draußen etwas Großes gibt. Der Verhandelnde beginnt zu begreifen, dass es eine Ordnung im Universum gibt, vielleicht irgendeinen Gott und ein System der Reziprozität in der Welt. Das Verhandeln ist der Beginn jeglicher Spiritualität. Bedenken Sie, dass es für einige Menschen der erste Schritt ist, den sie jemals in diese Richtung unternommen haben.

Manchmal ist die Vorgehensweise dabei so subtil, dass man sie gar nicht wahrnimmt. Wir hatten einen guten Freund, der an AIDS erkrankt war. Im Jahr nach dieser Diagnose absolvierten wir ein Trainee-Programm im AIDS-Büro in San Francisco, und trugen tief in unseren Herzen das Gebet, dass Gott unsere gute Arbeit sehen würde und uns deshalb unseren guten Freund nicht nehmen könne. Das war der Handel: Wir boten gute Taten an und verlangten dafür im Gegenzug die Rückkehr seiner Gesundheit.

Ebenso wie das Leugnen wird das Verhandeln häufig als Hindernis betrachtet, das der effektiven Auseinandersetzung mit dem Trauma im Wege steht. Es wird häufig als Form spiritueller Armut betrachtet. Wir glauben aber, dass der Prozess des Verhandelns während der Trauerphase dem geliebten Menschen an Ihrer Seite sehr viel gibt und dass er sehr wohl zu dem spirituellen Wachstum beiträgt, das stattfinden wird und muss. Sowohl Sie als auch der Patient werden beide einen Prozess durchlaufen, in dem Sie zu verhandeln versuchen.

Das Verhandeln kann eine Tür sein, die, wenn sie geöffnet wird, zu einem tieferen spirituellen Verständnis und Wachstum führt. Selbst in seiner am weitesten reduzierten Form führt das Verhandeln zumindest dazu, dass einige spirituelle Konzepte in Betracht gezogen werden, die vielleicht lange vernachlässigt wurden, und dass der Wunsch stärker wird, zu verstehen. Das Verhandeln ist das Vehikel, mit dem der geliebte Mensch an Ihrer Seite zu einem tiefen und ganzheitlichen Verständnis seines Platzes im Universum und seiner Beziehung zu Gott gelangt. Das Geschenk des Verhandelns ist die Zugehörigkeit.

Die damals starben

Die damals starben,
Wußten wohin´s ging -
Zu Gottes Rechter Hand -
Doch jene Hand ist amputiert -
Von Gott sich nichts mehr fand -

Die Abdankung des Glaubens
Macht das Verhalten klein -
Besser als keinerlei Beleuchtung
Mag da ein Irrlicht sein -
--- Emily Dickinson
(Emily Dickinson; Gedichte, Hanser 2006)

Wer stirbt hier eigentlich?

Dr. Sherwin Nuland, ein bekannter Palliativmediziner, sagt: „Die Menschen müssen das Ende des Lebens wieder aus den Händen der Ärzte befreien, so wie sie es auch mit dem Beginn des Lebens getan haben." Ihre Teilhabe am Ende des Lebens – und am eigentlichen Tod – Ihres geliebten Menschen hilft diesem, seinen Besitzansprüchen auf sein eigenes Leben Geltung zu verschaffen.

Während dieser Zeit, die bestimmt ist durch die Einnahme von Medikamenten, durch Termine bei Ärzten und Besuche im Krankenhaus, ist es wichtig, daran zu denken, dass der Tod kein medizinisches Ereignis ist. Es ist vielmehr ein persönliches Ereignis. Es gehört dem Sterbenden – niemandem sonst. Es gehört Ihnen und dem Sterbenden, den Sie lieben.

Vor diesem Hintergrund könnte es einen Machtkampf zwischen Ihnen, Ihrem Liebsten und dem medizinischen Pflegepersonal geben. Auch wenn die Krankheit, die Schmerzen, das Recht, eine Therapie zu verweigern und der eigentliche Tod eindeutig Sache des Patienten, also des geliebten Menschen an Ihrer Seite sind, haben doch auch diejenigen, die für seine Pflege verantwortlich sind, emotional investiert. Berücksichtigt man, wie Ärzte ausgebildet werden und wie sie in medizinischer oder therapeutischer Hinsicht arbeiten und welche Rahmenbedingungen das medizinische Milieu der westlichen Welt bietet, kann das Zugeständnis an den Sterbenden, die Kontrolle über sein eigenes Schicksal in der Hand zu behalten, für die behandelnden Ärzte, so professionell sie auch agieren mögen, auf vielfältige Art und Weise eine wirkliche Herausforderung darstellen. Darüber hinaus ist die Arbeitsbelastung der Pflegekräfte vielleicht so hoch, dass sie weder die Zeit haben noch Bereitschaft zeigen, die Kontrolle abzugeben, die sie sicherstellen wollen. All dies sind weitere Gründe für Sie als Partner oder Mitglied der Familie, die Kontrolle abzugeben und den Patienten in den Entscheidungen zu unterstützen, die er oder sie trifft. Sie mögen nicht in der Lage sein, das Verhalten oder die zeitlichen Einschränkungen der Ärzte zu kontrollieren, aber Sie haben die Kontrolle über sich selbst. Gehen Sie verantwortungsvoll damit um und seien Sie sorgsam darauf bedacht, diese Kontrolle nicht auf den geliebten Menschen zu richten.

Denken Sie daran, dass dies eine Zeit voller unvorhersehbarer Ereignisse und Emotionen ist. Es wird Momente geben, in denen Sie das Gefühl haben, dass die Welt außer Kontrolle gerät und dass Sie nichts daran ändern können. Manchmal trifft das auch zu. Statt Ihre Zeit und Ihre Gefühle darauf zu verschwenden, äußere Umstände und Ereignisse zu kontrollieren, können wir Ihnen nur den Rat geben, sich zurückzulehnen, tief durchzuatmen und darauf zu vertrauen, dass diese sich rasant drehende Welt irgendwann auch wieder zur Ruhe kommen wird. Sie müssen nicht immer alles unter Kontrolle haben. Vielleicht setzt dieser Mechanismus genau zur richtigen Zeit ein, um Ihrem Liebsten wieder einen Teil der Kontrolle zuzugestehen und ihm zu erlauben, seinen Tod selbstbestimmt zu erleben. Vielleicht führt dieser Schritt sogar dazu, dass Sie die Verluste, die Sie bewältigen müssen – darunter vor allem den Tod Ihres geliebten Menschen – leichter akzeptieren können.

Die Hospizbewegung in Amerika hat einen überfälligen Wandel im Gesundheitswesen in Gang gebracht. Im Mittelpunkt steht (angesichts offensichtlich aussichtsloser Fälle) nicht mehr das Bestreben, Krankheiten zu heilen und zu behandeln, sondern die Aufgabe, Schmerzen zu lindern und für das emotionale und spirituelle Wohlbefinden eines Sterbenden zu sorgen. Es ist wichtig, zwischen Schmerzen und Leiden zu unterscheiden. Schmerzen sind ein körperliches Problem. Sie sind die Antwort des Körpers auf Verletzungen oder Krankheiten. Leiden ist ein subjektives Empfinden. Es ist eine Frage der Gemütsverfassung. Es beinhaltet die Art und Weise, wie wir Schmerzen empfinden und welche Bedeutung wir ihnen beimessen. Der Schmerz, den ein junger Fußballer empfindet, wenn er auf dem Ascheplatz nach einem erfolgreichen Torschuss stürzt, ist untrennbar mit den Beifallsrufen und dem Applaus der Zuschauer verbunden. Wenn der Schiedsrichter auf „Abseits“ entscheidet, verändert sich die Qualität der Schmerzen, und das Leiden beginnt. Der geliebte Mensch an Ihrer Seite wird ganz ähnliche Erfahrungen mit seinen Schmerzen machen. Die Qualität der Pflege zum Ende seines Lebens und der emotionale Trost, den er in der Liebe seiner Familie und seiner Freunde findet, wird das Ausmaß und die Intensität seines Leidens beeinflussen, egal wie quälend seine Schmerzen sind.

Die Linderung körperlicher Schmerzen und die Erleichterung des Leidens machen einen entscheidenden Anteil der Kontrollrückgabe an den Patienten aus. Inzwischen gibt es viel Medikations- und Behandlungs-Methoden zur individuellen Schmerzkontrolle. Mit dem Voranschreiten der Krankheit verändern sich die Verabreichungsmethoden und die Dosen werden höher. Viele Patienten nutzen ein intravenöses Pumpsystem, über das sie mit schmerzstillenden Mitteln versorgt werden. Damit wird eine konstante Morphium-Dosis (oder ein anderes Analgetikum/schmerzstillendes Mittel) als Tropfinfusion verabreicht. Hier hat der Sterbende die Kontrolle darüber, ob er die Dosis erhöht, wenn er es für erforderlich hält. Dazu kann ein Knopf mehrmals pro Stunde gedrückt werden (üblicherweise alle fünf Minuten); und damit ist eine intensivere Medikation möglich. Die Menge der Medikamente wurde sowohl für den Tropf als auch für einmalige intravenöse Gaben zuvor festgelegt, um Überdosen zu verhindern. Wir werden uns an anderer Stelle noch intensiver mit der Schmerzkontrolle beschäftigen.

Wo wollen Sie sterben? Die Auswahl des Sterbeortes

Die wichtigste Frage, die Sie dem geliebten Menschen im Rahmen seiner Selbstbestimmung überlassen können, ist vermutlich die, wo er am liebsten sterben will. Die meisten Menschen wollen zuhause sterben. Sie als Pfle-

gende(r) haben vielleicht Angst davor. Die Pflege eines Menschen am Ende seines Lebens erscheint beängstigend und kann als absolute Überforderung empfunden werden. Sie fragen sich vermutlich, ob Sie körperlich und psychisch dazu in der Lage sind.
Wenn Sie die Entscheidung treffen, dass Sie die Aufgabe nicht allein bewältigen können, dann bedenken Sie, dass mittlerweile in fast allen Städten Netzwerke entstanden sind, die die Pflege sterbender Menschen leisten oder begleiten und deren Unterstützung Sie in Anspruch nehmen können.

Hospizarbeit und Palliativversorgung

Der Hospizgedanke zielt darauf ab, die Lebensqualität und die Selbstbestimmung des Patienten so weit wie möglich zu erhalten und seine Bedürfnisse in den Vordergrund zu rücken, sobald die Prognose lautet, dass der Patient unter einer nicht heilbaren, fortschreitenden und weit fortgeschrittenen Erkrankung leidet und nur noch eine begrenzte Lebenserwartung hat.
Die Hospizarbeit hat nicht die Menschen im Blick, die eine heilende Behandlung erfahren, und abgesehen von nur sehr wenigen Ausnahmen, die sich auf die Linderung von Schmerzen beziehen, sieht die Hospizpflege keine Chemotherapien, Strahlen-Behandlungen oder Operationen mehr vor. Stattdessen wird der Sterbende ganzheitlich betreut, so wie es auch die Richtlinien der WHO vorsehen, so dass die frühzeitige Erkennung, Beurteilung und Behandlung von Schmerzen und anderen Krankheitssymptomen, die individuellen Wünsche des Patienten, die Gewährleistung von Nähe und Zuwendung sowie die Unterstützung bei psychologischen, sozialen und spirituellen Problemen Vorrang haben. Auch die Bedürfnisse der Angehörigen werden berücksichtigt. All dies ist nur möglich, wenn alle, die an der Pflege beteiligt sind, eingebunden werden und die Kommunikation zwischen Ärzten, Pflegediensten, Therapeuten und Ehrenamtlichen reibungslos funktioniert.

Allgemeine Ambulante Palliativversorgung

In den meisten Fällen, das heißt zu 90 Prozent, werden schwerstkranke und sterbende Menschen im Rahmen der Allgemeinen Ambulanten Palliativversorgung (Regelversorgung) betreut. Sie sieht in erster Linie die gewohnte, kontinuierliche Versorgung durch Hausärztinnen und Hausärzte, Pflegedienste und andere Berufsgruppen wie Seelsorger, Sozialarbeiter, Psychologen und Therapeuten sowie ambulante Hospizdienste vor. Auch Krankenhäuser mit ihren Palliativstationen, Pflegeeinrichtungen sowie stationäre Hospize gehören dazu.

Qualifizierte Palliativpflegedienste

Wenn durch die fortschreitende Erkrankung pflegerische und medizinische Maßnahmen erforderlich werden, die die Angehörigen oder ein bisher beauftragter ambulanter Pflegedienst nicht mehr leisten können, dann kann ein Palliativpflegedienst mit ins Boot geholt werden, der entweder den bisherigen ambulanten Pflegedienst ablöst oder, wenn die vielleicht seit langen Jahren bestehenden Beziehungen zu den Mitarbeitern eines Pflegedienstes nicht aufgegeben werden sollen, nur bestimmte Aufgaben übernimmt, für die besondere Qualifikationen erforderlich sind. Dazu gehören zum Beispiel die Symptomkontrolle, die Schmerzmedikation, die Kontrolle von Port- und Venenkathetern und das Wechseln spezieller Verbände. Anerkannte und vertraglich eingebundene qualifizierte Palliativpflegedienste finden Sie über die örtlichen Palliativnetzwerke oder über die kassenärztlichen Vereinigungen.

Ambulanter Hospizdienst

Auch ambulante Hospizdienste leisten einen wichtigen Beitrag zur palliativ-pflegerischen Beratung und Betreuung sterbenskranker Menschen. Die ambulanten Hospizdienste arbeiten gemeinnützig. Sie sind oftmals Kirchengemeinden, Krankenhäusern oder anderen Trägern angegliedert und organisieren mit qualifizierten Pflegefachkräften und Ehrenamtlichen Besuchsdienste, bieten Gespräche, Informationen und Beratung sowie Trauerarbeit an und leisten Hilfe im Alltag zur Entlastung der Angehörigen.

Spezialisierte Ambulante Palliativversorgung
Seit 2007 besteht darüber hinaus ein gesetzlicher Anspruch auf eine Spezialisierte Ambulante Palliativversorgung (nach §§37b, 132d SGB V). Schwerstkranken Menschen, die komplexe Krankheitserscheinungen haben und die eine besonders aufwändige Versorgung benötigen, das sind etwa 10 Prozent aller Sterbenden, soll auf diese Weise ermöglicht werden, in ihrer vertrauten häuslichen und familiären Umgebung gepflegt zu werden und zu sterben. Der Anspruch besteht auch, wenn die Patienten schon in einer Pflegeeinrichtung untergebracht sind. In stationären Hospizen sind Teilleistungen möglich.

Palliative Care Teams
Die Spezialisierte Ambulante Palliativversorgung wird ärztlich (von Krankenhaus-, Fach- oder Hausärzten) verordnet und von Palliative Care Teams erbracht, die sich aus den bereits bestehenden Strukturen der Palliativversorgung einer Stadt oder einer Region rekrutieren. Zu einem Palliative Care Team gehören mindestens drei qualifizierte Palliativmediziner und mindestens vier Palliativ-Pflegefachkräfte sowie gegebenenfalls weitere Fachkräfte wie Sozialarbeiter, Sozialpädagogen oder Psychologen. Die Teams müssen bestimmte Qualitätsanforderungen erfüllen (zum Beispiel entsprechende Fortbildungen und Erfahrungen in der Palliativpflege vorweisen) und gewährleisten, dass sie an sieben Tagen in der Woche eine 24-Stunden-Bereitschaft aufrechterhalten können. Sie schließen dann einen Vertrag mit den gesetzlichen Krankenversicherungen ab und betreuen anschließend ein festgelegtes Einzugsgebiet, in dem sie auch mit mindestens einer Apotheke, mindestens einem ambulanten Hospizdienst, einem Vertragskrankenhaus sowie Rehabilitationseinrichtungen kooperieren.

Verordnung der Spezialisierten Ambulanten Palliativversorgung
Wenn der Haus-, Fach- oder Krankenhausarzt diese Verordnung ausgestellt hat, dann besucht das Palliative Care Team den Patienten zu Hause und plant die optimale häusliche Versorgung, in die auch Haus- und Fachärzte einbezogen werden. Die Leistungen des Teams reichen dabei von reinen Beratungsangeboten über die Koordination der Versorgung bis hin zur

Teil- oder Vollversorgung des Patienten. Die Verträge zwischen gesetzlichen Krankenversicherungen, den Kassenärztlichen Vereinigungen und den Palliative Care Teams können sich von Bundesland zu Bundesland unterscheiden. Hier sind beispielhaft die Leistungen genannt, die in Nordrhein-Westfalen von den Palliative Care Teams erbracht werden:

- Koordination der spezialisierten ambulanten palliativmedizinischen und palliativpflegerischen Versorgung unter Einbeziehung weiterer Berufsgruppen und von Hospizdiensten im Rahmen einer multiprofessionellen Zusammenarbeit
- Symptomlinderung durch Anwendung von Medikamenten oder anderen Maßnahmen
- Apparative palliativmedizinische Behandlungsmaßnahmen (z.B. Medikamentenpumpe)
- Palliativmedizinische Maßnahmen, die nach ihrer Art, Schwere oder Komplexität eine Kompetenz erfordern, die der einer Ärztin/eines Arztes mit Zusatzweiterbildung Palliativmedizin entspricht
- Spezialisierte palliativpflegerische Leistungen, die nach ihrer Art, Schwere oder Komplexität eine Kompetenz erfordern, die der einer Pflegefachkraft mit einer curricularen Weiterbildung zu Palliative Care entspricht
- Führung eines individuellen Behandlungsplans, vorbeugendes Krisenmanagement, Bedarfsinterventionen
- Ruf-, Notfall- und Kriseninterventionsbereitschaft rund um die Uhr für die im Rahmen der SAPV betreuten Patienten zur Sicherstellung der im Rahmen der SAPV erforderlichen Maßnahmen
- Beratung, Anleitung und Begleitung der Patientinnen/der Patienten und ihrer Angehörigen zur palliativen Versorgung einschließlich Unterstützung beim Umgang mit Sterben und Tod
- Spezialisierte Beratung der betreuenden Leistungserbringer der Primärversorgung

- Psychosoziale Unterstützung im Umgang mit schweren Erkrankungen in enger Zusammenarbeit, z. B. mit Seelsorge, Sozialarbeit und ambulanten Hospizdiensten
- Organisation regelmäßiger Fallbesprechungen
- Dokumentieren und Evaluieren der wesentlichen Maßnahmen im Rahmen der SAPV

(Quelle: Internetseite der Kassenärztlichen Vereinigung Nordrhein; SAPV-Vertrag als pdf-Dokument zum Download)

Das Palliative Care Team trifft sich regelmäßig zu Fallbesprechungen und die Mitglieder dieses Teams ziehen sich gegenseitig zu Rate, um sich über die Pflege jedes Patienten und über die Familienmitglieder auszutauschen. Wenn Sie bestimmte Anliegen und Sorgen haben, die das gesamte Team betreffen, können Sie unter Umständen auch an den Teamsitzungen teilnehmen, so dass alle Anliegen, die den Tod Ihres geliebten Menschen betreffen, angesprochen werden können. Das Palliative Care Team ist auch beratend tätig, um zum Beispiel Ihren Hausarzt in die angemessene Schmerzmedikation und Symptomkontrolle einzuweisen.
Ihr direkter Ansprechpartner ist eine examinierte Pflegekraft, die eine besondere Ausbildung sowohl in häuslicher Pflege als auch in Palliativpflege erhalten hat und über die entsprechende Erfahrung verfügt. Sie wird Sie regelmäßig (wöchentlich) aufsuchen, um sich über den Zustand des Patienten zu informieren. Sie wird die Familie in die Medikamentengabe einweisen. Sie wird auch den Rest der Pflege mit dem übrigen Team koordinieren, um sicherzustellen, dass die Pflege in sich stimmig ist und Ihre sich verändernden Bedürfnisse berücksichtigt.
Die Sozialarbeiterin oder der Sozialarbeiter im Team hat ein Studium der Sozialarbeit absolviert und steht Ihnen bei, wenn es um emotionale, soziale oder logistische Belange geht, mit denen Sie nun konfrontiert sind. Er kann Sie auch darin unterstützen, den ausufernden Papierkram zu beschleunigen und sich mit weiteren Details zu beschäftigen, die mit dem Sterben verbunden sind. Er kann Ihnen helfen, herauszufinden, ob und welche Sozialleistungen Ihnen zustehen und diese zu beantragen.

Häufig benötigen Patienten die Hilfe eines Physiotherapeuten, um sich verlorene Körperfunktionen wieder zu erarbeiten oder um ihre maximale Muskelkraft zu bewahren. Die Kraft, die der Patient benötigt, um sich zum Küchentisch zu bewegen, ist es wert, bewahrt zu werden. Die Ausdauer, die es erfordert, in seinem Lieblingsstuhl zu sitzen oder ein Enkelkind zu besuchen, verleiht dem Leben Würde und Bedeutung. Das Palliativ Care Team kann den Kontakt zu Physiotherapeuten – oder auch Ergotherapeuten und Logopäden – herstellen, so dass ein Training für diese wichtigen Funktionen gewährleistet werden kann.

Ängste und Depressionen treten im Laufe des Sterbeprozesses immer wieder zutage, und deshalb sind immer auch Psychologen – oder Psycho-Onkologen – in den Palliative Care Teams vertreten. Sie sind erreichbar, wenn die Patienten oder ihre Angehörigen Gesprächsbedarf bezüglich ihrer Wünsche und Bedürfnisse, ihrer Ängste und Befürchtungen haben. Auch die Kommunikation zwischen den Patienten und Angehörigen einerseits und den Kooperationspartnern des Palliativnetzwerkes andererseits wird durch die Anwesenheit eines Psychologen oft erleichtert.

Wenn jemand, den Sie lieben, im Sterben liegt, scheint es oft so, als habe die Welt aufgehört sich zu drehen – als würde nichts mehr weitergehen. Dies ist eine Illusion, die sich bald zerschlagen haben wird. Es gibt immer noch Termine, die eingehalten werden müssen, Besorgungen und Einkäufe, die erledigt werden müssen. Viele Familien leben mittlerweile weit voneinander entfernt, und auch Freundschaften müssen weite Entfernungen überbrücken. An dieser Stelle treten die ehrenamtlichen Mitarbeiter der ambulanten Hospizdienste auf den Plan. Dabei handelt es sich um Menschen, die in Ihrer Nähe wohnen und die in Ihrem Stadtteil oder in Ihrer Kirchengemeinde aktiv sind. Sie sind da, weil sie wollen, dass sie da sind. Sie haben zahlreiche Fortbildungen zum Thema Sterbebegleitung, Trauerarbeit und Verlustbewältigung absolviert. Diese Ehrenamtlichen können bei Ihrem Liebsten zuhause bleiben, während Sie für ein oder zwei Stunden aus dem Haus gehen, oder während Sie sich zuhause für ein Mittagsschläfchen zurückziehen.

Egal, ob der geliebte Mensch an Ihrer Seite zu den 10 Prozent der Patienten gehört, die eine Spezialisierte Ambulante Palliativversorgung benötigen, oder ob seine Betreuung durch die Regelversorgung abgedeckt ist, Sie finden für alle Belange, die zum Ende des Lebens zum Tragen kommen, Hilfe und Unterstützung durch die Kooperationspartner der Palliativnetzwerke, angefangen bei der allgemeinen Pflege, die die Grundversorgung (unter anderem die Körperhygiene) sicherstellt, über besondere pflegerische und medizinische Maßnahmen wie Schmerzmanagement und Symptomkontrolle bis hin zur psychosozialen Betreuung und spirituellen Begleitung.

In jedem Fall wird ein Erst- oder Aufnahmegespräch stattfinden, das ein Pflegedienstleister oder ein Mitarbeiter des Palliativ Care Teams mit Ihnen und, falls möglich, mit dem Patienten führt. In diesem Gespräch erhalten Sie Informationen über alle Aspekte der Pflege zum nahenden Lebensende hin, und Sie erfahren, wie das Zusammenspiel aller Beteiligten in der Pflege und Betreuung aussehen wird.

Außerdem werden Sie einen Ordner oder eine Broschüre erhalten, in der Sie alle Ansprechpartner und ihre Telefonnummern und Kontaktdaten finden, sowie alle Anweisungen oder Informationen, die Sie benötigen, um den Kontakt zu den Mitarbeitern des Pflegedienstes (oder der Pflegedienste), zu Therapeuten, Ärzten, Seelsorgern und zu allen anderen Ansprechpartnern aufrechterhalten zu können.

Auch konkrete Handlungsanweisungen, die Ihnen helfen, sich in Notfallsituationen (zum Beispiel bei akuter Atemnot, bei Krampfanfällen oder bei Blutungen) richtig zu verhalten, werden Ihnen ausgehändigt.

Fragen über Ihren Glauben, Ihre Werte und Wünsche sind ein fester Bestandteil des Erstgesprächs. Einen hohen Stellenwert nimmt dabei die Patientenverfügung ein, mit der der Patient festschreibt, welche medizinischen Maßnahmen er für sich in Anspruch nehmen will und welche er ablehnt, falls er selbst nicht mehr in der Lage sein sollte, seinen Willen zu äußern. In der Patientenverfügung wird in der Regel auch eine Vertrauensperson benannt, die für den Fall, dass der Patient nicht mehr für sich selbst sprechen kann, die erforderlichen Entscheidungen trifft. Wenn Sie schon über derartige Dokumente verfügen, werden der Pflegedienst, das Hospiz oder das Krankenhaus sowie Ihr Hausarzt Kopien dieser Papiere benötigen. Wenn nicht, werden die Mitarbeiter des Pflegedienstes oder ein Sozialarbeiter Ihnen dabei helfen, die Formulare auszufüllen.

Die großen Entscheidungen

Patientenverfügung, Vorsorgevollmacht und Betreuungsverfügung

Viele Menschen denken nur daran, in einem Testament zu verfügen, was nach ihrem Tod geschehen soll, und häufig steht hier insbesondere das materielle Erbe im Vordergrund. Für den Fall, dass unvorhergesehene Ereignisse wie Unfälle oder schwere Erkrankungen dazu führen, dass ein Mensch seinen Willen nicht mehr zum Ausdruck bringen kann, wird aber häufig nicht ausreichend vorgesorgt. Dabei ist gerade in solchen Situationen wichtig, dass sehr konkret formuliert wurde, welche Wünsche und Bedürfnisse im Falle eine Pflegebedürftigkeit berücksichtigt werden sollen. Eine intensive Auseinandersetzung mit den eigenen Werten und Vorstellungen hilft dabei, eine Vorsorgevollmacht, eine Betreuungsverfügung und eine Patientenverfügung so aufzusetzen, dass Angehörige und Pflegende es leichter haben, im Falle einer Pflegebedürftigkeit Entscheidungen im Sinne des Patienten zu treffen.

Die **Vorsorgevollmacht** legt fest, wer für den Fall, dass der Unterzeichner aufgrund einer psychischen Erkrankung oder einer körperlichen, geistigen oder seelischen Behinderung seine Angelegenheiten ganz oder teilweise nicht mehr selbst besorgen kann, die finanziellen Angelegenheiten regeln und wer für den Aufgabenbereich der Gesundheitsfürsorge und der Aufenthaltsbestimmung verantwortlich sein soll. Dabei können eine oder mehrere Vertrauenspersonen benannt werden. Die Vorsorgevollmacht soll zu einem Zeitpunkt verfasst werden, zu dem die eigene Geschäftsfähigkeit unzweifelhaft besteht.

In der **Betreuungsverfügung** wird geregelt, wer gegebenenfalls vom Vormundschaftsgericht zum Betreuer bestellt wird. Betreuungsverfügungen werden zentral bei den Vormundschaftsgerichten gesammelt und zu dem Zeitpunkt, an dem tatsächlich ein Betreuer bestellt werden muss, herangezogen. In den meisten Fällen werden die Verfügungen berücksichtigt.

Durch eine **Patientenverfügung**, auch Patiententestament genannt, legt der Unterzeichner sehr konkret fest, welche medizinische Versorgung im

Notfall erfolgen und welche sonstigen Maßnahmen ergriffen werden sollen, wenn er seinen Willen nicht mehr selbst äußern kann. Die Patientenverfügung kann mit den anderen, oben genannten Verfügungen kombiniert werden, es empfiehlt sich aber, gesonderte Erklärungen zu verfassen. Das Patiententestament kann auch dann angefertigt werden, wenn bereits eine schwere Erkrankung diagnostiziert wurde, und sollte in diesem Fall auf die bestehenden gesundheitlichen Einschränkungen eingehen.

Im Kern enthält die Patientenverfügung folgende Inhalte: Sie beschreibt, in welchem Fall die Verfügung eintreten soll, und sie enthält konkrete Anweisungen, wie in dieser Situation zu verfahren ist. Das kann in Kurzform geschehen und sehr allgemein formuliert werden, Sie können aber auch eine Liste für viele verschiedene medizinische Situationen und entsprechende pflegerische Maßnahmen aufstellen, in der ganz konkret benannt wird, ob und ab wann zum Beispiel die Ernährung und die Flüssigkeitszufuhr eingestellt werden sollen, ob eine Intubation und eine künstliche Beatmung stattfinden sollen oder ob weitere therapeutische Maßnahmen (Dialyse, Bluttransfusionen, Operationen, Erhalt und Spende von Organen) ergriffen werden dürfen.

Aufgrund der Vielzahl von Musterdokumenten sind viele Menschen überfordert und unterlassen es letztendlich, eine Patientenverfügung zu verfassen oder zu unterzeichnen. Eine einfache Lösung besteht darin, ein Ankreuzformular, wie es zum Beispiel über die Internetseite der Bundesärztekammer zu finden ist, auszufüllen. Wer bereit ist, sich intensiver mit dem Thema auseinanderzusetzen und eigene Formulierungen vorzieht, findet in der Publikation des Bundesministeriums der Justiz, „Patientenverfügung", ganz konkrete Anleitungen, um eine individuelle und rechtsgültige Verfügung aufzusetzen. Auch im Buchhandel erhalten Sie Formulare in Kurzform und entsprechende Literatur zum Thema. Eine umfangreiche Sammlung an Musterdokumenten, Textbausteinen, Arbeitsvorlagen und Gesetzestexten findet sich darüber hinaus auf der Seite www.ethikzentrum.de, dem in Bochum ansässigen Zentrum für angewandte Ethik. In Zweifelsfällen sollten Sie mit dem Arzt Ihres Vertrauens ein Beratungsgespräch vereinbaren, um kritische Punkte zu klären.

Verzicht auf Wiederbelebung (VaW-Anordnung)

Eine der wichtigsten Fragen in diesem Zusammenhang lautet, ob die Patienten in der Patientenverfügung angeben, auf Wiederbelebungsversuche zu verzichten. Der Patient und seine Angehörigen müssen zustimmen, dass kein Notarztwagen gerufen wird, wenn der Tod kurz bevorsteht. Notärztliche Behandlungen oder heldenhafte Wiederbelebungsversuche werden nicht eingefordert oder erlaubt. Ihrem geliebten Menschen soll ermöglicht werden, in Frieden zu sterben.

Zu diesem Zweck gibt es einen Notfallbogen (auch Notfallpass oder Palliativpass) oder eine sogenannte VaW-Anordnung, mit der Sie den Verzicht auf Wiederbelebung erklären. Dieses Dokument sollten Sie immer bei sich tragen oder griffbereit aufbewahren.

Wenn ein Notarzt gerufen wird, wird häufig selbstverständlich angenommen, dass der Patient wünscht, dass alle Anstrengungen unternommen werden, um ihn wiederzubeleben und am Leben zu erhalten. Tatsächlich ist es in vielen Staaten der Vereinigten Staaten sogar Gesetz, dass die Rettungswagenbesatzung gar nicht entscheiden darf, ob sie lebenserhaltende Maßnahmen ergreift oder nicht, ganz egal, ob es anderslautende Dokumente gibt. Wenn Sie einen Rettungswagen rufen, dann *werden* die Sanitäter den Patienten wiederbeleben und ins nächste Krankenhaus mit Notaufnahme bringen. Der Notfallpass hilft Ihnen ebenso wie die Patientenverfügung, Ihre Wünsche vorab zu formulieren und unerwünschte Versuche einer Herz-Lungen-Wiederbelebung zu vermeiden.

Pflege in Einrichtungen

Ein Palliativpflegedienst ist, ebenso wie jeder andere ambulante Pflegedienst, für eine Übergangszeit gedacht. Je weiter die Krankheit voranschreitet, desto häufiger und zeitintensiver werden die Besuche des Pflegedienstes. Der Sterbende benötigt aber jemanden, der vierundzwanzig Stunden am Tag für ihn da ist, wenn es erforderlich ist. Diese Aufgabe können sich natürlich mehrere Familienmitglieder und Freunde teilen, oder Sie können, wenn Ihre finanziellen Verhältnisse es Ihnen erlauben, privat eine ausgebildete Pflegekraft einstellen.

Für manche Menschen ist es aber schlicht unmöglich, zuhause zu sterben.

Wenn Ihre eigene Gesundheit angeschlagen ist, sind Sie vielleicht gar nicht in der Lage, für einen sterbenden Menschen zu sorgen. Auch wenn Ihr sterbender Vater Witwer ist und Sie arbeiten müssen und außerdem kleine Kinder haben, die Sie versorgen müssen, dann werden Sie nicht in der Lage sein, rund um die Uhr in seinem Haus für ihn da zu sein. Familien sind heute kleiner und leben oft weit voneinander entfernt, und zudem erfordern die finanziellen Gegebenheiten häufig, dass beide Partner außer Haus arbeiten. Eine liebende Tochter in Boston hat sicher durchaus den Wunsch, dass ihr Vater zuhause in seinem Bett in San Diego friedlich einschläft. Aber wie kann sie wissen, ob sie es tatsächlich schaffen wird, zum Zeitpunkt seines Todes bei ihm zu sein? Und wie steht es um ihre sechsundachtzigjährige Mutter? Kann diese alte Frau einen sterbenden Mann füttern, ihn waschen oder baden und ihm die Windeln wechseln? Kann sie Stunde um Stunde an seinem Bett wachen, wenn er ins Koma fällt? Kann sie es ertragen, ihn immer schwerer atmen zu hören, ohne selbst Pflege und Unterstützung zu erhalten?

Wenn die körperlichen Bedürfnisse des Patienten mehr Pflege erfordern, aber die Kapazität, um diese körperliche Pflege zu gewährleisten, begrenzt ist, ist es die beste Wahl im Hinblick auf das Wohl des Patienten und seiner Familie, die Pflege am Lebensende in die Hände einer professionellen Pflegeeinrichtung, eines Krankenhauses oder eines Hospizes zu legen.

Viele Menschen verbringen ihr Lebensende nicht mehr in ihren eigenen vier Wänden. Wenn der Sterbende sehr gebrechlich ist oder an einer Altersdemenz leidet, lebt er vielleicht schon in einer Pflegeeinrichtung, in einer Seniorenresidenz oder in einem Altersheim. Einen geliebten Menschen in einer solchen Einrichtung unterzubringen, ist gleichbedeutend mit dem Eingeständnis, dass das Lebensende näher rückt. Ihr Vater, Ehemann, Lebensgefährte, Onkel oder Freund kann nicht mehr allein zu Hause leben. Seine Gebrechlichkeit, seine Demenz, seine Inkontinenz oder eine hinterhältige Mischung all dieser Symptome haben ihm einen wertvollen Teil dessen genommen, was ihn früher ausmachte.

Betreutes Wohnen

Einrichtungen für betreutes Wohnen bieten barrierefreien und altersgerechten Wohnraum für Menschen, die ihren Alltag noch weitestgehend allein bestreiten können. Wohnanlagen für betreutes Wohnen unterscheiden sich kaum von anderen Häusern in der Nachbarschaft. Sie gewährleisten, dass, wenn gewünscht, rund um die Uhr Personal zur Verfügung steht, um den Bewohnern beim Ankleiden und bei der Körperpflege zu helfen. Sie liefern alle Mahlzeiten und Zwischenmahlzeiten und bieten ihre Hilfe an, damit Medikamente korrekt eingenommen werden. Sie verfügen über die notwendigen Zertifizierungen, die üblicherweise durch die Träger im karitativen Bereich gewährleistet werden.

Alten- und Pflegeheime

Das klassische Alten- und Pflegeheim ist für Menschen mit Pflegestufe geeignet, die nicht mehr allein zuhause leben können oder wollen. Sie werden rund um die Uhr medizinisch und pflegerisch betreut. Auch Angebote zur Freizeitgestaltung werden von den Heimen angeboten, um die Bewohner vor sozialer Isolation zu bewahren. Wie die Unterbringung genau beschaffen ist, unterscheidet sich von Fall zu Fall, in der Regel steht den Bewohnern aber ein Einzelzimmer mit eigenem Bad zur Verfügung. Die Kosten sind unterschiedlich hoch, so dass sich ein sorgfältiger Preisvergleich lohnt. Die Pflegeversicherung übernimmt nur einen Teil des Heimentgelts, etwa die Hälfte der Kosten müssen die Patienten selbst oder ihre Angehörigen tragen.

Seniorenresidenzen

Als nobelste Wohnform im Alter gelten die Seniorenresidenzen, die oft eher an Hotelanlagen erinnern als an Alten- oder Pflegeheime und häufig in guter oder bester Wohnlage zu finden sind. Sie bieten von Betreutem Wohnen bis hin zur Pflege eine große Bandbreite unterschiedlicher Wohnformen an und zeichnen sich durch ein umfangreichers Service- und Betreuungsangebot aus. Oft verfügen sie über eigene Sauna- und Schwimmbadbereiche und bieten vielfältige Möglichkeiten zur Freizeitgestaltung oder auch Urlaubsreisen an.

In einer Seniorenresidenz zu leben, ist allerdings auch die kostspieligste Variante des Wohnens im Alter. Pflegeleistungen werden in der Regel nicht nach Inanspruchnahme berechnet, sondern sind Teil der Pauschalmiete. Bevor die Entscheidung für einen Umzug in eine Seniorenresidenz fällt, sollten deshalb geklärt werden, ob die Unterbringung auch dauerhaft finanzierbar ist und ob die Bewohner auch im Falle einer schwersten Pflegebedürftigkeit dort wohnen bleiben können. Um herauszufinden, ob die Wohnlage, Atmosphäre und das Angebot zusagen, ist häufig ein Probewohnen möglich.
Wenn Ihr geliebter Mensch in einer Einrichtung für betreutes Wohnen oder auch in einer Pflegeeinrichtung lebt, dann kann in diesem Rahmen häufig auch ein ambulanter Palliativpflegedienst seine Arbeit aufnehmen. Die Einrichtung übernimmt die Grundpflege, und die speziellen Pflegemaßnahmen, die ein sterbender Mensch benötigt, werden von dem ambulanten Palliativpflegedienst übernommen. Diese Aufgaben können aber ebensogut Mitarbeiter der Pflegeeinrichtung übernehmen, die in der Hospizarbeit geschult sind. Die Pflegekräfte der Einrichtung gehören sozusagen zur erweiterten Familie, und alles bleibt beim Alten. Nur das „Zuhause“ ist jetzt ein anderes, und es gibt mehr Pflegende, die sich um Ihren geliebten Menschen kümmern. Egal, ob der Tod Ihres geliebten Menschen kurz bevorsteht, oder ob ihm eine lange und aufzehrende Jahreszeit voller Sonnenuntergänge bevorsteht, eine Umgebung für ihn zu finden, in der er sich aufgehoben und umsorgt fühlt, ist ein Akt der Liebe.

Im Krankenhaus sterben

Wenn die Schmerzen unerträglich werden, die Symptome sich drastisch verschlechtern oder strukturierte Abläufe in der Pflege erforderlich sind, dann verbringt der geliebte Mensch seine letzten Tage mit großer Wahrscheinlichkeit im Krankenhaus. Mit zunehmendem medizinischen Fortschritt ist es selbstverständlicher geworden, dass auch natürliche Ereignisse wie Geburt und Tod immer häufiger in Krankenhäusern stattfinden. Diese Umgebung mag Ihrer Familie und auch dem Sterbenden ungewohnt und sehr unkomfortabel erscheinen. Als Pflegender haben Sie eventuell das Gefühl, dass Sie nunmehr auf die Rolle eines Zuschauers reduziert sind, statt ein notwendiger und vitaler Teil im Leben Ihres geliebten Menschen zu sein und gleichzeitig eine Schlüsselrolle in seinem Wandlungsprozess zu spielen. Das medizinische Personal scheint alles zu wissen, alles zu tun und fast alle Entscheidungen zu treffen. In einer solchen Umgebung fühlt die Familie sich häufig an den Rand gedrängt. Der institutionelle Rahmen kann als einschüchternd und bedrohlich empfunden werden.

Anregungen für positive Krankenhaus-Erfahrungen

Aber auch Krankenhäuser sind immer erfahrener darin, Familien zu unterstützen und sterbende Menschen bis in den Tod zu begleiten. Es gibt viele Dinge, die Sie tun können, um sicherzustellen, dass die Bedürfnisse Ihres geliebten Menschen nach Würde, Frieden und ganzheitlich geprägter Pflege beachtet und geschätzt werden. Lassen Sie das Krankenhaus-Personal wissen, welche Wünsche Sie und der Patient haben.

- Seien Sie vorbereitet. Seien Sie deutlich. Seien Sie detailliert. Lassen Sie die Schwestern wissen, welche Behandlungen und Therapien der geliebte Mensch an Ihrer Seite will und welche er ablehnt. Dazu gehört mehr als die Frage nach einem Beatmungsgerät. Sie werden andere Formen lebensunterstützender Maßnahmen, darunter die Ernährung und Flüssigkeitszufuhr über Sonden, Dialyse, die intravenöse Gabe von Antibiotika, die Verabreichung von Medikamenten wie Dopamin, die den Blutdruck künstlich oben halten, oder den Einsatz von Herzschrittmachern diskutieren müssen.
- Wenn es eine Patientenverfügung gibt, bringen Sie das Dokument mit ins Krankenhaus und bitten Sie darum, dieses in der Akte des Patienten aufzubewahren.
- Vergewissern Sie sich, dass jeder die Wünsche des Patienten bezüglich der Herz-Lungen-Wiederbelebung kennt und versteht.
- Bitten Sie darum, dass die Anordnung zum Verzicht auf Wiederbelebungsversuche gegebenenfalls deutlich sichtbar auf der Patientenakte angebracht wird.

- In manchen Fällen dürfen Sie das Krankenzimmer ein wenig verändern, damit es einer häuslichen Umgebung mehr ähnelt. Bringen Sie Familienfotos mit. Hängen Sie Kunstdrucke von Künstlern, die Ihr geliebter Mensch mag, an die sonst kahlen Krankenhauswände. Wenn das Pflegepersonal Ihnen Schwierigkeiten macht, sprechen Sie mit der Stationsschwester über Ihr Anliegen. Manchmal können Gegenstände, die der geliebte Mensch besonders mochte, im Zimmer aufbewahrt werden. Das können bevorzugte Getränke oder Lebensmittel sein, Filme, eine Arbeit, die noch vollendet werden muss, ein Fotoalbum, Musik, oder vielleicht alte Briefe. Manchmal kann sogar ein Haustier mitgebracht werden.

Viele Krankenhäuser verfügen über Palliativ-Abteilungen oder besondere Pflegeabteilungen, in denen Sie und der Patient etwas bequemer untergebracht werden können. Diese Krankenhaus-Bereiche sind darauf eingestellt, mit Menschen umzugehen, die im Sterben liegen. Das Personal ist häufig ruhiger, erfahrener, verständnisvoller für das, was während des Sterbeprozesses geschieht und deshalb besser darauf eingerichtet, eine angemessene Unterstützung am Ende des Lebens zu bieten. Diese Abteilungen haben auch flexiblere Besuchszeiten. Im Allgemeinen sind Kinder in den Abteilungen, in denen keine akuten Fälle behandelt werden, willkommener und erfahren mehr Unterstützung und Aufmerksamkeit. Lassen Sie es das Pflegepersonal wissen, wenn es viele Familienmitglieder und Freunde gibt, die zu Besuch kommen werden.

Stationäre Hospize

Wenn alle heilenden Maßnahmen ausgeschöpft sind, ein Krankenhausaufenthalt nicht mehr sinnvoll erscheint und wenn die Pflege des Sterbenden zuhause oder in einer Pflegeeinrichtung nicht gewährleistet werden kann, dann ist die Aufnahme in einem Hospiz für den Patienten oft eine wünschenswerte Lösung. Hospize verfolgen in der Pflege sterbender Menschen einen ganzheitlichen Ansatz und stellen konsequent die individuellen Bedürfnisse der Patienten in den Vordergrund. Die Patienten sollen in einer Atmosphäre sterben dürfen, in der sie sich geborgen fühlen, ihre Lebensqualität sollte so weit wie möglich erhalten bleiben, und sie sollten nach Möglichkeit beschwerde- und schmerzfrei sein. Das Hospizpersonal verfügt über die Erfahrungen und die notwendige Ruhe und Gelassenheit, um mit den Erschwernissen, die die letzten Lebenstage mit sich bringen, umgehen zu können, und begleitet auch die Angehörigen noch über den Tod hinaus mit Angeboten zur Trauerbewältigung.

Seit einer Gesetzesänderung im Jahr 2007 muss während der Unterbringung in einem Hospiz kein Eigenanteil mehr aufgewendet werden. Die Kosten werden zu 90 Prozent von Kranken- und Pflegekassen getragen, der Rest wird in Form von Spenden über die Trägervereine bezuschusst.

Wir hoffen, dass die hier aufgezeigte Dynamik dazu beitragen wird, dass alle Beteiligten angemessen vorbereitet sind und Sie als Team zusammenstehen und Ihrem geliebten Menschen erlauben können, seinen eigenen Tod zu sterben. Um es noch einmal zu betonen: Dies ist die schwerste Prüfung für alle Pflegenden, Sie eingeschlossen, und die letzte Gelegenheit, wirklich etwas für den geliebten unheilbar Kranken zu tun. Ihr geliebter Mensch will mit Ihrem Einverständnis und Ihrem Segen sterben. Wie Sie dieses Einverständnis geben, ist von größter Bedeutung, und Sie bemerken es vielleicht noch nicht einmal!

Wir werden Ihnen an anderer Stelle in diesem Buch einige Hinweise geben, wie Sie derartige Dinge heraushören können.

Kapitel 4

Die letzten Novembertage

Thanksgiving: Das Geschenk des Lebens rückt in unser Bewusstsein

Wenn es darum geht, unserem Dank für die Schönheit des Lebens Ausdruck zu verleihen, scheint kaum eine Zeit weniger geeignet als die letzten Novembertage, die Zeit des Thanksgiving-Festes in den Vereinigten Staaten. Der Eroberungsfeldzug des Herbstes schreitet unaufhaltsam voran und hinterlässt die Erde still, grau und kalt. Selbst das letzte, noch so hoffnungsvolle Blatt ist vom Baum gefallen und liegt leblos auf dem Rasen. Die Herbstluft, die Anfang Oktober noch als wohltuende frische Brise daherkam, ist kälter und beißender geworden. Die Kälte nagt an den Knochen. Der September, der erste kühlere Monat, scheint inzwischen Lichtjahre entfernt und die Unbeschwertheit des Sommers fühlt sich an wie ein Traum von einem anderen Ort, von einem anderen Leben. Eingebettet zwischen Allerheiligen und Totensonntag erscheinen Dankbarkeit und Demut angesichts der Schönheit des Lebens durchaus befremdlich.

Und doch löst dieser Feiertag an der Schwelle zum Winter in uns ein Gefühl der Dankbarkeit aus und zeitigt das Gefühl der Liebe, die wir füreinander empfinden. Er appelliert an unsere Großzügigkeit und erinnert uns daran, wie einfühlsam und liebevoll wir im Umgang miteinander sein können. So füllen sich zum Beispiel die vor vielen Supermärkten in den Vereinigten Staaten aufgestellten Sammelboxen für Lebensmittelkonserven in Windeseile, und viele Menschen sind bereit, zu Thanksgiving in Suppenküchen und Obdachlosenunterkünften ehrenamtlich bei der Ausgabe von Mahlzeiten zu helfen. Niemand soll nun hungern oder frieren, niemand sollte allein sein. Niemand sollte krank sein oder gar sterben.

Es ist kein Feiertag der hellen, strahlenden Lichter, kein Feiertag der großen Geschenke. Thanksgiving-Festspiele vor dem Rockefeller-Center oder Theateraufführungen in Grundschulen suchen wir vergeblich. Es gibt noch nicht einmal Musik oder bestimmte Lieder, die mit dem Feiertag in Verbindung gebracht würden. Auf der letzten Reise unseres Lebens gibt es aber eine Zeit, in der wir uns erinnern sollten, wer wir sind, und in der wir

uns der Gaben des Lebens bewusst werden sollten. Es ist die Metapher des Thanksgiving-Festes. Wie im wirklichen Leben findet es in der Zeit des ersten Frostes statt – nach dem Beginn der Krankheit, nach der Diagnose, nachdem die zweite Meinung eingeholt wurde. Nach dem ersten Schock, an einer lebensbedrohlichen Krankheit erkrankt zu sein, nach dem Nichtwahrhabenwollen und den ersten depressiven Schüben, nach dem Beginn einer nichtendenwollenden Reihe von Verlusten und Einschränkungen. Nach dem mexikanischen Fest *El Dia de los Muertos*, dem amerikanischen *Halloween* und dem christlichen Fest Allerheiligen. Nach dem Beginn der Rückschau auf das Leben und nach dem Beginn des Trauerns.
Inmitten all dieser Ereignisse keimt Hoffnung auf. Wirkliche Hoffnung. Der Dichter und Staatsmann Václav Havel definiert Hoffnung folgendermaßen: „Hoffnung ist eine Qualität des Gemüts. Hoffnung ist nicht die Überzeugung, dass etwas gut ausgeht, sondern die Gewissheit, dass etwas einen Sinn hat, egal wie es ausgeht.“ (Fernverhör: Ein Gespräch mit Karel Hvízd'ala Václav Havel, 1987)
Diese Zeit der Reflexion, der Besinnung und des Erinnerns wird uns in das Licht des Winters begleiten. Wir werden die Offenbarungen und die Wunder der Seele erleben, die uns mit Licht und Wärme gegen die aufkommende Dunkelheit schützen werden. Es ist erst der Beginn dieser Jahreszeit. Die Arbeit, die Ihnen und dem geliebten Menschen an Ihrer Seite bevorsteht, hat gerade erst begonnen. Die Geschichte von Irene, die Sie im Folgenden lesen werden, zeigt, wie ein Sterbender Hoffnung am Ende des Lebens finden kann, indem er den Geist des Feiertages Thanksgiving verinnerlicht.

Irene

Irene war eine der Patientinnen, über die sich die Schwestern gern beklagten. Zum Schichtwechsel vereinbarten sie manchmal, zwei „normale“ Patienten gegen Irene zu tauschen.
Irene hatte sich nie guter Gesundheit erfreut, sondern Zeit ihres Lebens unter einer Vielzahl chronischer Erkrankungen gelitten, darunter Diabetes, Asthma und Arthritis. Sie war in jüngeren Jahren verheiratet gewesen und hatte zwei Kinder, die mittlerweile erwachsen waren, sowie mehrere Enkelkinder. Sie lebte allein in einem kleinen Mobilheim auf dem Land.

Irene war Dauergast im Krankenhaus und in den Arztpraxen der Umgebung. Es schien so, als sei sie aufgrund irgendwelcher kleineren Infekte oder aufgrund der Auswirkungen ihrer chronischen Krankheiten ständig in Behandlung. Auf Außenstehende wirkte Irene sorgenvoll, beinahe schwermütig, und sie beschwerte sich ständig über ihre Krankheiten und den Mangel an Mitgefühl seitens ihrer Familie und der Pflegekräfte. „Sehen sie nicht, wie krank ich bin?" fragte sie dauernd. „Interessiert sich denn gar keiner für mich?"

Einer der traurigsten Aspekte dieser Geschichte ist die Tatsache, dass Irenes ständige Fixiertheit auf ihr körperliches Unwohlsein und ihre anhaltenden Beschwerden über ihre Familie und die Pflegekräfte zur Folge hatten, dass sie sich entfremdete und immer einsamer wurde. Wenn sie im Krankenhaus nach der Schwester rief, war sie tatsächlich die letzte, deren Notruf beantwortet wurde. Ihr Zimmer lag wirklich am Ende des Ganges. Und wenn der Arzt zur Visite erschien, blieb er grundsätzlich auf der Türschwelle stehen. Irene war eine sehr unglückliche Frau in einer sehr unglücklichen Situation. Irene hatte seit Monaten über Bauchschmerzen geklagt, aber die Untersuchungen, die durchgeführt wurden, ergaben keinen Befund. Sie beschwerte sich weiterhin. Sie erhielt eine Reihe von Medikamenten, nahm an einem Biofeedback-Training teil und wurde schließlich als schlichtweg neurotisch abgetan. Dann gab es schließlich doch eine Diagnose.

Irene hatte Magenkrebs, der bereits gestreut und Leber und Bauchspeicheldrüse befallen hatte. Die Metastasen waren so weit fortgeschritten, dass sie nicht mehr therapierbar waren. Irene würde sterben.

Wir hatten Irene schon mehrmals während ihrer zahlreichen Krankenhausaufenthalte besucht, und Pam fürchtete sich besonders vor diesen Besuch. Eine der Schwestern sagte über Irene: „Es ist, als würde sie einen Staubsaugerschlauch direkt auf Ihr Herz richten und all Ihr Leben aus Ihnen heraussaugen."

Als wir uns Irenes Zimmer näherten, fühlte sich etwas anders an als sonst – irgendwie leichter. Wir sahen durch die Tür und bemerkten, dass Irene mit ihrer Handarbeit beschäftigt war. Irene stellte Schmuck her, den sie auf Kunsthandwerkermärkten und Verbrauchermessen in ganz Nordkalifornien verkaufte. Sie saß aufrecht in ihrem Bett und war so in ihre Arbeit vertieft, dass sie uns erst gar nicht bemerkte. „Hallo Irene“, sagte Pam von der Türschwelle aus. „Wie geht es Dir?“ Im Nachhinein müssen wir zugeben, dass wir uns vor ihrer Antwort fürchteten. Sie sah uns über den Rand ihrer Brille hinweg an und lächelte.

„Nicht schlecht, unter diesen Umständen“. Dann bat sie uns herein. Wir nahmen auf den Stühlen direkt an ihrem Bett Platz und Pam nahm ihre Hand.

„Irene“, sagte Pam. „Du wirst nicht mehr nach Hause zurück können. Da ist niemand, der Dich pflegen könnte, und Du bist sehr krank.“

Sie berichtete Irene, der Arzt habe angeordnet, dass sie am darauf folgenden Tag in ein Hospiz eingewiesen werden sollte. Das Fenster in Irenes Zimmer stand offen, und ein kalter Windstoß wehte herein und verstreute einige der kleinen Perlen und Pailletten, die Irene auffädelte, auf dem Boden. Pam stand auf und versuchte, sie wieder aufzusammeln. Irene lachte. Es war das erste Mal, dass wir sie lachen hörten. Es war wundervoll.

„Ich bin Euch um einiges voraus“, sagte sie. „Es ist wirklich an der Zeit, nicht wahr? Ich werde sterben?“

Pam nickte. „Aber der Arzt sagt, Du hast noch Zeit.“

Irene schüttelte den Kopf. „Wann ist Thanksgiving?“ fragte sie. Pam sagte, Thanksgiving sei schon in zwei Tagen, und sie habe noch die Zeit, auch Weihnachten zu feiern. Irene unterbrach sie.

„Ich habe Thanksgiving.“ sagte sie, „Und das feiere ich wahrscheinlich zum ersten Mal in meinem Leben. Ich werde mein Leben und meine Kinder feiern. Ich werde feiern, dass ich hier sein kann. Und dann gehe ich.“

Wir sahen sie überrascht an.

„Ich habe mein ganzes Leben an meine Krankheiten geglaubt,“ erklärte sie. „Nun werde ich an mein Leben glauben. Und wenn mein Leben vorbei ist, dann will ich nicht eine Minute länger an diesem kaputten Körper festhalten. Dann gehe ich einfach.“

Bevor der Krankenwagen kam, um Irene in das Hospiz zu bringen, nahm sie Pams Hand und legte ihr ein Paar Ohrringe hinein. „Die sind für Dich, meine liebe Freundin,“ sagte sie. „Einige der Perlen sind aus Aventurin-Quarz. Vergiss niemals, Dich über die Abenteuer, die Du erlebst, zu freuen.“

Und dann schlossen sich die Aufzugtüren hinter Irenes Transportliege.
Zu Thanksgiving waren Irenes Arzt und seine Familie bei Pam zum Essen eingeladen. Sie saßen am Tisch und unterhielten sich, als plötzlich der Pager ertönte. Der Arzt nahm das Gespräch im Nachbarzimmer an. Als er zurückkam, war er blass und sah geschockt aus. „Das war das Hospiz," sagte er. „Irenes Kinder waren zum Thanksgiving-Essen bei ihr. Sie haben gegessen, dann sind die Kinder gegangen, und Irene ist in ihr Zimmer gegangen und gestorben."
Der Tod kann eine Lösung für die Missverhältnisse im Leben sein, so wie in Irenes Fall. Der Tod kann Quelle der Hoffnung sein, dass sich Ganzheit und Liebe in jedem Moment entlang unserer Reise zeigen können, und dass genau dann der richtige Zeitpunkt gekommen ist.

Schmerz und Übelkeit managen

Schmerz entwickelt eine komplexe Dynamik. Er wird von unserer emotionalen Gesundheit bestimmt, von unserer Umgebung, unserer Kultur und unserem Alter. Kinder zum Beispiel empfinden Schmerz sehr viel akuter als Erwachsene und reagieren entsprechend darauf. Und manche Menschen sind aus Gründen, die wir immer noch nicht vollständig erklären können, wesentlich schmerzempfindlicher als andere. Sie spüren intensiver als andere, obwohl der schmerzauslösende Reiz der gleiche ist.
Die Schmerztherapie in Deutschland orientiert sich am Stufenschema der WHO und an den Leitlinien, die von Ärzten in Anlehnung an die aktuelle Literatur zum Thema erarbeitet wurden. Die Therapie richtet sich dabei nicht nach der Grunderkrankung, sondern nach der Schmerzstärke. Entscheidend ist, dass eine schnelle und effektive Linderung der Schmerzen erreicht wird. Bedenken Sie, dass es *immer* eine Möglichkeit gibt, etwas gegen die Schmerzen zu tun.
Wenn der geliebte Mensch an Ihrer Seite über Schmerzen klagt, müssen Sie sich mit Ärzten und Pflegepersonal beraten, auf welche Weise Sie ihm am besten helfen können. Damit Ihnen klar ist, welche Schritte unternommen werden müssen, sollte Sie einige Dinge über die Schmerzen wissen. Stellen Sie dem Patienten die folgenden Fragen:

- Hast Du Schmerzen? (Diese Frage können Sie gar nicht häufig genug stellen.)

- Wo hast Du Schmerzen?
- Wo würdest Du den Schmerz auf einer Skala von 1 bis 10 einordnen?
- Wie fühlt er sich an? Ist er dumpf, brennend, stechend?
- Wird er heftiger, oder bleibt er gleich? Wie entwickelt er sich im Tagesverlauf?
- Bleibt der Schmerz an einem Ort oder breitet er sich aus?
- Hilft es Dir, Deine Position zu verändern, oder wird der Schmerz durch Bewegung intensiver?
- Was lindert den Schmerz?
- Was verstärkt den Schmerz?
- Möchtest Du ein schmerzstillendes Mittel nehmen?

Bedenken Sie, dass Schmerzen häufig von Übelkeit, Schwindelgefühlen, Schwäche, Darmträgheit, einem trockenen Mund, Unfähigkeit sich zu entleeren/Verstopfung, Schlaflosigkeit, Appetitlosigkeit, Angst, Wut, Weinen, Depressionen, Selbstmordgedanken oder verbalen Übergriffen auf Sie begleitet werden. Angesichts dieser Nebenwirkungen ist es wichtig, dass Sie und Ihr Partner wissen, um welche Art von Schmerzen es geht und welches die effektivsten und sinnvollsten Wege sind, um ihnen zu begegnen.
Nachdem der Arzt die allgemeinen Umstände, die Intensität und die Qualität der Schmerzen bewertet hat, wird er unter Berücksichtigung der zu erwartenden Nebenwirkungen folgende Therapieformen anordnen oder verschreiben:

- pharmakologische schmerzstillende Mittel (Pharmakotherapie)
- Blockade der Schmerzrezeptoren
- Bestrahlungen
- Ablenkung
- geführte Phantasiereisen
- Atemübungen

- Selbsthypnose
- Umlagerungen
- heiße/kalte Kompressen
- Eispackungen
- Wärmepackungen
- leichte Massagen
- Reiki
- Akupunktur
- Akupressur

Pharmakologische und Allgemeine Medizinische Definitionen
Lassen Sie sich nicht durch den medizinischen Fachjargon einschüchtern. Diese Begriffe sind nur Teil einer Sprache, die Sie als Partner in der Pflege Ihres Liebsten schnell erlernen und verstehen werden.

Abhängigkeit: Psychologische, physikalische oder emotionale Abhängigkeit von den Effekten einer Droge
Analgetikum: Medikament zur Behandlung von Schmerzen
Anästhesist: Arzt, der auf die Behandlung von Schmerzen spezialisiert ist
Antidepressivum: Medikament, das eingesetzt wird, um eine Depression zu behandeln oder um die Stimmung aufzuhellen. Zu den am häufigsten verschriebenen Antidepressiva gehören Prozac, Wellbutrin und Paxil.
Antiemetikum: Präparat, mit dem Übelkeit behandelt wird. Kann zu Schläfrigkeit führen.
Chemotherapie: Krebstherapie mit Hilfe pharmazeutischer Wirkstoffe.
Dosis: Die Menge eines Medikaments, die verabreicht wird.
Emesis: Erbrechen; Übelkeit
epidural: Injektion in die Schichten des Körpergewebes, das das Rückenmark umhüllt.
Infusion: Möglichkeit, ein Arzneimittel mittels einer Injektionskanüle direkt in den Körper einfließen zu lassen, meistens in eine Vene, seltener in eine Arterie oder in das Unterhautgewebe.

IM: Intramuskulär. Eine Injektion, die in den Muskel verabreicht wird.
IV: Intravenös. Eine Injektion, die in die Vene verabreicht wird.
Karzinom: Medizinischer Fachbegriff für Krebs im Epithelgewebe der Zelle (Das ist die Zellschicht, die andere Gewebe und Strukturen bedeckt.)
Lymphom: bösartiger Krebs im Lymphsystem
Melanom: bösartiger Krebs der Haut
Metastase: Streuung eines Krebsgeschwürs oder Tumors von einer Stelle im Körper an eine andere. Metastasen können lokal begrenzt auftreten (Lokalmetastase/von einem Organ auf das nächste übergreifen) oder entfernt voneinander (Fernmetastase) und in weiter entfernten Teilen des Körpers auftreten.
Nebenwirkung: Unbeabsichtigtes Symptom eines Arzneimittels.
Neoplasma: Ein anderer medizinischer Begriff für Krebs.
Nervenblockade: Eine Möglichkeit, Schmerzen zu unterdrücken, indem die Schmerzweiterleitung entlang einer Nervenbahn blockiert wird.
Opioide: Gruppe von Schmerzmitteln, die entweder synthetischer oder natürlicher Herkunft sind und morphinartige Eigenschaften aufweisen.
Opiate: ursprünglich Bezeichnung für opiumhaltige Arzneistoffe, heute Wirkstoffe, die aus Opiumalkaloiden gewonnen werden und morphinähnliche Eigenschaften aufweisen. Opiumhaltige Schmerzmittel sind immer noch die Referenzmittel, an denen sich die Wirksamkeit synthetisch hergestellter Arzneimittel in der Schmerzbehandlung messen lassen muss.
PCA-Pumpe (Patientenkontrollierte Analgesie): Ein intravenöser Zugang, über den eine konstante Menge an Schmerzmitteln zugeführt wird. Der Patient kann eine Erhöhung der Dosis auf Knopfdruck selbst herbeiführen. Um eine versehentliche Überdosierung zu vermeiden, wird nach jeder Gabe eine Sperre aktiv, die zeitlich begrenzt ist.
Retard: Arzneiform, bei der der Wirkstoff verlangsamt freigesetzt wird.
Stadienbestimmung: Eine Methode, um die Ausbreitung der Krebserkrankung einzuschätzen.
S.C.: Subkutan. Verabreichung eines Arzneimittels unter die Haut.
Sublingual: Unter der Zunge. Häufig wird Morphin in flüssiger Form in Tropfen unterhalb der Zunge verabreicht. Ebensogut können mehrere Tropfen zwischen der unteren Zahnreihe und der Wange platziert werden.

Schmerztherapie nach dem WHO-Stufenmodell

Je weiter die Krankheit voranschreitet und je näher der Tod rückt, desto wichtiger werden Medikamente als erste Hilfe gegen Schmerzen und Ängste. Andere Alternativen, wie zum Beispiel Hypnose oder geführte Phantasiereisen, verlieren ihre Effektivität, weil der Sterbende nicht mehr in der Lage ist, sich zu konzentrieren oder den Anweisungen zu folgen. Alle Arzneimittel haben bestimmte Nebenwirkungen. Insbesondere schmerzstillende Mittel führen zu Nebenwirkungen wie Verstopfung, Schläfrigkeit oder eingeschränkten mentalen Fähigkeiten. Die Schläfrigkeit lässt oft nach, wenn sich der Körper an die Medikamentengaben gewöhnt hat. Diese Nebenwirkung kann zurückkehren, wenn die Dosis des Analgetikums erhöht wird, aber auch dann nach kurzer Zeit wieder verschwinden.

WHO-Stufe I – Chronische leichte bis mittelschwere Schmerzen

Sobald Konsens darüber besteht, dass es an der Zeit ist, die Schmerzen durch die Verabreichung von Schmerzmitteln zu stillen, wird der Arzt nach dem Stufenschema mit freiverkäuflichen Schmerzmitteln wie Acetylsalicylsäure (ASS) oder auch nichtopioiden Analgetika beginnen und dabei die Einnahmedosis so lange erhöhen, bis eine schmerzstillende Wirkung erreicht ist. Je nach Schmerz und Schmerzursache werden fiebersenkend wirkende Mittel verschrieben wie z.B. Paracetamol oder Metamizol oder aber nichtsteroidale Entzündungshemmer (NSAR) wie Ibuprofen, Naproxen oder Diclofenac. Stimmen Sie sich immer mit Ihrem Arzt oder Apotheker ab, ob es zu Reaktionen mit den anderen Medikamenten kommen könnte, die der Patient einnimmt.

Magenverstimmungen behandeln

Häufig führt die Einnahme von Aspirin oder Ibuprofen zu Magenverstimmungen, in seltenen Fällen zu Magenblutungen. Wer braucht das zu allem Überfluss noch? Eine erste hilfreiche Gegenmaßnahme besteht darin, das Schmerzmittel während einer Mahlzeit mit Nahrung einzunehmen. Die Medikamente wirken dann zwar nicht ganz so schnell, aber häufig reicht das schon aus, um die Nebenwirkungen einzudämmen.

Bedenken Sie, dass die regelmäßige Einnahme eines Wirkstoffes immer zu

einem Gewöhnungseffekt führt, und dass der geliebte Mensch an Ihrer Seite schon nach kurzer Zeit nach einer höheren Dosis verlangen wird. Übertreiben Sie es nicht. Behalten Sie immer die Wirkdauer und die Tageshöchstdosis im Auge. Geben Sie zum Beispiel innerhalb von 24 Stunden nicht mehr als insgesamt 2-6 Tabletten Ibuprofen à 400 mg **oder** 1-3 Tabletten à 800 mg, sodass die Tagesdosis von 2400 mg nicht überschritten wird.
In Ihrem Arzneimittelschrank und auf Ihrem Nachtisch werden sich im Laufe der Zeit allerlei Schmerzmittel und andere Medikamente ansammeln. Wenn Kinder in Ihrem Haushalt leben oder zu Gast sind, stellen Sie sicher, dass die Medikamente sicher verschlossen sind. Nutzen Sie alle Medikamente nur streng nach Anweisung.

WHO-Stufe II – Starke chronische Schmerzen

Wenn die frei verkäuflichen Tabletten die Schmerzen nicht oder nicht mehr wirksam bekämpfen, ist es Zeit für verschreibungspflichtige Mittel. Gemäß der WHO-Stufe II kommen dann mittelstarke Opioide wie Tramadol oder Tilidi-Naloxon zum Einsatz. Sie werden entweder allein oder in Kombination mit frei verkäuflichen Schmerzmitteln eingenommen. Bevorraten Sie sich ausreichend – es könnte schwierig sein, an Wochenenden oder Feiertagen Nachschub zu bekommen.

WHO-Stufe III – Schwere chronische Schmerzen

Wenn Tagesdosen von 600 mg Wirkstoff nicht mehr ausreichen, zum Beispiel bei starken tumorbedingten Schmerzen, werden sofort stark wirkende Opioide in Kombination mit Nichtopioiden verabreicht. (Die Kombination von schwach wirkenden Opioiden (Stufe II) und stark wirkenden Opioiden (Stufe III) ist pharmakologisch nicht sinnvoll.)
Die Namen folgender Präparate werden Ihnen vielleicht bald vertraut sein:

- Morphin
- Morphin retard
- Buprenorphin
- Fentanyl

- Oxycodon retard
- Hydromorphon retard

Morphine sind in zahllosen Varianten erhältlich und zählen zu den gebräuchlichsten Schmerzmitteln. Sie sind in langanhaltend wirkenden Dosen (bis zu vierundzwanzig Stunden) und in kurzfristig wirkenden Dosen erhältlich. Morphine gibt es in Form von Tabletten, Kapseln, in flüssiger und in intravenöser Form oder auch als Pflaster, die orale Verabreichung gilt dabei als Standard.

Durchbruchschmerzen

Bei bis zu 80 Prozent aller Patienten, die unter chronischen Tumorschmerzen leiden,

kommt es trotz einer kontinuierlichen und sorgfältig geplanten Schmerzlinderung zu Schmerzspitzen, die innerhalb weniger Minuten ihre höchste Intensität erreichen und bis zu 30 Minuten andauern können. Diese Schmerzschübe treten häufig mehrmals am Tag auf und sind in den meisten Fällen auf plötzliche Bewegungen, zum Beispiel durch Umlagerung, oder ein Husten oder Lachen zurückzuführen, manchmal jedoch ist keine eindeutige Ursache erkennbar. Für diese sogenannten Durchbruchschmerzen ist ein zusätzliches Analgetikum erforderlich, das eine schnelle und kurze Wirkdauer hat. In Frage kommen hierfür schnell wirksame Opioide, wie zum Beispiel Morphintropfen, nicht retardierte Morphintabletten oder ein Fentanyl-Stick.

Wenn die Schmerzspitzen anhand eines Schmerzprotokolls erwartbar sind, können die Opioide auch prophylaktisch gegeben werden – etwa vor der Physiotherapie oder bevor der Patient umgelagert wird.

Die Sorge, von Opiaten abhängig zu werden, ist unter Menschen, die starke Schmerzmittel benötigen, sehr verbreitet. Allerdings haben zahlreiche Studien gezeigt, dass Schmerzpatienten keine Abhängigkeit von schmerzstillenden Mitteln entwickeln, wenn sie die Einnahme dieser Arzneimittel beenden, sobald der Schmerz nicht mehr existiert. Wenn ein Patient unheilbar krank ist und im Sterben liegt, sind Sorgen um eine Opiatabhängigkeit ohnehin nicht relevant.

Ein Phänomen, das sich jedoch einstellen kann, ist die Toleranz gegenüber Schmerzmitteln. Die Dosierung eines Mittels muss häufig erhöht werden, je weiter die Krankheit fortschreitet. Es handelt sich dabei um eine ganz natürliche und absehbare Erscheinung. Und auch in diesem Fall kann dies angesichts einer unheilbaren Krankheit keinen Anlass zur Sorge geben.

Nebenwirkungen treten sehr häufig auf. Am meisten verbreitet sind dabei Schläfrigkeit und Verstopfung. Die Schläfrigkeit lässt häufig nach, sobald der Körper sich an die Einnahme der Medikamente gewöhnt hat, aber selbst dann wird es immer eine Gratwanderung zwischen Schmerzkontrolle und Wachheit des Patienten geben. Verstopfung andererseits kann mit Abführmitteln und stuhlaufweichenden Mitteln behandelt werden. Eine Opioid-Schmerztherapie sollte niemals ohne Obstipations-Prophylaxe erfolgen.

Es ist außerordentlich wichtig, dass Sie mit den Ärzten oder dem Hospiz-Team über Ihre Sorgen bezüglich der Nebenwirkungen oder über Veränderungen des Zustandes, in dem der Patient sich befindet, reden. Wenn schwere Schmerzmittel eingenommen werden, können mit höherer Wahrscheinlichkeit Arzneimittelwechselwirkungen auftreten oder Kontraindikationen zum Tragen kommen. Alkohol, Schlafmittel, Beruhigungsmittel und frei verkäufliche Arzneimittel wie zum Beispiel Antihistaminika, die gegen Erkältungen oder für eine leichtere Verdauung eingesetzt werden, können Probleme bereiten. Stellen Sie sicher, dass der Arzt, der Ihnen die Medikamente verschreibt, über alle anderen Arzneimittel im Bilde ist, die der Patient zusätzlich einnimmt. Vergessen Sie keinesfalls, auch Kräuter oder naturheilkundliche Mittel zu erwähnen, da auch diese Wechselwirkungen auslösen oder Nebenwirkungen verursachen können.

Wenn der Patient unter Übelkeit und Erbrechen leidet, müssen Sie herausfinden, welche Ursachen sein Unwohlsein hat. Ein pflanzlicher Wirkstoff, der sehr gut gegen jede Art von Übelkeit wirkt, ist Ingwer, auch erhältlich in Form von Ingwerkapseln in der Apotheke.

Wenn die Übelkeit auf Schmerzen zurückzuführen ist, schaffen Schmerzmittel Abhilfe. Falls eine Chemotherapie die Übelkeit verursacht, können Vergentan und Ondansetron verschrieben werden. Wenn die Krebserkrankung sich ausgebreitet hat und bestimmte Hirnareale betroffen

sind, dann werden der Arzt oder das Hospiz-Team stärkere Arzneimittel gegen Übelkeit verschreiben müssen. Zur Behandlung von Nervenschmerzen eignet sich eine Vielzahl von Medikamenten, darunter auch Wirkstoffe, die normalerweise als Neuroleptika oder Psychopharmaka eingesetzt (z.B. Gabapentin oder Pregabali) oder die als Antidepressiva verschrieben werden. Präparate aus der Gruppe der Benzodiazepine (z.B. Tavor/Lorazepam) sind geeignet, wenn nicht nur die Übelkeit, sondern auch Schlaf- oder Angststörungen behandelt werden sollen. Insbesondere einige der neueren Antidepressiva (Prozac, Zoloft), die oft gegen sich aus der zugrundeliegenden Krankheit ergebende Depressionen verabreicht werden, haben ebenfalls eine positive Wirkung auf das Schmerzempfinden.
Krampflösende Medikamente (Antiepileptika) und krampflösende Steroide können krampfmindernd wirken oder dazu beitragen, dass der durch Tumore verursachte Druck auf die Nervenbahnen nachlässt, der auch zu Schlaflosigkeit, Übelkeit und Erbrechen oder Schmerzen führen kann.
In Ihre Überlegungen, wie Sie dem geliebten Menschen helfen können, seine Schmerzen zu bewältigen, sollten auch ergänzende Methoden einfließen, wie z.B. Entspannungstechniken, Biofeedback, geführte Phantasiereisen, Hypnose, Ablenkung, Stimulation über die Haut, Reizstrom, Massagen, Akupressur und Akupunktur sowie Vibrationstherapie. Informationen über diese zahlreichen Therapieansätze finden Sie in Buchhandlungen und Bibliotheken, Sie können aber auch die Hospizmitarbeiter oder Ihren Hausarzt um Empfehlungen bitten. Haben Sie keine Angst davor, jedwede dieser Techniken auszuprobieren – sie funktionieren bei vielen unterschiedlichen Schmerztypen sehr gut.
Der zusätzliche Nutzen dieser Techniken besteht darin, dass sie nicht einfach nur eine Schmerzlinderung bewirken, sondern auch das allgemeine Wohlbefinden positiv beeinflussen und Vergnügen bereiten – und Sie somit eine Möglichkeit haben, Ihre Liebe zum Ausdruck zu bringen.

Referenzen und Literaturhinweise

Bolen, Jean Shinoda; Das Tao der Psychologie, Heyne Verlag 1998, vergriffen; (Bolen, Jean Shinoda, MD, The Tao of Psychology; Synchronicity and the Self, Harper and Row, 1982)

Siegel, Bernie; Prognose Hoffnung: Liebe, Medizin und Wunder; Heilerfolge aus der Praxis eines mutigen Arztes, Ullstein 2003; (Siegel, Bernie, MD, Love, Medicine and Miracles, Harper and Row, 1988)

Nuland, Sherwin B.; Wie wir sterben: Ein Ende in Würde? Droemer Knaur, 1996 ISBN 9783426772379; (Nuland, Sherwin B., in How We Die: Reflections on Life´s Final Chapters, Knopf, New York, 1994)

Meier, Diane E., Opinion: A Change of Heart on Assisted Suicide, New York Times, April 24, 1998 (Sinneswandel: Eine andere Sichtweise auf Suizidbeihilfe, New York Times, 24. April 1998)

Harris, J. Et al., The Importance of the Doctor to the Dying Patient, Southern Medical Journal, October 1979, Vol. 72, No. 10, pp. 1319-25 (Die Bedeutung des Arztes für den Sterbenden Patienten; Southern Medical Journal, Oktober 1979, Band 72, Seite 1319-25)

Kapitel 5
Dezember: Winterlichter

O Heilige Nacht,
die Sterne sind hell.

Seit Menschengedenken findet mitten im Winter ein Fest des Lichts und der Wärme statt, und auch der Winter der Seele wartet mit einem solchen Fest auf. Es verleiht uns die Kraft, um die bevorstehende Kälte und Dunkelheit zu überstehen und dient als Licht, um uns den Weg zu weisen. Auch auf der Reise zum Tod, die oft von Kälte, Dunkelheit und Ängsten bestimmt ist, gibt es Perioden des Lichts und der Wärme. Es sind Zeitabschnitte, in denen wirkliche Freude und Gesundheit herrschen. Unsere Anspielung auf das winterliche Lichterfest dient uns als Metapher für Ihre Erfahrung der Heilung.
Der Dezember versinnbildlicht den entscheidenden Monat im Übergang Ihres geliebten Menschen vom Leben zum Tod. Es ist die Zeit tiefgreifender spiritueller Erkenntnisse, die Zeit, in der der Sterbende zu seiner eigenen Definition von Heiligkeit gelangt. Im Dezember werden wir daran erinnert, dass nicht wir es sind, die das Leben kontrollieren, sondern dass vielmehr das Leben uns in der Hand hat. Der Winter der Seele ist die Zeit, in der die Hoffnung Ihres Liebsten, weiterzuleben, sich in die Hoffnung und den Wunsch verwandelt, dass der Übergang in die neue Wirklichkeit komfortabel sein wird. Diese Hoffnung ist verbunden mit einem weiterreichenden Verständnis dessen, was das Leben ausmacht und bringt eine umfassendere Sicht auf die eigene Existenz mit sich. Die Jahreszeit des Lichts dient dazu, zu Liebe, Wohlbefinden und Dankbarkeit zurückzufinden, damit der Weg durch die Verwandlung leichter wird.

Veränderungen persönlicher Beziehungen

Beziehungen, die bislang eher distanziert waren, können sich verändern, indem die Beteiligten sich von wirklich belanglosen und unbedeutenden Differenzen freimachen. Andere Beziehungen, die immer eher verbindlich waren und keinen persönlichen Charakter hatten, können nun angesichts des bevorstehenden Übergangs vom Leben zum Tod intensiv ausgekundschaftet werden. Manchmal können diese Beziehungen so wichtig werden, dass sie untrennbar mit der eigenen Geschichte und den eigenen Erfahrungen verwoben werden. Manchmal führt die Bereitschaft, zu den eigenen Gefühlen zu stehen und sich der zeitlichen Beschränkungen dieser beinahe letzten Jahreszeit bewusst zu werden, dazu, dass man frei ist, in Beziehungen und Aktivitäten zu investieren, die eine tiefere Bedeutung haben und einem das Gefühl von Ganzheitlichkeit und Freude vermitteln. Und schließlich gibt es Wunder. Der Dezember der Seele ist die Zeit der Wunder. Es ist wichtig daran zu denken, dass nicht alle Wunder sich direkt vor unseren Augen abspielen. Häufig finden sie in unseren Herzen statt und können nur von unserer Seele wahrgenommen werden.

Sharons Nova

Sharon war dreizehn, als Pam ihr begegnete. Sie war gertenschlank und wunderschön, hatte hüftlange schwarze Haare und strahlende Augen. Ihre Kindheit hatte sie zum größten Teil bei ihrer Großmutter auf den Philippinen verbracht. Ihre Eltern lebten schon seit mehr als zehn Jahren in den Vereinigten Staaten und hatten in Zwölf-Stunden-Schichten im Gastgewerbe gearbeitet, um genug Geld zu verdienen, damit sie sich ein Zuhause schaffen und ihre geliebte Tochter zu sich holen konnten. Für Sharon war Amerika noch sehr neu. Sie wirkte irgendwie schüchtern und starrte während unserer Unterhaltung unablässig vor sich auf ihren Schoß. Und das hier war eine sehr schwierige Unterhaltung.

Sharons Onkologe hatte Pam nachmittags angerufen und sie gebeten, an der Familienkonferenz teilzunehmen, um über eine seiner Patientinnen zu reden. „Sie ist noch ein Kind“, sagte er.

„Ist es schlimm?“ fragte Pam. Am anderen Ende der Leitung war es einen Moment lang still. Dann antwortete der Onkologe: „Sie wird daran sterben.“

Und so erklärte der Arzt in einem kleinen, viel zu ungemütlichen Raum, dass Sharons Tumor sehr selten war und dass es vor Ort keine angemessene Behandlung für sie gebe. Er sagte, dass sie vielleicht für eine klinische Stu-

die an der Universität von San Francisco in Frage käme, und dass er sich darum kümmern werde.
„Was bedeutet das alles?“ fragte Sharons Mutter, die ihren Blick von einem Gesicht zum anderen wandern ließ, um dort die Beruhigung zu finden, die sich einfach nicht einstellen wollte.
Der Onkologe räusperte sich und sagte: „Es sieht sehr schlecht aus, und der Krebs ist sehr weit fortgeschritten. Ich werde mich gleich morgen früh um die Teilnahme an der klinischen Studie kümmern.“
Während der gesamten Zeit hatte Sharon schweigend dagesessen und auf ihren Schoß gestarrt. Schließlich sagte sie: „Die Schule fängt in ein paar Wochen an, und ich komme auf die High School.“ Sie unterbrach sich und wickelte sich einen Strähne ihres glänzenden schwarzen Haares um den Finger. „Werde ich meine Haare verlieren?“
Der Arzt sah sie an, nickte und fügte hinzu: „Ja, aber sie wachsen bald nach.“ Und Sharon versank wieder in Schweigen.
Sharons Familie begleitete sie zu den Spezialisten an der Universität von San Francisco. Sie musste sich einer aggressiven Chemotherapie unterziehen. Pam sah sie erst zu Beginn des Winters wieder, an einem kalten und nassen Novembernachmittag, als sie in einem Rollstuhl in die fünfte Etage gebracht wurde. Sharons Behandlung hatte dazu geführt, dass sie eine „Neutropenie“ entwickelte: Ihr Immunsystem war völlig zusammengebrochen, und die Zahl ihrer weißen Blutkörperchen war so gering, dass sie Infektionen nicht mehr aus eigener Kraft bewältigen konnte und für eine gewisse Zeit isoliert werden musste, um Infektionen jeglicher Art vorzubeugen. Es war die erste von vielen Einweisungen in diesem Winter. Pam erkannte Sharon an diesem Nachmittag kaum wieder. Ihr schlanker Körper bestand nur noch aus Haut und Knochen, ihre Haut war grau. Ihr Gesicht, das immer friedvoll und gelassen gewirkt hatte, war nun ausdruckslos und leer. Auf dem Kopf trug sie einen zu großen Turban. Sie war schwer gezeichnet von der Krankheit und wirkte alt.
Sharon hatte zwar wenige Freunde unter Gleichaltrigen, war aber der unbestrittene Mittelpunkt ihrer Familie, die einer großen und solidarischen Kirchengemeinde angehörte. Dort wurden spezielle Messen und Andachten gehalten, um für Sharons Genesung zu beten.

Das Pflegepersonal liebte Sharon. Sie taten alles, um ihre Schmerzen zu lindern und jegliche Unannehmlichkeiten und Beschwerden von ihr fernzuhalten. Ihr Arzt war besonders hingebungsvoll und vorsichtig im Umgang mit ihr. Er konnte, was nur wenige Menschen wussten, hervorragend Prominente nachahmen und gab seine kleinen Vorstellungen nur für Sharon, um sie lächeln zu sehen. Als er Elvis imitierte, lachte sie.

Sharon war eine Künstlerin. Sie konnte all die Dinge, die sie nicht in Worte fassen konnte, zeichnen oder malen, und die Kunsttherapeutin arbeitete immer mit Sharon, wenn sie im Krankenhaus war. Sie hatte selbst eine Krebserkrankung überstanden, so dass sie eine Gemeinsamkeit mit Sharon hatte. In der Vorweihnachtszeit bastelten Sharon und mehrere andere Teenager, die im Krankenhaus waren, Baumschmuck für den Weihnachtsbaum des Krankenhauses. Sie verbrachten einen regnerischen Samstag mit Papiermaché und weißer Paste, und Hände und Gesichter waren über und über mit Glitter bedeckt. Sharon arbeitete schweigend an ihren Kunstwerken. Von Zeit zu Zeit ging Pam zu ihr und versuchte, sie in eine Unterhaltung zu verstricken. Sharon lächelte dann und antwortete höflich, aber schließlich und unausweichlich starrte sie wieder vor sich hin.

Wir waren dabei, im Krankenhaus eine neue Selbsthilfegruppe für Krebspatienten im Teenageralter aufzubauen. Sie sollte deutlicher auf die Bedürfnisse dieser Altersgruppe ausgerichtet sein als die andere Selbsthilfegruppe, in der es mehr darum ging, die Patienten zu beschäftigen und der Erfahrung, eine Krebstherapie zu durchlaufen, ihren Schrecken zu nehmen.

Pam ermunterte Sharon dazu, an einem Ausflug zum Monterey Bay Aquarium teilzunehmen. Es war Frühjahr, und die Welt war jung und voller Hoffnung. Sharon nahm an dem Ausflug teil, wenn auch vielleicht eher, um Pam einen Gefallen zu tun, als aus eigenem Interesse. Sie gesellte sich nicht zu den anderen Teenagern, sondern hielt sich abseits. Als plötzlich alle anhielten, um sich auf Bänke zu setzen und den Seeottern zuzusehen, starrte Sharon in ihren Schoß – oder vielleicht blickte sie in ihr Herz, um die Wahrheit ins Auge zu fassen. Sie würde sterben. Sie wollte sich nicht auf die anderen Kinder einlassen. Sie distanzierte sich von der Welt. Sie sammelte all die Kraft und den Mut, den sie brauchen würde, um ihre Fa-

milie und die Menschen zu verlassen, die sie liebten und verehrten und dann ihre Reise ins Unbekannte anzutreten.
An einem Nachmittag im Frühsommer war Sharon im Krankenhaus, um eine Bluttransfusion zu erhalten. Pam saß an ihrem Bett. Diesmal starrten beide in ihren Schoß. Schließlich redete Sharon.
„Weißt Du, Pam, ich denke über viele Dinge nach. Ich meine... in meinem Kopf passiert eine Menge. Ich rede nur nicht so viel darüber. Aber ich weiß, dass ich nicht mehr lange leben werde."
„Worüber denkst Du nach? Willst Du mir davon erzählen?"
„Ich glaube nicht," antwortete sie. „Ich glaube, dass kann ich einfach nicht."
Ein paar Minuten lang breitete sich ein unbehagliches Schweigen aus. Dann fragte Sharon, ob die Kunsttherapeutin in der Nähe sei. Sie war schon gegangen, aber Pam bot ihr an, die Zeichenutensilien zu holen, und Sharon nahm das Angebot dankbar an. Pam brachte ihr die Materialien, umarmte sie kurz und dachte sich, dass Sharon vielleicht einfach nur an diesem Tag nicht mit ihr reden wolle. Am nächsten Morgen lag ein riesiges Bild auf Pams Schreibtisch. Sharon hatte sich selbst gezeichnet: Ihr ruhiges, passives Gesicht im Profil, das in die Zukunft starrte. Aber im Kopf waren Farben und Formen, Eruptionen und Strahlenkränze zu sehen, die eine Lebendigkeit zeigten, als wollten sie dem Tod trotzen. Auf dem Bild klebte eine gelbe Haftnotiz, auf die sie geschrieben hatte: „Für Pam – danke für alles. Liebe Grüße, Sharon." Pam sah Sharon nie wieder. An dem Nachmittag, an dem sie das Bild gemalt hatte, wurde sie nach Hause entlassen und starb dort einige Wochen später, umgeben von ihrer Familie. Sie berichteten, dass Sharon ebenso friedlich und ruhig gestorben sei wie sie gelebt hatte. Und dennoch drückte ihr Bild so viel aus: eine explodierende Nova, die Bewegung und Aufgeregtheit vermittelte, und Entdeckungen, Wachstum und Freude zeigte. Sharons Lebendigkeit hatte sich in ihrem Innern verborgen. Ihr Bild ist nun gerahmt und hängt in Pams Zimmer an der Wand. Sharon lehrte uns, dass Leben, Lieben und Kommunizieren Sache des Verstandes und der Sinne sind. Manchmal müssen wir genauer hinhören, nicht nur mit unseren Ohren, sondern auch mit den Augen, unseren Gedanken und unserem Herzen. Der geliebte Mensch an Ihrer Seite spricht

auch in Symbolen und Bildern, in kurzen Blicken und Seufzern. Wenn Sie mit all Ihren Sinnen hinhören, dann kann das vielleicht dazu beitragen, dass Sie auch etwas in sich selbst heilen können.

Die letzten Aufgaben im Leben

Der Tod wird auch als letzte Phase des Wachstums bezeichnet. Die Aussicht, am Ende des Lebens Erlösung und Vollendung zu finden, ist bestechend. Während des Sterbeprozesses gibt es eine Menge Arbeit zu tun. Es ist eine Arbeit, die dem eigenen Leben Bedeutung und Klarheit verleiht und ein Thema voranstellt – eine Arbeit, die aus dem Tod Ihres geliebten Menschen etwas Bedeutenderes macht als nur das banale Ende seines Lebens. Ein Leben, dass gut gelebt und vollendet wurde, ist es wert, gefeiert zu werden, und es ist eine bleibende Bestätigung für denjenigen, der seine Liebe dazu beigesteuert hat. Die letzte Jahreszeit des Lebens ist die Zeit, um aus scheinbar nicht zusammenhängenden Fragmenten von Erfahrungen ein harmonisches Ganzes zu weben. Es ist die Zeit der Erlösung und Aussöhnung.

Es ist wichtig daran zu denken, dass diese Ereignisse nicht zufällig oder in linearer Abfolge geschehen. Vielmehr passiert alles gleichzeitig.

Zu den letzten Aufgaben des Lebens gehört auch die Vollendung von Aufgaben zur Persönlichkeitsentwicklung, die uns lehren, Vertrauen zu haben, als Mensch zu wachsen, Eigenverantwortung zu übernehmen und Lebewohl zu sagen. Die Rückschau auf das eigene Leben, Sinnsuche und Authentizität, Akzeptanz und Anerkenntnis erleichtern es, zum Abschluss dieser Aufgaben zu gelangen. Während einer Ansprache vor einem Hospizverein in der Region erläuterte Dr. Byock, dass es tatsächlich nur fünf Dinge gebe, die wir zu sagen lernen müssen, um unsere Reise zum Abschluss und unsere Beziehungen ins Reine zu bringen:

- „Vergib mir.“
- „Ich vergebe Dir.“
- „Danke.“
- „Ich liebe Dich.“
- „Lebe wohl.“

Vielleicht sprechen die Weisheit und Liebe dieser Welt gerade aus diesen kurzen Worten. Schwieriger ist es, diese Worte in greifbare Handlungen zu übertragen und zuzulassen, dass sie Ihr Leben und das Leben Ihrer Nächsten verändern. Lassen Sie sich von den folgenden Anregungen inspirieren:

– „Vergib mir." Jedes Paar, jede Familie, und jede liebevolle Beziehung muss auch schwierige Zeiten durchstehen: Zeiten des Leids und der Missverständnisse, Zeiten mangelnder oder fehlender Kommunikation. Gefühle werden verletzt, und es gibt Verstimmungen bis hin zur Verbitterung. Vielleicht plagen den geliebten Menschen an Ihrer Seite die verletzenden Worte, die er im Streit gesagt hat. Vielleicht lastet seiner Meinung nach eine große Schuld auf ihm, weil sein Beruf ihn in den ersten Jahren der Ehe zu sehr in Anspruch genommen und er den Kindern zu wenig Aufmerksamkeit geschenkt hat. „Vergib mir" kann auf vielfältige Weise zum Ausdruck gebracht werden: „Ich wünschte, ich wäre zu Jennys Klaviervorspielen gegangen, als sie ein Kind war." oder „Ich habe Jakob nie Baseball spielen sehen. Das bereue ich heute."

  Wir bereuen meistens Dinge, die wir nicht getan haben: dass wir Gelegenheiten versäumt haben, um unseren Liebsten nah zu sein. Wir sind traurig, dass wir in wichtigen Momenten des Lebens nicht anwesend waren oder unsere Liebe nicht angemessen zum Ausdruck gebracht haben.

  Der geliebte Mensch an Ihrer Seite mag aber genauso gut Dinge bereuen, die er *getan* hat. Die Bandbreite reicht von Momenten der Ungeduld und unfreundlichen Worten bis hin zu Hinterlist und Betrug.

  Wenn der geliebte Mensch an Ihrer Seite seine Schuldgefühle eingesteht, reden Sie sie nicht klein. Seien Sie aufmerksam. Hören Sie zu. Es ist völlig in Ordnung, wenn es in Ihrer Beziehung auch Dinge gibt, die nicht perfekt sind.

– „Ich vergebe dir." Wenn Sie verzeihen, heißt das nicht, dass es kein Leid gab oder dass Sie das Verhalten in der Vergangenheit, das dieses Leid verursacht hat, billigen oder gutheißen. Vergeben bedeutet, dass Sie die Last der Wut und Verbitterung ablegen.

Caroline Myss PHD ist eine Intuitivmedizinerin, die in Harvard maßgeblich die Forschung zum Thema Komplementärmedizin vorangetrieben hat. In ihren Büchern – darunter „Auch Du kannst Dich heilen“ (Laredo Verlag, 2009) hat sie das Thema Vergebung ausführlich und sehr verständlich behandelt. Sie hebt die Bedeutung der Vergebung sehr eindringlich hervor:

„Vergebung ist ein komplexer Akt des Bewusstseins, ein Vorgang, der die Psyche und die Seele von der Notwendigkeit befreit, persönliche Rache zu nehmen und sich selbst als Opfer zu sehen. Mehr noch als die Menschen von der Schande zu befreien, die einst zu Ihren Verletzungen geführt hat, bedeutet das Konzept der Vergebung, dass Sie sich von der Kontrolle freimachen, die Ihre Selbstwahrnehmung, ein Opfer zu sein, über Ihre Psyche hat.“

Vergebung muss ein bewusster Akt sein. Vergebung muss artikuliert werden. Und manchmal muss sie auch wiederholt werden. „Ich vergebe Dir.“ Sowohl Sie als auch der geliebte Mensch an Ihrer Seite benötigen Vergebung.

– „Ich danke Dir.“ Manchmal sind es ganz kleine Dinge, die uns am glücklichsten gemacht haben oder die eine entscheidende Veränderung in unserem Leben bewirkt haben: Als er mit Blumen in der Hand am Flughafen auf Sie gewartet hat; als sie Ihnen die Füßen nach der langen Wanderung über Kieselsteine massiert hat. Derartige Gesten werden üblicherweise nicht von vielen Menschen als besonders anerkennenswert honoriert oder auch nur erwähnt, und dennoch sind es gerade diese kleinen und kraftvollen Momente, die unser Leben zum Strahlen bringen. Jetzt ist die Zeit, um Ihre Anerkennung und Dankbarkeit für die vielen kleinen Wunder der Liebe auszudrücken, die Sie miteinander erlebt haben. „Ich erinnere mich an…“, „Habe ich Dir jemals erzählt, wie viel es mir bedeutet hat, als Du…“

  Jetzt ist die Zeit, um Danke zu sagen.

– „Ich liebe Dich“ bedeutet: Ich liebe alles an Dir, alles, was Dich ausmacht. Aber was lieben Sie im Einzelnen und besonders leidenschaftlich? Lieben Sie seine Stimme? Lieben Sie ihr Lachen? Was

sind die Dinge, die Sie besonders lieben, und auf welche besondere Weise lieben Sie diese Dinge?
Erinnern Sie sich an die Gedichte, die Sie zum Ende Ihrer Schulzeit gelesen haben? Die romantischen Dichter? Sie waren sentimental und brachten eine besondere Saite in Ihnen zum Klingen. Die Gedichte schienen genau das auszudrücken, was Sie fühlten:

Wie ich Dich liebe? Laß mich zählen wie.
Ich liebe dich so tief, so hoch, so weit,
als meine Seele blindlings reicht, wenn sie
ihr Dasein abfühlt und die Ewigkeit.
Ich liebe dich bis zu dem stillsten Stand,
den jeder Tag erreicht im Lampenschein
oder in Sonne. Frei, im Recht, und rein
wie jene, die vom Ruhm sich abgewandt.
Mit aller Leidenschaft der Leidenszeit
und mit der Kindheit Kraft, die fort war, seit
ich meine Heiligen nicht mehr geliebt.
Mit allem Lächeln, aller Tränennot
und allem Atem. Und wenn Gott es giebt,
will ich dich besser lieben nach dem Tod.
--- Elisabeth Barret Browning,
Übersetzung (1908): Rainer Maria Rilke, 1875-1926

– „Lebe wohl.“ Sich zu verabschieden, fällt schwer. Es kann vor oder nach dem Tod des geliebten Menschen geschehen. Vielleicht haben Sie damit schon begonnen. Sie können sich damit begnügen, einfach die oben genannten Worte zu sagen und sich mit einem letzten Kuss oder einer letzten Umarmung verabschieden, oder Sie können mit unzähligen Liebes- und Dankesbezeugungen Lebewohl sagen. Das Verabschieden kann für Sie den Prozess des Loslassens einleiten. Es wird mit Sicherheit noch vor dem Frühling geschehen. Es zeugt von Ihrer Bereitschaft, ein neues Leben zu beginnen. Sie haben sich mit dem geliebten Menschen an Ihrer Seite vielleicht schon darüber ausgetauscht, wie Sie sich Ihr zukünftiges Leben vorstellen und welche Träume und Hoffnungen Sie haben. Vielleicht wollen Sie noch einmal zur Schule gehen. Oder Sie planen einen Urlaub mit Ihrem Enkelkind. Der Sterbende hat vielleicht ganz eigene Wünsche, die er Ihnen mit auf den Weg geben möchte. Es kann etwas Weitreichendes sein wie der Wunsch, dass Sie wieder heiraten, oder etwas ganz Banales, zum Beispiel, welches Kleid Sie zur Beerdigung tragen sollen. Dieser Austausch von Wünschen für die Zukunft ist ein wesentlicher Bestandteil des Verabschiedungsprozesses, der zur Vervollkommnung und Erlösung führt. Plötzlich sind dynamische Veränderungen möglich, die Ihr Leben in ganz andere Bahnen lenken, als Sie es bislang für möglich gehalten hätten. Vielleicht benötigen Sie ein wenig Zeit, um Ihre Trauer zu verarbeiten. Vielleicht sind Sie aber auch bereit, sofort weiterzumachen. Wie auch immer Sie sich entscheiden, welche Bedürfnisse Sie auch immer haben, seien Sie sich sicher, dass Sie sich den Frühling verdient haben – Sie haben hart dafür gearbeitet. Diese Gedanken werden Ihnen in dieser Zeit Kraft für den Moment geben, in dem der Tod tatsächlich eintritt. Es liegt immer noch einiges an Arbeit vor Ihnen. Das Fest des Lichts ist genau die Zeit, um über diese Dinge nachzudenken und den Verabschiedungsprozess einzuleiten.

Den Loslösungsprozess beenden

Einige Umstände können nicht direkt mit Ihrem geliebten Menschen gelöst werden. Manchmal sind Beziehungen zu großen Belastungen ausgesetzt, oder der Patient ist einfach nicht in der Lage, sich mit bestimmten Dingen auseinanderzusetzen.

Wenn der geliebte Mensch gestorben ist, oder wenn er sich nicht an den Unterhaltungen beteiligen kann, mit denen Sie Ihre Beziehung abschließen und heilen wollen, dann können Sie sich unter Umständen an einen Priester, an einen Pfarrer oder einen Rabbi wenden. Häufig reicht es schon aus, wenn Sie Ihre Gefühle einmal zum Ausdruck bringen können.

Sie können auch versuchen, ob die folgende Meditationsübung Ihnen hilft,

Ihr Herz zu heilen. Sie kann schwierig sein, wenn Sie noch nie zuvor meditiert haben. Versuchen Sie es dennoch; Sie könnten Gefallen daran finden. Wir stellen sie hier vor, weil einige unserer Patienten erfolgreich zum Abschluss ihres Loslösungsprozesses gekommen sind, nachdem sie sie praktiziert haben. Sollte sie Ihnen aber allzu merkwürdig vorkommen, überblättern Sie die folgenden Seiten einfach und lesen Sie im nächsten Abschnitt weiter.

Übung

Setzen Sie sich bequem hin. Finden Sie eine angenehme Position für Ihre Arme und Beine. Nehmen Sie bewusst wahr, wie Sie atmen. Atmen Sie tief durch die Nase ein. Atmen Sie durch den Mund wieder aus. Folgen Sie Ihrem Atem von der Nase bis tief in Ihren Bauch. Folgen Sie Ihrem Atem siebenmal von der Nase bis in Ihren Bauch.

Konzentrieren Sie sich auf das Gewicht Ihres Unterleibs und Ihres Gesäßes. Fühlen Sie die Schwere, die auf dem Kissen oder auf dem Stuhl lastet. Nun saugen Sie die Luft oberhalb Ihrer Oberlippe durch Ihre Nasenlöcher ein... spüren Sie die Temperatur... bis tief hinunter zum Ende Ihrer Wirbelsäule. Ziehen Sie die Luft entlang der Vorderseite Ihrer Wirbelsäule ein, lassen Sie sie auf der Rückseite der Wirbelsäule nach oben strömen und atmen Sie durch den Mund wieder aus.

Nehmen Sie die Temperaturunterschiede Ihrer Atemluft wahr, während diese Ihre Wirbelsäule entlang bis in Ihre Körpermitte strömt. Nehmen Sie das Gefühl des Einatmens wahr, die Pause zwischen dem Ein- und dem Ausatmen und das Gefühl des Ausatmens. Folgen Sie Ihrem Atem die Wirbelsäule hinunter und hinauf. Tun Sie das siebenmal.

Als Nächstes stellen Sie sich vor, dass die Energie vom Ende Ihrer Wirbelsäule in das Kissen, auf dem Sie sitzen, eindringt. Folgen Sie der Energie, die von Ihrem Körper ausgeht, weiter hinunter. Nun dringen Sie noch tiefer hinunter, bis in die Erde. Überwinden Sie das Gras, das kühle Erdreich und die Graswurzeln, durchdringen Sie den Lehm und kleine Steinchen. Gehen Sie noch tiefer, bis Sie die dunklere, wärmere Erde erreichen. Dringen Sie bis zum Zentrum der Erde vor. Finden Sie nun etwas, an das Sie Ihre Energie andocken können. Finden Sie einen Baum oder einen

Pfahl, und nutzen Sie ihn als festen Halt für Ihre Energie. Dann reisen Sie den ganzen Weg zurück, durch die Erde, zurück in Ihren Körper. Kehren Sie zurück in Ihren Körper und bemerken Sie, wie fest er mit dem Mittelpunkt der Erde verbunden ist. Damit sind Sie unerschütterlich.
Als nächstes folgen Sie Ihrer Energie zu einer Stelle zwischen Ihren Augen. Atmen Sie. Folgen Sie Ihrem Atem siebenmal bis hinunter zum Grund Ihrer Wirbelsäule und wieder hinauf. Entwickeln Sie ein Gespür für die Person, an die Sie sich wenden wollen. Schaffen Sie ein Bild, dass so real und konkret ist, wie es eben geht. Spüren Sie die Gegenwart dieser Person. Erlauben Sie ihrem Geruch, seinen Weg in Ihr Bewusstsein zu finden. Atmen Sie langsam, bis sich die Gegenwart ganz real anfühlt.
Dann bitten Sie diese Person um Vergebung. Erinnern Sie sich an etwas, das Sie getan oder gesagt haben, oder an etwas, das Sie nicht getan oder nicht gesagt haben und das Ihrem geliebten Menschen Kummer bereitet hat. Halten Sie sich dieses Ereignis so deutlich vor Augen, wie es eben geht. Erinnern Sie sich an Dinge, die Sie gesehen, gehört und gerochen haben. Sagen Sie ihm, dass Ihnen Ihr Verhalten leidtut, und dass Sie es bedauern, ihm Kummer bereitet zu haben. Bitten Sie ihn, Ihnen zu verzeihen und Sie loszulassen und sich selbst von allem Negativen zu befreien, das mit dieser Zeit assoziiert wird. Spüren Sie, dass Ihnen vergeben wird.
Dann erinnern Sie sich an einen Zeitpunkt, an dem diese Person Sie verletzt hat. Erinnern Sie sich so deutlich wie möglich an diese Situation. Erinnern Sie sich an das, was Sie gesehen, gehört und gerochen haben. Falls die Gefühle mit Ihnen durchgehen, ist das in Ordnung. Nehmen Sie die Gefühle war. Stellen Sie fest, wie sie sich in Ihrem Körper anfühlen. Atmen Sie weiter. Wenn die Gefühle zu übermächtig werden, atmen Sie wieder siebenmal in Folge tief bis zum Ende Ihrer Wirbelsäule ein. Wenn Sie sich so intensiv wie möglich an die schmerzvolle Zeit erinnert haben, sehen Sie den geliebten Menschen genau an. Sagen Sie zu ihm: „Ich verzeihe Dir, dass Du ___________, und indem ich Dir verzeihe, befreie ich Dich und ich befreie mich." Nehmen Sie wahr, wie Sie sich in Ihrem Körper fühlen. Spüren Sie dem kleinsten Gefühl der Leichtigkeit nach. Nehmen Sie wahr, wie der Kummer Ihr Herz verlässt.
Atmen Sie.

Nun erinnern Sie sich an die liebevollen Zeiten. Denken Sie an die Zeit zurück, in der Sie sich sehr nahe waren. Erinnern Sie sich daran, wie Dinge geschmeckt haben. Erinnern Sie sich, wie die Welt damals aussah, an Gerüche und an Geräusche, die Sie mit den guten Zeiten assoziieren, die Sie miteinander verbracht haben. Nun lächeln Sie aus vollem Herzen und sagen Sie „Ich danke Dir." Sehen Sie, wie er zurücklächelt. Lassen Sie sich einen Moment treiben, und dann nehmen Sie die Liebe zwischen ihm und Ihnen deutlich wahr.
Atmen Sie.
Jetzt lächeln Sie den geliebten Menschen an. Fühlen Sie, wie Ihr Herz sich mehr und mehr öffnet. Ihr Herz fühlt sich vielleicht wund an. Vielleicht verspüren Sie Angst. Erlauben Sie Ihrem Herzen dennoch, sich mit jedem Einatmen mehr und mehr zu öffnen. Wenn Ihr Herz weit genug geöffnet ist, atmen Sie die Vergebung, alle Erinnerungen (die guten wie die schlechten) und all die Liebe zwischen Ihnen ein. Machen Sie noch einmal sieben tiefe Atemzüge und sammeln Sie all diese Eindrücke in Ihrem Herzen.
Sehen Sie den geliebten Menschen noch einmal an. Nehmen Sie die Traurigkeit wahr, die dieser Abschied in Ihnen auslöst. Lassen Sie Ihr Herz behutsam die Dinge umfassen, die Sie hineingelassen haben. Nehmen Sie wahr, wie Ihr Geliebter sich langsam, sehr langsam entfernt. Und sagen Sie: „Lebe wohl".

Abschluss der Persönlichkeitsentwicklung

Ein jegliches hat seine Zeit, und alles Vornehmen unter dem Himmel hat seine Stunde.
--- Ecclesiastes

Zu einem erfüllten Leben gehören auch die Überwindung schwieriger Zeiten, das Sammeln von Erfahrungen und die Fähigkeit, sich mit Angst, Kummer und Tod auseinanderzusetzen, ohne daran zugrunde zu gehen. Der geliebte Mensch an Ihrer Seite muss seine Persönlichkeitsentwicklung zum Abschluss bringen, bevor er die letzten Aufgaben seines Lebens in Angriff nehmen kann. Was begonnen wurde, muss beendet werden; und dieser Abschluss muss auf irgendeine Art und Weise erreicht werden, von unerledigten Aufgaben und Träumen ganz zu schweigen. Versuchen Sie, nicht nur in der Geschichte und in Geschichten Vorbilder zu finden, denen Sie folgen können, sondern auch in Ihren eigenen Erfahrungen. Viele unserer traditionellen Volksmärchen erzählen in Form von Parabeln von den Phasen und Aufgaben dieses vorübergehenden Lebensabschnittes.

Eine einfache Methode, um Ihren Nächsten in der Erfüllung seiner Aufgaben zu unterstützen, besteht darin, ihm zu helfen, die Themen aufzuspüren, die sich wie ein roter Faden durch sein Leben zogen. War er eventuell notorisch in Geldnöten? Hat er in seiner Kindheit die gleichen Konflikte mit seinen Eltern ausgefochten, die er dann mit seinen eigenen Kindern durchlebte, als er Vater wurde? Viele Menschen sehen sich in unterschiedlichen Lebenszusammenhängen mit den gleichen Themen konfrontiert. Sie sagen manchmal so etwas wie: „Ich verliebe mich immer wieder in den gleichen Typ Mann." Wir alle haben Themen, die sich durch unser gesamtes Leben ziehen und die uns zu Bemerkungen hinreißen lassen wie: „Ich dachte, damit hätte ich schon vor Jahren abgeschlossen. Nun fängt es schon wieder an."

Lebensthemen sind Aspekte im Leben, die dazu führen, dass Sie sich unglücklich fühlen oder dass Sie das Gefühl haben, dass Sie sich immer wieder mit den gleichen Dingen beschäftigen müssen. Aber ebensogut gibt es positive Themen im Leben eines jeden Menschen: Dinge, die Sie glücklich machen, in denen Sie talentiert sind oder die Ihnen leicht von der Hand gehen. Vergessen Sie also nicht, auch die positiven Lebensthemen zu berücksichtigen, wenn Sie und Ihr Liebster die roten Fäden identifizieren, die sein Leben zusammengehalten haben. Indem Sie den geliebten Menschen unterstützen, tragen Sie dazu bei, dass er versteht, welche Rolle diese Themen für seine Persönlichkeitsentwicklung und seinen Werdegang gespielt haben. Wenn nun sein Tod näher rückt, können diese Themen als Rahmen für seine Erfahrungen dienen, so dass er sie einordnen kann. Wenn er das große Bild vor Augen hat, wird er die noch ausstehenden Aufgaben, die seiner Persönlichkeitsentwicklung dienen, umfassender lösen können und eher in der Lage sein, sich mit der Tatsache auseinanderzusetzen, dass er sich auf das Ende seines Lebens zubewegt.

Die Suche nach Authentizität

„Was ist *wirklich*?“ fragte der Hase eines Tages...
„Bedeutet es, Dinge in sich zu haben, die Geräusche machen und einen Griff, der absteht?“ „Ob Du echt bist, hängt nicht davon ab, wie Du gemacht bist,“ sagte das alte Pferd, „sondern von dem, was Dir passiert.“
--- Margery Williams, „The Velveteen Rabbit“

Wir haben über die Rückschau auf das Leben geredet und über das Bedürfnis am Ende des Lebens, Strukturen zu erkennen, damit die wichtigen Momente im Laufe der Jahre einen Sinn ergeben. Eine der wichtigsten Aufgaben am Ende des Lebens ist es, den Zweck unseres Daseins zu erkennen und zur Vervollkommnung zu gelangen. Dieses Empfinden einer Sinnhaftigkeit unseres Daseins soll dazu dienen, die letzten Tage unseres Lebensweges in hellem Glanz erstrahlen zu lassen. Der Tod bringt das Verlangen nach der absoluten Wahrheit, nach absoluter Authentizität mit sich.
Dieses Streben nach Authentizität – das Bedürfnis, zu wissen, was in unserem Leben echt ist – ist ein wiederkehrendes Thema. Manchmal stoßen wir erst ganz am Ende unseres Lebens darauf. Wenn wir sehr viel Glück haben, beginnt der Prozess schon früher, wenn wir noch Zeit haben, den Kurs zu ändern.

Patty

Für Patty begann alles mit einer Biopsie. „Die Angst kroch irgendwie in mir hoch,“ sagt sie heute. Sie hatte einfach nur den Arzttermin für ihre jährliche Vorsorgeuntersuchung wahrgenommen. Dann kam der Anruf aus der Arztpraxis. Wahrscheinlich sei es nichts, worüber sie sich Sorgen machen müsste, sagte man ihr, aber sie wollten, dass sie zu Beginn der nächsten Woche vorsorglich eine Biopsie machen ließe. Sie kam der Aufforderung nach. Obwohl sie nicht übermäßig besorgt war, versetzte sie doch der bloße Akt, diese Tests durchführen zu lassen, in einen Zustand, mit dem sie sich auf ihren Tod vorbereitete.
Während der Tage, an denen sie auf ihre Ergebnisse wartete, tauchten Fragen auf: Fragen über den Sinn dessen, was sie bisher geleistet hatte und über die Qualität und Tiefe ihrer persönlichen Beziehungen.

Bis auf eine kurze Ehe in ihren frühen Zwanzigern war Patty ihr gesamtes Leben lang Single gewesen. Sie arbeitete als Lehrerin und hatte stets ihre Karriere im Blick gehabt, der sie häufig ihre Freundschaften und Liebesbeziehungen geopfert hatte. Nun begann sie, ihre Entscheidungen zu überdenken.

„Ich weiß, dass ich eine gute Lehrerin war," sagte sie später. „Die Kinder profitierten von mir. Es fühlte sich immer eher an wie eine Berufung und nicht wie eine Karriere. Es gab mir Kraft und verlieh meinem Leben eine Bedeutung."

Patty kannte Steve schon seit drei Jahren. Er war ebenso wie sie auf seine Karriere bedacht. In der letzten Zeit hatte Steve beruflich noch einmal einen großen Schritt nach vorn gemacht, und er erhielt endlich die Aufmerksamkeit und das Gehalt, für das er so lange gearbeitet hatte. Zwischen seiner Karriere und anderen Verpflichtungen blieb nur wenig Zeit für seine Beziehung zu Patty.

Abgesehen von gelegentlichen Gefühlsduseleien und jahreszeitlich bedingter Sehnsucht nach einer engeren Beziehung hatte Patty ihr Verhältnis nie in Frage gestellt. Sie dachte noch nicht einmal viel darüber nach – jedenfalls nicht, bis sie den Tod an ihrer linken Schulter flüstern hörte. Und wie in der alten Ballade von Peggy Lee fragte sich Patty plötzlich: „Soll das schon alles gewesen sein?"

Während der Feiertage stellte Patty Steve die Fragen, die sie immer vermieden hatte, und hörte sich schweigend die Antworten an, vor denen sie sich gefürchtet hatte. Liebte er sie? Vielleicht. War er in sie verliebt? Nein, jedenfalls nicht so, wie sie es sich gewünscht hätte. Auf diese Weise hätte er selbst seine Ex-Frau nicht geliebt, sagte er.

Warum waren diese Fragen gerade jetzt so drängend geworden? Was genau rief das dringende Bedürfnis hervor, die Antworten auf schmerzvolle Fragen zu bekommen, die sie so lange vorsichtshalber nicht gestellt hatte?

„Ich musste es einfach wissen," erklärt Patty. „Ich saß da und wusste nicht, ob ich im nächsten Jahr noch da sein würde. Und plötzlich wollte ich die Wahrheit über mein Leben erfahren. Welche Bedeutung unsere Beziehung für Steve hatte, war für mich eine Information, die ich ganz dringend benötigte. Und ebenso musste ich wissen, welche Bedeutung unsere Beziehung für mich hatte." Patty verbrachte einen großen Teil dieser Woche damit, ihr Leben unter die Lupe zu nehmen, ihre Entscheidungen rückwirkend zu überdenken und ihre Erfahrungen in eine Geschichte zu weben, die einen Anfang und eine Mitte hatte und eine Auflösung am Ende versprach. „Erst im letzten Kapitel," so sagt sie, „laufen alle Fäden zusammen und ergeben langsam einen Sinn."

Wie sich herausstellte, war das Ergebnis der Biopsie negativ. Sie setzte ihr Leben mit einem Gefühl der Erleichterung fort und verspürte eine Entschlossenheit, die sie bislang nicht an sich kannte. Ihre Reise in das letzte Kapitel war in höchstem Maße wertvoll. Es vermittelte ihr eine Klarheit, die sie ihre beruflichen und privaten Entscheidungen mit einem anderen Hauptaugenmerk treffen ließ.

Heute legt Patty viel mehr Wert auf ihre sozialen Kontakte und weiß die Entscheidungen, die sie im Hinblick auf ihren beruflichen Werdegang traf, zu schätzen. „Ich liebe meine Arbeit," sagt sie, „und ich spüre, dass es weit mehr ist, als nur ein Job, als Lehrerin zu arbeiten. Es ist der Beitrag, den ich in dieser Welt leisten kann. Es ist Ausdruck meiner Seele."

Sie arbeitet weiter an ihrer Beziehung zu Steve. Es fällt ihr schwer. „Ich habe mir immer etwas vorgemacht, was ihn betraf. Ich dachte, dass sich etwas verändern würde, wenn ich seine Frau wäre. Heute weiß ich, dass ich das nicht mehr will. Ich will einen Mann, der mich wirklich liebt, und das kann Steve nicht leisten."

Pattys vorübergehende Begegnung mit ihrer eigenen Sterblichkeit trat eine intensive und brutale Selbstuntersuchung los. Auch wenn sie weiterhin mit den Dingen zu kämpfen haben wird, die sich aus ihrer Beziehung zu Steve ergeben, sind doch ihre Prioritäten, ihre Werte und ihre Bedürfnisse sehr klar definiert. Sie sind Teil der Landkarte ihres Lebens geworden. Sie bewegt sich schon weiter.

Der Schleier lüftete sich nur ganz kurz
Die Illusion verschwand und
enthüllte die Ganzheit und
das Mysterium
das manche Gott nennen.

--- Patrick W. Flanigan, MD
Den Sturm überleben

Akzeptanz und Wertschätzung
Hoffnung ist das Federding
das in der Seel´sich birgt
und Weisen ohne Worte singt
und müde wird.
--- Emily Dickinson
übersetzt von Walter W. Aue

In unserer Kultur impliziert der Begriff „Akzeptanz“ Verständnis, Zustimmung oder zumindest Einverständnis. Akzeptanz ist ein lobenswertes Ziel. Akzeptanz entsteht nach einer oft schmerzvollen Nabelschau. Zum Guten oder Schlechten haben wir Frieden geschlossen mit der ungeheuren Tragweite unseres Verlustes, und die Fragmente unseres Lebens (sowie unseres Sterbens) fügen sich ineinander. Und dennoch mag die Mutter, die ihr Kind verloren hat, niemals verstehen, niemals einverstanden sein oder niemals akzeptieren, was geschehen ist. Es wird für sie niemals in Ordnung sein. Auch Sie werden vielleicht niemals den Tod Ihres geliebten Menschen akzeptieren können. Edgar Allen Poes Gedicht „Annabel Lee“ handelt von dieser niemals endenden Sehnsucht:

Es ist lange her, da lebte am Meer,
Ich sag euch nicht wo und wie –
Ein Mägdelein zart, von seltener Art,
Mit Namen Annabel Lee.
Und das Mägdelein lebte für mich allein,
Und ich lebte allein für sie.

Ich war ein Kind, und sie war ein Kind,
Meine süße Annabel Lee,
Doch eine Liebe, so groß, so grenzenlos,
Wie die unsere, gab es nie.

Wir liebten uns so, daß die Engel darob
Beneideten mich und sie.

Da kam eines Tags aus den Wolken stracks
Ein Ungewitter und spie
Seinen Geifer aus, einen Höllengraus,
Und traf meine Annabel Lee.
Und es kam ein hochgeborener Lord,
Der holte auf immer sie von mir fort
In sein Reich am Meer und sperrte sie
Dort ein, meine Annabel Lee.
Ja, neidisch war die geflügelte Schar
Im Himmel auf mich und sie,
Und dies war der Grund, daß der Höllenmund
Des Sturms sein Verderben spie,
Bis sie erstarrte,
Und der Tod sie verscharrte,
Meine süße Annabel Lee.

Doch eine Liebe, so groß, so grenzenlos,
Wie die unsere, gab es nie.
So liebten Ältere nie,
So liebten Weisere nie,
Und wären die Engel auch noch so scheel,
Sie trennten doch nicht meine Seel' von der Seel'
Der lieblichen Annabel Lee.

Wenn die Sterne aufgehn, so kann ich drin sehn
Die Äuglein der Annabel Lee,
Und noch jegliche Nacht hat mir Träume gebracht
Von der lieblichen Annabel Lee.
So ruh' ich denn, bis der Morgen graut,
Allnächtlich bei meinem Liebchen traut
In des schäumenden Grabes Näh',

An der See, an der brandenden See.
--- Edgar Allan Poe

Vielleicht ist es in diesem Kontext angemessener, davon zu sprechen, dass Sie sich mit etwas „abfinden“. Sich abzufinden bedeutet, nur wahrzunehmen, was geschehen ist oder was gerade geschieht. Sich abzufinden ist das Vehikel, mit dessen Hilfe die Schwere des Verlustes und die Ernsthaftigkeit des Schmerzes mit unserem Leben in Einklang gebracht werden kann, ohne diese gutheißen zu müssen. Wir wissen, dass das Leben niemals wieder so sein wird wie vorher. Und wir wissen, dass das Leben weitergehen wird.

Das Leben kam und ging
Und die Nachbarn klopfen und borgen sich etwas
Und das Leben geht weiter wie das Nagen einer Maus
Und morgen und morgen und morgen
Gibt es diese kleine Straße und dieses kleine Haus
--- Edna St. Vincent Millay; Ashes of Life

Sich abzufinden heißt nicht etwas gutzuheißen. Manchmal können wir einfach nicht mehr erwarten, als uns mit etwas abzufinden. Und angesichts der Traueraufgabe ist es ein realistisches und erreichbares Ziel, sich abzufinden. Indem wir unseren Verlust und unsere Trauer zur Kenntnis nehmen, ermächtigen wir uns selbst, mit unserem Leben fortzufahren, egal wie geschwächt wir uns fühlen. Das Sich-Abfinden kann uns helfen, zu dem Eingeständnis zu gelangen, dass wir für unser Wachstum in Richtung Akzeptanz benötigen. Das Sich-Abfinden wird mit dem Morgen belohnt.

Pater Jan

Pater Jan Stasiak war katholischer Priester im Ruhestand. Mehr als dreißig Jahre lang hatte er als Gemeindepfarrer in Oakland und an der East Bay gearbeitet. Er war Anfang der Fünfziger Jahre aus Polen emigriert und zu einem geschätzten Priester in seiner Gemeinde geworden. Nach seiner Pensionierung zog er auf die Halbinsel Monterey und lebte dort mit seiner langjährigen Haushälterin. Ich empfand es als Privileg, als er und seine Haushälterin mich in meinem Büro für Pflegedienstleistungen aufsuchten. Pater Jan war körperlich ein Wrack. Er hatte jahrelang starke, filterlose Zigaretten geraucht, genauso lange viel getrunken und sich dabei stets typisch europäisch ernährt: viel Fett, Speck, Kalorien und Käse. Pater Jan glaubte, dass „Diät halten" bedeute, sich morgens zum Frühstück auf lediglich drei Streifen Speck, vier Eier und drei Würstchen beschränken zu müssen – hinunter gespült mit einer großen Tasse Milchkaffee. Die Idee, sich sportlich zu betätigen, war Pater Jan völlig fremd.

Er suchte mich auf, ohne bestimmte Beschwerden zu haben, abgesehen von einer gewissen Kurzatmigkeit, die er auch verspürt hatte, als er die Stufen zu meinem Büro emporgestiegen war. Ich versuchte ihn zu überzeugen, dass er aufgrund seines Lebenswandels Gefahr laufen würde, wirklich krank zu werden, aber ich konnte ihn mit meinen Ermahnungen nicht beeindrucken oder ihn gar dazu bringen, das, was er für einen wohlverdienten Lebensstil hielt, zu ändern. Und so kam ich mir vor, als würde ich mit Pater Jan Fangen spielen, immer darum bemüht, auf dem neuesten Stand zu sein, was seine aktuellen gesundheitlichen Probleme anging.

Die Zeit verging, und er behielt seine Gewohnheiten bei, während seine Kurzatmigkeit zunahm. Er benötigte immer stärkere Inhalationen. Er fing mit Theodur an (ein Präparat, dass ihm das Atmen erleichterte), und irgendwann verschrieb ich ihm Steroide. Die „chronisch obstruktive Lungenerkrankung" (COPD), im Volksmund auch als Raucherlunge bezeichnet, ist eine heimtückische, fortschreitende Krankheit, die dem Patienten keine Ruhe lässt. (Beim Militär würden wir sagen: „die keine Gefangenen macht" oder „die ihnen zeigt, wer der Stärkere ist").

Und weil die Krankheit so unbarmherzig ist, war ich mehr und mehr besorgt, dass Pater Jan in nicht allzu ferner Zukunft einen Herzinfarkt erleiden könnte, womöglich an einem Montagmorgen, nach einem seiner salz- und fettlastigen Wochenenden. Er litt außerdem unter einer Störung des Wasser- und Elektrolythaushaltes und bekam harntreibende Mittel. Pater Jan bekam Herzrhythmusstörungen, die Digoxin-Gaben erforderten (ein Präparat, das seinen schnellen und unregelmäßigen Herzschlag absenken und seine Herzkontraktionen stabilisieren sollte) sowie wie ein Medikament gegen den damit einhergehenden zu hohen Blutdruck. Diese Maßnahmen sorgten dafür, dass Pater Jan eine Weile gut eingestellt war und sich halbwegs wohl fühlte. Aber es dauerte nicht lange, bis er nachts in der Notaufnahme auftauchte und über Atembeschwerden klagte.

Mit vierundsiebzig Jahren absolvierte er gerade eine Therapie, mit der er seine Cholesterinwerte in den Griff bekommen wollte, als er seinen ersten Herzanfall hatte. Vierundsiebzig Jahre ist nach heutigen Maßstäben kein hohes Alter, aber die Versuchungen hausgemachter Würste, frischer Butter und geschlagener Sahne sorgten dafür, dass er schneller alterte und langsam aber sicher seine Gesundheit ruinierte.

Eines Tages kam er in mein Büro und sagte: „Herr Doktor, in letzter Zeit habe ich Probleme, im Kirchenchor zu singen. Ich habe über Jahre hinweg wie eine Lerche gesungen, und jetzt ändert sich plötzlich meine Stimme."

Er hatte Recht: Seine Stimme klang anders als sonst. Der Hals-, Nasen- und Ohrenarzt diagnostizierte die Läsion des einen Stimmbandes und eine Lähmung des anderen. Eine Biopsie ergab ein Stimmbandkarzinom mit Metastasen im Kehlkopf. Pater Jan wurde operiert und bestrahlt, und sang innerhalb von sechs Monaten wieder im Chor. Der Mann hatte die Konstitution eines Pferdes, dieser Mann Gottes aus Polen.

Eines Tages um Weihnachten herum suchte er mich wieder auf und klagte diesmal, dass er Schwierigkeiten beim Wasserlassen habe. Sechs Monate zuvor war seine Prostata noch völlig in Ordnung gewesen und auch weitere Untersuchungen hatten unauffällige Befunde ergeben.

Nun, bei der erneuten Untersuchung, war seine Prostata riesig und steinhart, und sein PSA-Wert (ein Botenstoff, der erhöht ist, wenn Prostatakrebs vorliegt) erwies sich als außerordentlich hoch. Nach einem kurzen Gespräch mit dem Urologen beschloss Pater Jan, dass für ihn nur eine Strahlentherapie in Frage kommen würde und bemerkte: „Keine Operation. Die eine war mehr als genug."

Nach einer Diskussion mit dem Onkologen stimmte er einer Chemotherapie zu. Die Symptome seiner anderen Erkrankungen waren stabil, das heißt, für ihn waren sie auf einem akzeptablen Niveau, für mich jedoch nicht. Aber die Entscheidung, welche Behandlung für ihn in Frage kam, lag bei ihm. Es waren sein Körper und sein Leben.

Im Jahre 1996 hatte die Idee von ihm Besitz ergriffen, noch einmal nach Polen zurückzukehren, wenn auch der Papst das Land besuchen würde. Dort hatte der zukünftige Papst ihn in den 40er Jahren zum Priester geweiht, und er wollte noch einmal seinen Segen haben. Er fragte, ob er die Reise überleben würde und wie er seine Therapie in Polen fortsetzen könnte. „Welche Pläne haben Sie?" fragte ich ihn. „Kommen Sie wieder zurück?" Er antwortete nicht. „Wie lange wollen Sie dort bleiben?" Er war sich nicht sicher. Er dachte nur daran, in seine Heimat zu reisen, den Papst zu treffen und in seiner Geburtsstadt zu sein. Es schien mir fast, als wolle er nach Hause reisen, um dort zu sterben. Ich sprach ihn nicht darauf an, denke aber heute, dass ich es hätte tun sollen. Ich sagte Vater Jan, ich könne ihm seine Medikamente alle drei Monate zuschicken oder ihm einen Jahresvorrat mitgeben. Er entschied sich für den Jahresvorrat.

Bevor er fuhr, erklärte Pater Jan mir, dass sein Leben ohne meine Hilfe und mein Verständnis nicht vollständig gewesen wäre. Er betrachtete mich als „göttlichen Teil des Plans für sein Leben." Das beruhte auf Gegenseitigkeit. Ich hatte in ihm immer eine Art Vaterfigur gesehen – wenn auch eine sehr starrsinnige. Unsere Beziehung hatte mich immer gestärkt, und ich war glücklich, dass ich mich um Pater Jan hatte kümmern dürfen.

Aus meiner Sicht war es ein Freundschaftsdienst, und irgendwie wussten wir beide, dass wir uns nicht mehr sehen würden, als er sich an diesem Tag verabschiedete. Mit Tränen in den Augen dankte Pater Jan mir für alles, was ich für ihn getan hatte, und wir umarmten uns zum Abschied. In diesem Moment hatten wir ganz sicher eine enge Verbindung zueinander – und wir hätten niemals in Worte fassen können, was wir fühlten. Wir wussten, dass wir einander verlieren würden. Pater Jan war auf dem Weg, an die Rituale des Lebens verloren zu gehen und das zu tun, was er tun musste. Ich verlor einen geschätzten Patienten und einen Teil meines Herzens.

Ich fand es immer schwierig, mich hinter meiner professionellen Objektivität und Gleichgültigkeit zu verstecken. Ich nehme ein Problem immer direkt in Angriff, zeige Gefühle und weine mit meinen Patienten. Ich bin nicht nur Arzt. „Doktor" ist ein Titel, und ich bin stolz darauf. Aber ich bin in erster Linie immer noch ein Mensch. Ich muss mir und meinen Patienten gegenüber ehrlich sein, wenn es um meine Gefühle geht. Die Tatsache, dass Pater Jan sich auch darauf vorbereitete zu sterben, schlich sich als leise Ahnung in mein Bewusstsein, aber ich tat mich wirklich schwer damit zu akzeptieren, dass er es so offensichtlich plante. Er hatte seinen Tod so sehr akzeptiert, dass es fast schien, als wolle er sterben. Ich gebe zu, dass ich ihm das übel nahm. „Warum erlauben Sie mir nicht, Ihnen zu helfen, noch ein wenig länger zu kämpfen?“ hatte ich ihn einmal frustriert gefragt. „Das Leben ist ein wertvolles Geschenk.“

Pater Jan hatte nur gelächelt und geantwortet: „Manchmal gilt das auch für den Tod.“

„Sie haben Recht, Pater,“ antwortete ich. „Wir wollen den Weg bis zum Tod nicht verlängern. Das Leiden muss ein Ende haben. Sie haben die richtige Entscheidung getroffen.“

Nachdem ich mich zu diesem Schluss durchgerungen hatte, fühlte ich mich viel besser und verspürte sogar ein wenig Freude für Pater Jan. Ich lernte mehr über mich selbst als über irgendjemand anders, indem ich beobachtete, wie er sein Leben angesichts seines nahenden Todes lebte. Pater Jan tat all dies mit großer Selbstverständlichkeit, plante bis ins Detail und ging mit seiner üblichen Begeisterung und mit Liebe zum Leben an die Arbeit.

Und so verließ Pater Jan mein Leben.

Ich dachte häufig an ihn, während das Leben weiterging, und fragte mich, was aus ihm geworden war. Einige Zeit, nachdem er gegangen war, hatte ich das Glück, fünf Monate bei der U.S.-Armee in Deutschland verbringen zu dürfen. Während ich dort stationiert war, ging er mir nicht mehr aus dem Kopf. Ich überlegte, nach Polen zu fahren und in der Stadt, aus der er stammte, nach ihm zu suchen. Ich war jedoch viel zu sehr in meine Arbeit involviert, um meine Pläne in die Tat umzusetzen. Enttäuscht, dass ich es nicht geschafft hatte, kehrte ich wieder nach Hause zurück.

Während ich meine Privatpraxis wieder aufbaute, erfuhr ich, dass keiner meiner Partner in der Praxis etwas von Pater Jan gehört oder gesehen hatte. Auch seine Haushälterin war verschwunden. Die Zeit verging, und Pater Jan wurde zu einer netten Erinnerung. Wann immer ich niedergeschlagen war, dachte ich an diesen wunderbaren, begeisterten, bärbeißigen pensionierten Priester, der die schwere Last seiner lebensbedrohlichen Krankheiten ertrug. Er stellte sich ihnen von Angesicht zu Angesicht, ohne jemals zurückzuweichen oder sich zu beklagen. Er lebte sein Leben einfach so, wie es ihm gegeben worden war. Er hatte vermutlich gewusst, dass er schon bald würde sterben müssen und beschlossen, dass es in seiner Heimat Polen, in der Nähe seines Geburtsortes und nachdem er den Papst gesehen hatte, geschehen sollte.

Einige Monate, nachdem ich aus Europa zurückgekehrt war, fuhren meine Frau und ich nach Oakland, um gute Freunde zu besuchen, die dorthin gezogen waren. Wir kamen frühzeitig an und saßen vor ihrem Appartementhaus, plauderten und lasen alle Zeitungen und Zeitschriften, die wir an den Briefkästen finden konnten. Eine der Zeitungen hieß Montclairion, ein Anzeigenblatt, das wöchentlich in der Nachbarschaft verteilt wurde und Klatsch und Tratsch aus der Region enthielt. Die Schlagzeile über dem Foto lautete: *Pater Jan Stasiak, beliebter pensionierter Priester unserer Gemeinde, stirbt in Polen*. Im Artikel stand außerdem, dass Pater Jan nach seiner Pensionierung in die Monterey Bay-Area gezogen war, dass er krank geworden und in sein Heimatland Polen zurückgekehrt sei, um noch einmal seine Geburtsstadt zu sehen und den Papst auf seiner Reise zu erleben, der ihm den päpstlichen Segen erteilt hatte.

Und so erfuhr ich schließlich, wie es Pater Jan ergangen war. Es entwirrte sich sozusagen vor mir. Ich glaube an das Konzept der Vollendung und Synchronizität, aber das hier erschien mir wie ein Wunder. Den Rest des Abends habe ich nur undeutlich in Erinnerung. Ich war begeistert, dass ich mit dem Treffen meiner guten Freunde auch endlich erfuhr, was Pater Jan zugestoßen war. Er hatte es geschafft! Ich hoffe nur, dass mir das auch gelingt, wenn es einmal so weit ist.

Der endgültige Verlust der Autorität und Veränderungen in der familiären Rolle

Wenn ein Mensch sich von der Diagnose an auf seinen Tod zubewegt, ist damit ein unausweichlicher Verlust seiner Stärke, seiner körperlichen Erscheinung und seiner Körperfunktionen verbunden. Kompetenzen und Fähigkeiten gehen verloren. Die Stärke lässt nach. Der Körper verfällt. Menschen, die einst ein eigenständiges Leben geführt haben, sind nun darauf angewiesen, dass andere ihnen in den grundlegenden Funktionen ihres Lebens zur Seite stehen.

Wenn Familienmitglieder und nahe Angehörige die Pflege einer sterbenden Person übernehmen, dann finden allmähliche Veränderungen in der familiären Rolle statt, und damit verändern sich auch die Autoritätsstrukturen. Die Mutter dreier junger Erwachsener erlebt ungläubig, wie ihre fünfunddreißigjährige Tochter sie ermutigt, ihre Abendmahlzeit aufzuessen. Ein erfolgreicher Anwalt, der seinem Sohn ermöglicht hat, an einer Eliteuniversität zu studieren, hört seinen Sohn eines Tages sagen: „Ich werde mich um die finanziellen Dinge kümmern, Papa. Du hast im letzten Monat vergessen, die Miete zu bezahlen. Aber keine Sorge, ich mache das schon."

Dieser Rollentausch ist sehr schwierig zu bewältigen und muss mit größtmöglicher Liebe und Sensibilität umgesetzt werden. Es ist der geeignete Zeitpunkt, um sich noch einmal mit Rilkes „Unbekannten" auseinanderzusetzen, damit die komplexe Neuverteilung der Rollen mit viel Einfühlungsvermögen gelingen kann.

Viele dieser neuen Rollen sollten Sie schon besprochen haben, bevor Ihr geliebter Mensch bestimmte Dinge nicht mehr allein leisten kann. Diese frühzeitige Klärung hilft ihm am ehesten, dieses Trauma zu bewältigen, das er sonst als Ungerechtigkeit empfinden mag.

Der geliebte Mensch an Ihrer Seite verliert aus seiner Sicht einen Teil seiner Persönlichkeit. Er sieht seine Kompetenz in der Welt dahinschwinden. Das ist eine schmerzhafte Erfahrung, die häufig mit heftigen Kämpfen und persönlicher Aufruhr einhergeht. Selbst langjährige Beziehungen werden dadurch ernsthaft auf die Probe gestellt. Und dennoch kann gerade diese Zeit, die von Schmerz und Verlust gekennzeichnet ist, die innere Heilung vorantreiben. Die meisten Menschen wollen mit ihrer Vergangenheit ins Reine kommen, und diese Zeiten ausgeprägter Verletzlichkeit sind eine gute Möglichkeit, das zu schaffen.

Auch in dieser Situation wird Ihnen Ihre Liebe zueinander helfen.

Weiterführende Literatur

Bouldet, Susan Seldon und Babcock, Michael; The Goddess Paintings, Pomegranate Art Books, Rhonert Park, 1994 (Eine Sammlung von Zeichnungen und Gemälden, die Göttinnen aus allen Mythologien der Welt, insbesondere aber der griechisch-römischen Mythologie zeigen.)

Bolen, Jean Shinoda, MD, Göttinnen in jeder Frau, Ullstein TB, 2004, vergriffen (Goddesses in Every Woman, Harper and Row, New York, 1984)

Byock, Ira; When Suffering Persists, Journal of Palliative Care, 1994, Vol. 10, No. 2, pp.8-13

Byock, Ira; Wachsen im Umgang mit dem Tod; Droemer Knaur, 1997, vergriffen, (Dying Well, Putnam Books, New York, 1997)

Cassell, Eric; „A Simplified Description of the Person", in The Nature of Suffering and the Goals of Medicine, The Oxford Press, Oxford, England

Rilke, Rainer Maria; Das Stundenbuch, Anaconda, 2007, oder Die Gedichte, Rilkes lyrisches Werk in einem Band, Limitierte Sonderausgabe, Insel Verlag, 2012 (Selected Poems to Rainer Maria Rilke, translation by Bly, Harper and Row, 1996)

Myss, Caroline; Geistkörper-Anatomie: Chakren – Die 7 Zentren von Kraft und Heilung, Droemer Knaur, 2007, vergriffen (Anatomy of the Spirit, Three Rivers Press, New York, 1996)

Kapitel 6

Januar und Februar

Aber der Februar ließ mich erzittern,
mit jeder Zeitung, die ich austrug,
gelangten schlechte Nachrichten an die Türschwelle.
Ich konnte keinen weiteren Schritt ertragen.
--- Don McLean

Dies ist die Zeit, in der die Wende vollzogen wird. Von nun an bewegt sich Ihr geliebter Mensch definitiv auf den Tod zu. Es ist eine Zeit, in der eine aktive Persönlichkeitsentwicklung am Ende des Lebens stattfindet. Der Tod wird hingenommen und als Tatsache akzeptiert. Viele Vorbereitungen sind schon getroffen worden, es ist viel erreicht worden. Und dann kommt ein Zeitpunkt, an dem der geliebte Mensch an Ihrer Seite aufhört, aktiv zu leben und beginnt, aktiv zu sterben. Dieser Zeit geht eine Wandlung voraus, die auf die Erkenntnisse und Wunder folgt, die der Sterbende während des Lichterfests im Winter erleben durfte und die zu einer allmählichen Abkehr vom dahinschwindenden Leben führt. Dazu gehören die zunehmende Schwächung des Körpers, die Abkehr vom sozialen Leben und der allmähliche Verlust aller anderen Beziehungen. Die Seele selbst beginnt, den Anker zu lichten und sich von der Energie des Lebens abzunabeln. Dieser Prozess ist keineswegs ein stetiger Weg, der geradewegs auf den Tod zuführt, aber er ist unwiederbringlich. Der Wille zu leben oder zu sterben verändert sich im Laufe der Jahreszeiten des Sterbeprozesses. Diese Veränderungen haben damit zu tun, welche Vorbereitungen der geliebte Mensch, der Rest der Familie und die Pflegenden im Team unternommen haben. Ab dem Zeitpunkt, an dem der geliebte Mensch bereit ist zu sterben, herrscht Frieden, begleitet von der inneren Bereitschaft, Abschied zu nehmen, und von einer ruhigen Erwartungshaltung, dass es anschließend weitergeht.

Depression und Loslösung/Abnabelung

Ich sehe eine rote Tür
Ich muss sie schwarz streichen
keine Farben mehr
Ich will, dass alles schwarz wird
--- The Rolling Stones

Die Depression (med. Begriff vs. Schwermut als Zustandsbeschreibung) ist die letzte Kapitulation vor der Hoffnungslosigkeit. Es ist der dunkle Grund, aus dem die Akzeptanz erwächst. Indem er in Depressionen versinkt und sich wieder daraus befreit, erreicht der geliebte Mensch das Ziel, das in der endgültigen Loslösung besteht. Depression ist gelebte Einsamkeit oder Einsamkeit in letzter Konsequenz. Diese Depression ist sowohl für Ihren geliebten Menschen als auch für Sie sehr schmerzhaft. Es ist vielleicht das erste Mal, dass der Patient realisiert, dass seine letzte Reise sehr einsam sein wird, auch wenn die Familie und die Freunde sich an seinem Bett versammelt haben. Für Sie kann es ein Vorgeschmack auf das bevorstehende Gefühl der Verzweiflung und Loslösung sein.

Die Stunde ist aus Blei -
Wer überlebt, denkt dran,
Wie die Erfrierenden den Schnee noch sehn –
Erst – Frost – dann Starre – und dann lässt man´s gehn -
--- Emily Dickinson
(aus: Emily Dickinson; Gedichte, Hanser Verlag, 2006)

Die Depression zeichnet sich durch umfassende Einsamkeit aus. Es ist, wie Dickinson so bildlich darstellt, „die Stunde aus Blei". Eine der vielleicht schmerzhaftesten Empfindungen, die Sie und der geliebte Mensch an Ihrer Seite haben werden, ist die völlige Losgelöstheit voneinander und von der äußeren Welt. Selbst die normale Wahrnehmung der Zeit und der Jahreszeiten hat sich verändert.

Es ist kein Auf und Ab, kein Anfang oder Ende. Es kann schwer sein, sich an andere Zeiten oder andere Gefühle zu erinnern. Es ist häufig unmöglich zu glauben, dass man nach dieser Erfahrung wieder gesunden wird, dass sich der Alltag wieder normal sein kann, dass die Welt sich jemals wieder ganz anfühlen wird. Treffender für das, was in dieser Phase geschieht, ist vielleicht der Begriff der Abnabelung.

Kummer

Kummer der wie Regen
Unaufhörlich auf mein Herz prasselt
Menschen winden sich und schreien vor Schmerz
Erst in der Dämmerung werden sie wieder ruhig sein
Hier gibt es kein Auf und Ab
Kein Anfang und kein Ende
--- Edna St. Vincent Millay

In ihrem Buch „Auch Du kannst Dich heilen“ spricht Dr. Carolyn Myss das Bedürfnis an, sich einer Wunde wieder zuzuwenden, um verlorene Energien zurückzugewinnen und zu heilen. Diese Rückkehr zur Wunde, oder zur Ursache des Leids, ist ein wiederkehrendes Thema in unserer Literatur. Unsere religiösen Texte enthalten unzählige Geschichten über Depression, Loslösung (Abnabelung), Aufgabe (Kapitulation) oder Wiederauferstehung. All dies sind Metaphern für das Sterben.

Die Tora erzählt die Geschichte der Kinder Israels, die vierzig Jahre lang durch die Wüste geirrt sind. Die spirituelle Entwicklung des Judentums und die Gründung des jüdisch-christlichen Glaubens gehen auf diese Wanderungen zurück. Es war die Zeit der Tora. Die Gesetze entstanden in der Wüste. Hier wurde der heilige Bund geschlossen, hier wurde die Arche gebaut, und hier verwandelte sich die Verzweiflung, die zur Verehrung des goldenen Kalbes führte, allmählich in Selbstvertrauen, Mut und Hoffnung. Gott versprach den Israeliten, dass sie das Auserwählte Volk seien. Dazu führte er sie in einer langen und entbehrungsreichen Wanderung durch die Wüste. Die Tora lehrt uns, dass durch die Reise selbst das Gelobte Land entsteht. „Er fand ihn in der Wüste, in der dürren Einöde sah er ihn.“ (Deuteronomium 32: 9-10)

Die christliche Erzählung der Ereignisse im Garten der Gethsemane spricht ebenfalls von dieser Zeit der Verzweiflung, die Dickinson als „Stunde aus Blei" bezeichnet. Diese Zeit der Traurigkeit, Verwirrung und Angst wird nicht als Phase, die überwunden oder als Symptom, das geheilt werden muss, dargestellt. Die Stunde aus Blei ist Vorbedingung der Verwandlung an sich.

Allegorien über Verwandlungen findet man nicht nur in der westlichen religiösen Tradition. Ein indianischer Heiler, dem Pam einmal begegnete, vermittelte ihr seine, diesen Aspekt aufgreifende Einsichten an einem verregneten Sonntagnachmittag in einem kleinen Lädchen in Berkeley, in dem Edelsteine verkauft wurden: *Pam saß auf dem Boden und wühlte in einem großen Fass mit unregelmäßig geschliffenen Steinen, als ein alter Indianer hereinkam und sich neben sie setzte. Er sagte nichts, sondern beobachtete sie nur, bis sie begann, sich etwas unbehaglich zu fühlen. Schließlich sprach er sie an. „Sie sind besorgt." Er hatte Recht. „Ich verrate Ihnen die Lösung," sagte er. „Die Lösung Ihres Problems ist das Problem selbst. Suchen Sie nicht woanders nach der Lösung. Die Antwort finden Sie immer in der Frage. Die Heilung finden Sie immer in der Wunde. Der Weg hinaus ist immer der Weg hinein."*

Der geliebte Mensch an Ihrer Seite löst sich von Ihnen und verlässt Sie, um eine einsame Reise in die tief in ihm verborgenen dunklen Regionen anzutreten. Die Tatsache, dass er Sie verlässt, weckt in Ihnen das Bewusstsein für Ihre eigene Einsamkeit und erzeugt Angst. Aber vielleicht verstellen Ihre eigenen Ängste Ihnen den Blick auf die Bedeutung und Heiligkeit der Reise, die Ihr Geliebter unternimmt. Manchmal versuchen wir diesen Prozess zu umgehen, sei es aus Angst oder aus Liebe und unserem naturgegebenen Wunsch, unsere Lieben zu schützen. Die Symptome des Abnabelungsprozesses könnten fälschlicherweise als Krankheit missverstanden werden, und so erschweren wir manchmal Weg, indem wir nach chemischen Antidepressiva greifen oder fehlgeleitete Gesprächstherapien anordnen, um einen Prozess zu heilen, der gar keine Krankheit ist. Die Abnabelung ist keine Depression. Und Depression ist keine Traurigkeit. Traurigkeit ist eine normale Antwort auf eine schwierige oder schmerzvolle Situation. Depressionen entstehen, wenn Symptome, die mit der Traurigkeit einhergehen, anhalten und so überwältigend werden, dass ein Gefühl der Verzweiflung und Hoffnungslosigkeit bleibt. Auch wenn die Loslösung manchmal die

Symptome einer Depression aufweisen kann, stellt sie nicht den Zustand selbst dar. Zwingen Sie Ihren Liebsten nicht, die Reise abzubrechen. Ein Sterbender muss seine Mitte finden. Er muss die Mission vollenden, die dieses heilige Abenteuer vorangetrieben hat. Indem wir ihm den Übergang unmöglich machen, versagen wir unserem Liebsten auch das Geschenk der Ankunft.

Vor einiger Zeit erzählte uns eine Frau von ihrem Mann, dessen Loslösung beinahe vollständig erfolgt war: emotional, körperlich und spirituell. Er lag in einem tiefen und undurchdringlichen Koma. Als sie an seinem Bett saß, nahm sie seine Atmung bewusst wahr. Sie war flach und schnell. Sie begann, anfangs langsam, mit ihrem eigenen Atem dem Muster seiner Atmung zu folgen. Es dauerte einige Minuten, um ihre Atmung mit seiner zu synchronisieren. Aber schließlich waren sie als ein Atem im Zimmer.

„Ich fühlte mich ihm so nah," sagte sie. „Ich hatte endlich einen Weg gefunden, um wieder bei ihm zu sein."

Wir haben diese Methode selbst angewandt, um die Verbindung zu Menschen herzustellen, die sich schnell von uns entfernten. Es half uns, das Ausmaß der Sorge, die zwischen uns allen herrscht, zu fühlen und anzuerkennen. Behalten Sie das im Hinterkopf, weil es helfen könnte, Ihr eigenes Gefühl der Isolation und Angst im Zaum zu halten.

Depressionen am Ende des Lebens sind notwendig, und sie können entweder lang anhalten oder schnell vorübergehen. Aber wenn Sie wissen, dass sie Teil des Sterbeprozesses sind, dann werden sie damit umgehen können. Schließlich führt sie zu einem größeren Ausmaß an Freiheit für Ihren geliebten Menschen.

Die Loslösung am Ende des Lebens soll der Erledigung der Lebensaufgaben eines Menschen nicht im Wege stehen, sondern sie vielmehr definieren. Das Leben ist nicht beliebig und bedeutungslos – egal wie es sich anfühlt, wenn Kummer und Ängste Sie überwältigen. *Der Weg hinaus ist immer der Weg hinein. Und das Geschenk der Loslösung ist die Ankunft.*

Das Gefühl der Hilflosigkeit in den Griff bekommen

Die meisten von uns leben ihren Alltag so, als könnten wir das Endergebnis vorhersagen oder gar kontrollieren. Mit einem Knopfdruck verändern wir die Lichtverhältnisse und die Temperatur in einem Zimmer. Mit einem fast grenzenlosen Vertrauen in unsere Fähigkeit, Geborgenheit, positive Erfahrungen und eine sichere Umwelt zu schaffen, sorgen wir für unsere Kinder und unsere Familien. Für die meisten von uns ist ein solches Verhalten während der meisten Zeit unseres Lebens auch plausibel. Wir haben die Kontrolle. Nichts Unvorhersehbares wird passieren.

Dann passiert doch etwas Unvorhersehbares und Inakzeptables. Ein Kind verschwindet in der Nacht. Ein Hurricane wirft die Häuser einer Kleinstadt durcheinander, als wären es die Bauklötze eines Kindes und hinterlässt sie über die Landschaft verstreut wie in einem Spielzimmer. Für Sie wurde die Welt aus den Angeln gehoben, als Sie erfahren haben, dass der geliebte Mensch an Ihrer Seite eine unheilbare Krankheit hat.

Sie können die Krankheit des geliebten Menschen nicht kontrollieren. Sie können auch die Geschwindigkeit seines körperlichen Verfalls nicht kontrollieren. Sie können nicht kontrollieren, wie er die Krankheit wahrnimmt oder wie er darauf reagiert. Sie können jedoch *beeinflussen*, wie er seine Krankheit wahrnimmt. Und Sie können außerdem kontrollieren, wie Sie selbst auf die Ängste und das Chaos reagieren, von dem Sie plötzlich umgeben sind. Wenn Sie dies im Hinterkopf behalten und wenn Sie sich das Gefühl der Hilflosigkeit eingestehen, das Sie häufiger überkommen wird, dann haben Sie vielleicht ein Ohr für die folgenden Vorschläge, die Ihnen helfen könnten, in all dem Chaos und der Verwirrung Ihr Gleichgewicht wiederzufinden und sich Ihrer Kompetenz wieder bewusst zu werden.

– **Nehmen Sie Ihre eigenen körperlichen Empfindungen und Reaktionen auf Ängste und Befürchtungen wahr.** Es gibt Menschen, die unter Herzrasen, Hyperventilation, Schweißausbrüchen, Frösteln, Ohrensausen, Verdauungsproblemen oder anderen körperlichen Symptomen leiden. Auch wenn dies ganz natürliche Reaktionen auf Stress sind, können sie sich erschwerend auf Ihre chaotischen Gefühle auswirken.

– **Finden Sie Wege, um solche körperlichen Reaktionen zu bewältigen.** Manchmal kann eine plötzliche Panik oder ein überwältigendes Gefühl zu Herzklopfen oder einem beschleunigten Herzschlag führen. Das kann im Gegenzug eine zu schnelle oder stoßweise Atmung bedingen, was wiederum dazu führen kann, dass Sie hyperventilieren. Unter Umständen nehmen Sie auch Ohrgeräusche wahr. Wenn eines dieser Phänomene auftritt, setzen Sie sich hin und verlangsamen Sie bewusst Ihre Atmung. Wenn Sie ein Schwindelgefühl überkommt, legen Sie sich hin oder beugen Sie Ihren Kopf nach vorn in Ihren Schoß. Sobald das Blut wieder in Ihren Kopf zurückkehrt, werden Sie sich stabiler fühlen. Wenn Sie weiterhin hyperventilieren, halten Sie sich eine Papiertüte vor Mund und Nase und atmen Sie aus der Tüte ein und wieder aus. Das klingt albern, hilft aber. Und bedenken Sie: Falls Ihre Hyperventilation anhält und Sie dadurch das Bewusstsein verlieren, dann kehrt Ihr Körper von sich aus zu seiner normalen Atmung zurück. Es fühlt sich nur beängstigend an. Viele Menschen beginnen zu schwitzen, wenn Sie Angst verspüren. Üblicherweise handelt es sich dabei um kalten oder klammen Schweiß. Die Temperaturveränderungen betreffen normalerweise nur Arme und Beine – das ist ein natürlicher Reflex des Körpers, der sich auf diese einfache Weise für den Kampf oder die Flucht bereit macht. Das gesamte verfügbare Blut konzentriert sich auf den Rumpf des Körpers, um die lebenswichtigen Organe zu schützen. Aus diesem Grunde nehmen Sie vielleicht auch eine Gänsehaut auf Ihren Armen und Beinen wahr, obwohl Sie schwitzen. Die Schweißausbrüche sind häufig von Zittern und Schwächegefühlen in den Beinen begleitet. In solchen Fällen ist es empfehlenswert, zu entspannen und sich in einem angenehm warmen (nicht heißen) Vollbad aufzuwärmen. Wenn Sie eine Handvoll Lavendel-Badesalz ins Wasser geben, wird das Ihre Nerven zusätzlich beruhigen. Weil es nicht immer möglich ist, ein Bad zu nehmen, sollten Sie für solche Fälle vorsorgen und eine Strickjacke oder einen Schal bei sich haben. Ein zusätzliches Kleidungsstück mitzunehmen, ist sinnvoller, als sich von vornher-

ein zu warm anzuziehen – besonders, wenn Sie sich vornehmlich in Krankenhäusern oder Arztpraxen aufhalten, die häufig besonders gut geheizt sind.
Verdauungsprobleme sind ein weiteres typisches Stress-Symptom. Manche Menschen haben starke Bauschmerzen, andere entweder Durchfall oder Verstopfung. Es liegt auf der Hand, dass Sie auch aus diesem Grund für eine gesunde Ernährung sorgen müssen. Manchmal werden Sie der Versuchung erliegen, Mahlzeiten auszulassen oder Süßes und Fast Food zu sich zu nehmen, aber eine ungesunde Ernährungsweise kann Ihrem Körper wirklich ernsthaften Schaden zufügen. In solchen stressigen Phasen sollten Sie bei Ihren alten Ernährungsgewohnheiten bleiben, sofern sie schon gesund sind, oder aber für die kommende Zeit auf eine gesündere Lebensführung achtgeben. Alkoholgenuss kann sich auf den Magen auswirken und Übelkeit und Erbrechen hervorrufen. Sollten Sie bereits an Magengeschwüren leiden, kann Alkohol zur Verschlimmerung der Symptome führen. Auch viele Schmerz- und Beruhigungsmittel können Verstopfung hervorrufen. Jetzt ist es besonders wichtig, auf Ihren Körper zu hören und ihn gut zu behandeln. Wenn die Symptome nicht von allein verschwinden, sollten Sie Ihren Arzt aufsuchen. Und bedenken Sie, dass all diese Symptome, die wir hier bereits erwähnt haben, auch Hinweise auf ernsthafte Erkrankungen sein können. Falls Ihre bisherige Krankengeschichte/Anamnese Krankheiten enthält, auf die eines der oben erwähnten Symptome hinweisen kann, sollten Sie dies unbedingt mit Ihrem Hausarzt besprechen.

- **Erinnern Sie sich an Ihre Stärken.** Selbst wenn Sie eine Situation nicht ändern können, Sie können sie zumindest beeinflussen. Sie können Verständnis und Anteilnahme zeigen und Ihre Liebe unter Beweis stellen. Sie können anbieten, zu vergeben. Manchmal hilft Ihnen Humor, eine Situation leichter zu ertragen. Oder Sie können einfach für jemanden beten.
- **Sorgen Sie für sich selbst.** Sich auf andere Gedanken zu bringen und Zerstreuung zu finden, kann der beste Weg sein, um sich

selbst zu helfen. Bieten Sie jemandem eine Massage oder eine Umarmung an oder ermutigen Sie andere einfach. (Genau diese Dinge können Sie auch für sich selbst einfordern.) Wenn Ihr geliebter Mensch Schmerzen hat, bringen Sie ihm seine Medikamente, rufen Sie den Arzt oder bitten Sie die Hospizmitarbeiter um Rat. Sie sind nicht hilflos. Tun Sie die Dinge, die Sie leisten können.

- **Bleiben Sie in der Gegenwart.** Es gibt immer Wege, um Leid und Wut, die in der Vergangenheit entstanden sind, aufzulösen. Sie können Wege finden, damit Ihnen die Zukunft weniger beängstigend und bedeutungsvoller erscheint. Aber die Mittel, um diese Dinge zu erreichen, liegen in der Gegenwart. Der Fokus all Ihrer Kraft richtet sich auf die Gegenwart, und genau hier müssen Sie auch beginnen.

Hilfe erhalten

Mittlerweile kann der geliebte Mensch an Ihrer Seite völlig abhängig sein. Es ist gut möglich, dass Sie Hilfe suchen müssen. Für einen Sterbenden zu sorgen, kann sowohl körperlich als auch mental aufreibend sein. Kein Mensch kann diese Art der Betreuung rund um die Uhr lange aufrechterhalten. Die Bedürfnisse des Sterbenden können sich als äußerst strapaziös erweisen. Außerdem kann es vorteilhaft sein, sich um Hilfe zu bemühen, um die Würde des Patienten zu wahren und den speziellen Charakter Ihrer Beziehung zueinander aufrechtzuerhalten.

Wenn ein Elternteil schwer erkrankt ist oder im Sterben liegt und der Sohn oder die Tochter die intensive körperliche Pflege übernehmen, ist das für den Patienten häufig demütigend. Jemanden zu finden, der diese Pflege übernimmt, kann schon ausreichen, um die Würde des Patienten aufrechtzuerhalten. Sie sollten mit dem Betroffenen und mit allen Menschen, die in die Pflege des Patienten involviert sind, offen über dieses Thema sprechen und dann entscheiden, wie Sie am besten vorgehen.

Wenn eine Familie allzu intensiv damit beschäftigt ist, die körperliche Pflege zu gewährleisten, kommt es schnell zu Verstimmungen, die den Dingen, die angesichts dieser Reise am Ende des Lebens wirklich wichtig sind, im Wege stehen. Wir haben schon an früherer Stelle erwähnt, dass es möglich

ist, Hilfe von ambulanten Hospizdiensten oder spezialisierten Palliativpflegediensten zu erhalten. Wenn Sie an dem Punkt angelangt sind, dass Ihr geliebter Mensch so pflegebedürftig ist, und wenn Sie bislang die Hilfe von Pflegediensten noch nicht in Anspruch genommen haben, dann ist es jetzt definitiv an der Zeit. Wenn Sie bereits einen Pflegedienst haben, dann ist jetzt vielleicht der Zeitpunkt gekommen, mit Ihrem Sachbearbeiter und Ihrem Arzt zu sprechen, um eventuell einen Platz in einem Hospiz zu finden und die Pflege den Mitarbeitern dort zu überlassen. Das wird Sie in die Lage versetzen, sich um die spirituellen und emotionalen Bedürfnisse Ihres Angehörigen zu kümmern, statt sich an den häufig unangenehmen Aufgaben, die die körperliche Pflege mit sich bringt, aufzureiben.
Wenn die finanzielle Situation des Patienten angespannt oder unübersichtlich ist, haben Sie jetzt vielleicht zum letzten Mal die Gelegenheit, Dinge ins Reine zu bringen. Wenn der Patient nicht mehr in der Lage ist, Entscheidungen zu treffen und wenn die finanzielle Situation sich als überschaubar und deutlich erweist, ziehen Sie es in Erwägung, ein Familienmitglied auszuwählen, das die Vollmacht über die finanziellen Angelegenheiten übernimmt oder zum Vormund bestimmt wird. Die erforderlichen Formulare für Patientenverfügungen, Vorsorgevollmachten und Betreuungsverfügungen erhalten Sie im Buchhandel oder als Download zum Beispiel auf der Seite www.ethikzentrum.de, dem Internetauftritt des in Bochum ansässigen Zentrums für angewandte Ethik. Wenn sich die Finanzlage komplexer darstellt, finden Sie Unterstützung bei einem Anwalt oder Finanzberater. Egal wie Sie verfahren, der Patient wird die Unterlagen unterschreiben müssen, und in einigen Fällen wird eine notarielle Beglaubigung erforderlich sein.
Diese Angelegenheiten mögen zwar schwierig und manchmal peinlich sein, aber sie sind sehr wichtig und müssen unbedingt geklärt werden, weil nur so klar ist, welche Mittel zum Zeitpunkt des Todes verfügbar sein werden. Nach dem Tod eines Menschen können Banken und Finanzinstitute die Konten einfrieren, bis die Testamentseröffnung erfolgt ist. Wenn Konten gemeinsam geführt werden, oder wenn Vollmachten vorliegen, kann dagegen direkt über das Geld verfügt werden.
Sollte die Aussicht, sich um die finanziellen Verhältnisse Ihres geliebten

Menschen kümmern zu müssen, Sie zu sehr einschüchtern, tun Sie, was Sie tun müssen: Suchen Sie sich Hilfe.

Medizinische Hilfsmittel

Sie werden nicht nur ein paar Menschen benötigen, die Ihnen helfen. Sie werden auch einige medizinische Hilfsmittel in Ihrem Haus benötigen, um die Pflege angemessen leisten zu können.

Ein Krankenhaus- oder Pflegebett mit dem entsprechenden Zubehör gehört mittlerweile zur Standardausstattung in Haushalten mit pflegebedürftigen Menschen. Insbesondere die Seitengitter können sich als sinnvoll erweisen, weil Patienten im letzten Stadium ihres Lebens häufig unruhig schlafen oder versuchen, das Bett zu verlassen, obwohl sie nicht kräftig genug sind, um zu laufen. Wenn ihr Schlaf zu unruhig ist, steigt das Risiko, dass sie aus dem Bett fallen. Pflegebetten können so an die Bedürfnisse des Patienten angepasst werden, dass der Schlaf erholsamer ist, und sie können verstellt und erweitert werden, um Pflegemaßnahmen zu erleichtern. Eine geeignete Matratze kann die Gefahr, dass es zu Dekubitalgeschwüren (Wundliegen) kommt, enorm reduzieren. Selbst wenn Sie über die geeignete Ausstattung verfügen, kann es sein, dass Sie Hilfe benötigen, um den Patienten umzulagern. Es gibt eine große Auswahl an Lagerungs- und Umlagerungshilfen, um den Patienten leichter in eine andere Position zu bringen. Ein sehr einfaches Hilfsmittel ist das Gleit- und Wendelaken, das in der Mitte des Bettes liegt, so dass der Patient mit dem Gesäß und dem Oberkörper darauf liegt. Mit zwei Personen, die auf je einer Seite des Bettes stehen, kann ein Patient auch dann noch angehoben oder bewegt werden, wenn er schon sehr schwach ist. Da die Gleit- und Wendelaken häufig aus silikonbeschichtetem Material bestehen, leisten sie Ihnen auch gute Dienste, wenn der Pflegebedürftige inkontinent ist, so dass Sie nicht jedes Mal die gesamte Bettwäsche wechseln müssen. Ebensogut können Sie jedoch auch Einwegunterlagen anschaffen.

Ein weiteres sinnvolles Hilfsmittel ist das Trapez über dem Bett. Der Patient kann sich an dem Trapez hochziehen und festhalten und Ihnen die Arbeit erleichtern, während Sie zum Beispiel die Bettwäsche wechseln, während er eine Bettpfanne benutzt, oder wenn er umgelagert wird.

Ein Ort zum Sterben

Wir haben schon darauf hingewiesen, dass es unter Umständen nicht möglich ist, dass Ihr geliebter Mensch zuhause stirbt. Vielleicht ist es einfach nicht möglich, genügend Pflegekräfte zu beschäftigen, oder der bzw. die Pflegende ist selbst zu alt oder zu gebrechlich, um diese Aufgabe noch allein zu bewältigen. Vielleicht ist aber gerade auch einfach niemand verfügbar, der genau die Art der Hilfe anbieten kann, die in der jeweiligen Situation erforderlich ist. Jetzt ist der Zeitpunkt gekommen, um sicherzustellen, dass Sie alle Ressourcen in der Verwandtschaft und im Bekanntenkreis kennen, dass Sie wissen, wie Sie die angebotene Hilfe und die verfügbaren Dienstleistungen am sinnvollsten nutzen und einsetzen können, um in der anstehenden Zeit die größtmögliche Unterstützung und Hilfe zu erhalten. Manchmal kann die riesige Auswahl Verwirrung stiften, besonders, wenn viele Gefühle im Spiel sind und Sie unter Schlafmangel leiden. Im Folgenden finden Sie eine kurze Übersicht über grundlegende Dienstleistungen und Einrichtungen, die Sie in Ihrer näheren Umgebung finden können. Wir haben sie bereits an früherer Stelle erwähnt. Jetzt haben Sie noch einmal die Gelegenheit, sich in Erinnerung zu rufen, worauf Sie zurückgreifen können.

- **Alten- und Pflegeheime.** Viele ältere Menschen, insbesondere diejenigen, die unter Demenz oder Alzheimer leiden, leben schon in Pflegeeinrichtungen. Diese kleineren Einrichtungen sind für viele Menschen ein Zuhause geworden. Normalerweise ist es nicht erforderlich, noch einmal umzuziehen, wenn der Tod naht. Auch die Hospizpflege kann in einem Pflegeheim erfolgen.
- **Seniorenstift.** Diese Einrichtungen bieten die Pflege durch examiniertes Pflegepersonal an und stellen sicher, dass rund um die Uhr entsprechend qualifizierte Schwestern und Pflegekräfte eingesetzt werden. Auch therapeutische Angebote und Freizeitangebote sowie soziale Dienstleistungen sind selbstverständlich. Viele Einrichtungen haben Vereinbarungen mit Hospizdiensten getroffen, damit die Pflege in den letzten Lebenswochen ihrer Bewohner sichergestellt werden kann. Die Kosten dieser zusätzlichen Pflegeangebote

werden von den Kranken- und Pflegekassen übernommen.

- **Krankenhäuser.** Wenn in einer Gemeinde keine angemessenen Einrichtungen vorhanden sind, um sterbende Menschen zu pflegen, dann ist das Krankenhaus oft die einzige Adresse. Manche Krankenhäuser verfügen über Palliativabteilungen, die ein auf die Bedürfnisse der Patienten abgestimmtes Symptommanagement anbieten und die Pflege am Ende des Lebens gewährleisten.
- **Hospiz.** In zahlreichen Städten gibt es mittlerweile Hospize. Deren Angebote unterscheiden sich unter Umständen je nach der finanziellen Situation. In San Francisco kann sich ein Patient zum Beispiel für ein Hospiz entscheiden, sobald eine Pflegestufe festgestellt wurde, mit der ihm eine Palliativpflege zugestanden wird. Manche Hospizeinrichtungen bieten ambulante Aufenthalte an, lassen den Aufenthalt von Gästen und die Teilnahme am gemeinschaftlichen Leben zu. Andere Einrichtungen nehmen nur Patienten auf, die bereits im Sterben liegen. Sprechen Sie Ihren Hausarzt oder Ihren Pflegedienst darauf an.
- **Kurzzeitpflege.** Manche Familien beschließen, dass der geliebte Mensch zuhause bleiben soll und auch zuhause sterben darf. Aber die Pflegenden benötigen manchmal eine Auszeit. Zu diesem Zweck bieten viele Pflegeeinrichtungen Kurzzeitunterbringungen in ihren Häusern an. Ihr Angehöriger wird dann für einen bestimmten Zeitraum in einem Pflegeheim oder in einem Krankenhaus betreut, während Sie sich erholen können.

Verlust der Körperfunktionen

Je näher der Tod rückt, desto mehr nimmt die Fähigkeit des Sterbenden ab, seine Körperfunktionen zu kontrollieren. Er wird inkontinent und benötigt Windeln. Er ist vielleicht nicht mehr in der Lage zu kauen oder zu schlucken. Vielleicht kann er das, was Sie so liebevoll angerichtet haben, einfach nicht mehr verdauen. Eine intensive emotionale Unterstützung und auch spiritueller Beistand sind vonnöten, damit Sie und Ihr Gegenüber mit dieser dramatischen Phase des Verfalls fertig werden. Während all der Verluste, die Sie als Pflegender schon hinnehmen mussten, haben Sie immer wieder darüber nachdenken müssen, was Sie ausmacht und die Kriterien neu bewerten müssen, die Ihnen Kraft schenken. Die Arbeit ist noch nicht vorbei. Die Kriterien werden noch einmal neu verhandelt werden müssen, nun, da der geliebte Mensch an Ihrer Seite die Kontrolle über seinen Körper verliert. Sie sind nun an einem Punkt angelangt, an dem es keinen physischen Beweis mehr gibt, der Ihnen hilft zu definieren, wer Ihr geliebter Mensch ist oder war. Sie können sie nicht mehr als eine Frau beschreiben, die wunderbar leuchtende Augen hat, ein unwiderstehliches Lächeln oder dichte, schöne Haare. Sie kann sich selbst ebenfalls nicht mehr auf diese Weise definieren. Je mehr ihr Leben sich auflöst, desto mehr wird ihre körperliche Erscheinung zu einem Schatten, dem jegliche Substanz oder Fähigkeit fehlt. Sie ist kurz davor, zu einer rein spirituellen Existenz zu werden.

Von der Eigenverantwortung zur Abhängigkeit

Aus den Erläuterungen oben können Sie ersehen, dass mit großer Wahrscheinlichkeit der Tag kommen wird, an dem der geliebte Mensch an Ihrer Seite entweder auf einen Rollstuhl angewiesen oder sogar bettlägerig sein wird. Sie werden ein Krankenhausbett mit dem geeigneten Zubehör anschaffen, oder zumindest eine Bettpfanne bereithalten müssen. Diese Schritte weisen darauf hin, dass Ihr geliebter Mensch von Ihnen, von anderen Familienmitgliedern oder Freunden und Pflegekräften abhängig ist. Sie werden zusammenarbeiten, um die Mahlzeiten zuzubereiten, den Patienten zu waschen und anzukleiden, oder ihm beim Toilettengang zu unterstützen. Wenn der geliebte Mensch noch abhängiger von denjenigen wird, die ihn pflegen, dann stellen Sie vielleicht Veränderungen seiner Äußerungen, seiner Aufmerksamkeit und seiner Launen fest. In eine solche Abhängigkeit zu geraten und die Unterstützung anderer Menschen beim Waschen, Baden, Ankleiden oder allen anderen höchst intimen Aspekten der körperlichen Pflege zu benötigen, kann sehr entwürdigend und überwältigend sein. Wie kann auch diese Phase zur Heilung beitragen?

Marcy

Marcy war Schwester in einem Krankenhaus in Mittleren Westen der Vereinigten Staaten. Sie arbeitete in den Zwischenschichten, zog drei lebhafte Töchter auf und schlief, wann immer sie Zeit hatte. Marcy´s Ehemann, Sid, war Tischler. Er war ein freundlicher Mann, der hart arbeitete. Im Laufe der Jahre hatten die Berufstätigkeit der beiden und der gegenläufige Lebensrhythmus ihren Tribut gefordert: Als die Kinder aus dem Haus waren, waren Marcy und Sid eher Mitbewohner als Eheleute. Sie teilten ein Haus und tauschten Freundlichkeiten aus, wenn sie sich begegneten, aber sie lebten völlig aneinander vorbei.

Vor sieben Jahren wurde bei Marcy Brustkrebs diagnostiziert. Sie unterzog sich einer radikalen Amputation ihrer rechten Brust und erhielt nach der Operation eine Reihe zermürbender Chemotherapie-Behandlungen, denen Bestrahlungen folgten. Es war eine schwierige und aufreibende Zeit.

Marcy´s Stärke war immer ihre Eigenständigkeit gewesen. Selbst im angeschlagenen körperlichen Zustand war es ihr gelungen, ihren eigenen Weg zu gehen und ihre Therapie im Griff zu behalten. Sie organisierte einen Fahrdienst im Freundeskreis, damit sie zu den Therapieterminen gefahren werden konnte. Sie führte ein detailliertes Notizheft, in dem sie sich Fragen notierte, die sie den Ärzten stellen wollte. Sie führte auch Buch über ihr wechselndes Wohlbefinden. Sie las die gesamte aktuelle Literatur über Brustkrebs. Sie übernahm die Kontrolle über alle Aspekte ihrer Behandlung und Genesung. Wir scherzten darüber, dass sie weniger genesen war als vielmehr den Krebs niedergerungen hatte.

Am fünften Jahrestag ihrer rückfallfreien Zeit trafen wir uns zu einem Mittagessen in einem Vorort Chicagos. Pam merkte an, wie mutig Marcy die ganze Tortur überstanden habe.

„Du hattest so erstaunlich viel Mut," sagte Pam. „Du warst für uns alle ein Vorbild."

Marcy sah sie ungläubig an. „Mutig? Ich wünschte, ich wäre wirklich mutig gewesen. Ich wünschte, ich wäre so mutig gewesen, jemandem – irgendjemandem – zu erzählen, wie viel Angst ich eigentlich hatte."

Dieses Geständnis überraschte Pam sehr.

„Du hast doch bestimmt mit jemandem darüber geredet," sagte Pam. „Ich meine – Sid wusste doch Bescheid, oder?“ Marcy schüttelte den Kopf. „Sid wusste wahrscheinlich noch weniger als Ihr. Ich habe immer nur nachts Angst bekommen. Ich habe angefangen zu weinen, wenn ich ins Bett ging. Sein Zimmer befindet sich auf der anderen Seite des Hauses. Er hat mich nie gehört.“ Sie trank einen Schluck Wein und flüsterte: „Er bis heute meine Narbe an der Brust nicht gesehen.“

Ein paar Wochen später in diesem Sommer kehrte Marcy´s Krebs zurück. In der linken Brust wurden Veränderungen entdeckt, und weiterführende Untersuchungen zeigten, dass Marcy bereits Metastasen in den Knochen, in der Lunge und im Gehirn hatte. Die Ärzte sagten ihr, dass der Krebs sehr schnell voranschreite. Die Diagnose lautete, dass sie höchstens noch sechs Monate zu leben hätte.

Marcys Symptome verschlimmerten sich so, wie es laut Diagnose zu erwarten war. Sie hatte entsetzliche Rückenschmerzen, die sich nur mit starken Schmerzmitteln behandeln ließen. Ihre Kraft schwand. An manchen Tagen gelang es ihr nicht mehr, das Bett zu verlassen, und sei es nur, um Mahlzeiten einzunehmen. Schließlich übernahm ein Palliativpflegedienst ihre Versorgung.

An einem schönen Herbsttag lag Marcy auf dem Sofa, sah aus dem Fenster und beobachtete das fallende Herbstlaub. „Erinnerst Du Dich an meine Genesungsfeier?“ fragte sie Pam. „Als ich Dir erzählte, wie viel Angst ich während der Therapie hatte? Du hast es doch hoffentlich niemandem erzählt, oder?“

Als es Marcy zunehmend schlechter ging, sorgten wir dafür, dass sie ein Pflegebett bekam, das im Wohnzimmer anstelle des Sofas aufgestellt wurde, so dass sie weiterhin aus dem Fenster sehen und die Herbstfarben genießen konnte. Wir stellten einen Rollator direkt an ihr Bett. So war sie mit Sids Hilfe ein paar Wochen lang in der Lage, das Badezimmer aufzusuchen. Dann wurde sie schwächer, und selbst der kurze Weg ins Badezimmer wurde ihr zu viel, auch wenn Sid ihr half. Er schaffte einen WC-Stuhl an. Sid musste ihn leeren und reinigen, und als es ihr noch schlechter ging, musste er ihr auf den Stuhl und wieder zurück ins Bett helfen. Schließlich wurde Marcy völlig inkontinent.

Jede dieser Veränderungen und Verluste war ein einziger Kampf für Marcy.

Sie leistete erbitterten Widerstand und fühlte sich persönlich gedemütigt. Und jedes Mal verlor Marcy den Kampf. Mit jeder Niederlage musste sie einen weiteren Aspekt ihrer Autonomie, ihrer Würde, ihrer Autorität über ihr Leben abtreten. Es war eine sehr leidvolle Zeit, die mit einer ausgeprägten persönlichen Krise einherging.

Und dennoch wurden zeitgleich mit dem Eingeständnis dieser Verluste und inmitten dieser Kämpfe Veränderungen im Umgang zwischen Sid und Marcy sichtbar. Es begann mit dem Rollator. Sid half Marcy aus dem Bett, beobachtete, wie sie langsam durch das Wohnzimmer zum Bad lief, und setzte sich geduldig vor die Badezimmertür. Hin und wieder klopfte er an die Tür und fragte: „Alles in Ordnung bei Dir?“ Als der WC-Stuhl fester Bestandteil ihres Lebens wurde, begann er, über belanglose Dinge zu plaudern, während er das Gefäß reinigte und wieder in den Stuhl schob. Es schien so, als würde er damit ihr Unbehagen verringern – und sein eigenes ebenso.

Von Zeit zu Zeit setzte er sich zu ihr ans Bett, und sie redeten, manchmal nur ein paar Minuten lang, manchmal bis spät in die Nacht.

Als Marcy inkontinent und bettlägerig wurde, veränderten sich ihre Bedürfnisse erneut. Eine Pflegekraft kam regelmäßig, um bei der Körperpflege zu helfen. Eines Tages, nur wenige Tage vor Marcys Tod, kam die Pflegekraft und stellte erstaunt fest, dass Marcy in ungewöhnlich guter Laune war. Sie lächelte und scherzte und schien so entspannt zu sein wie seit ihrer Diagnose nicht mehr. Die Pflegekraft bereitete eine leichte Mittagsmahlzeit zu, und Marcy aß mit großem Appetit. Dann bot die Pflegerin Marcy an, die Bettwäsche zu wechseln und Marcy bei ihrem Bad zu helfen.

„Sie können gern die Bettwäsche wechseln,“ sagte Marcy. „Aber ein Bad brauche ich nicht. Sid hat mich heute Morgen gebadet.“ Sie wurde ein wenig rot und sagte: „Das war wirklich schön.“

Marcy starb am folgenden Sonntagnachmittag. Sid und ihre Töchter waren bei ihr und hielten ihre Hand, als sie ging.

Professionelle Pflegekräfte wissen, dass es eine Ehre und ein Segen ist, für einen Sterbenden zu sorgen. Es erlaubt uns, uns selbst als kompetent, mitfühlend und großzügig zu erleben.

Andererseits ist der Patient häufig sehr angespannt, weil er Ängste und Ver-

luste durchstehen muss. Die schwindende Autorität und Autonomie führen zum Tod der vom Individuum wahrgenommenen Selbstachtung. Und dennoch, wenn sie diesen Schritt überwunden haben, beginnen sterbende Menschen zu sehen, was und wer sie schon immer waren.
Eine gute Freundin von uns, die Hindu ist, gibt den folgenden Rat: „Wenn Shiva, der Gott der Zerstörung, an die Tür klopft, öffnet ein weiser Mensch die Tür und bittet ihn herein." Sie erklärt: „Ihr müsst wissen, dass Shiva, wenn er einmal vor der Tür steht, sowieso hereinkommt, ob er nun hereingebeten wird oder nicht. Also ist es doch sehr schlau, ihn willkommen zu heißen und sehr weise, seine Freundschaft zu erringen."
Als Marcy ihre Kämpfe verlor, erlaubte sie Sid endlich, für sie zu sorgen. Seine Pflege und Sorge führten dazu, dass sie sich sicherer fühlte, und erinnerte sie an eine andere Zeit in ihrem Leben, als sie sich in Sid verliebt hatte. Sie erinnerte sich daran, wie glücklich sie in diesen Tagen gewesen war – wie besonders glücklich sie sich als Braut gefühlt hatte, und wie sicher. Indem er für Marcy sorgte, erinnerte auch Sid sich daran, wie sehr er Marcy in den ersten Ehejahren geliebt hatte. Er hatte sie damals anders wahrgenommen. In seinen Augen war sie sanft und zart und wunderschön. Und er erinnerte sich daran, wie sehr er es geliebt hatte, sie zu berühren. Ihre nächtelangen Gespräche brachten sie einander wieder näher, und erinnerten sie daran, was sie einander bedeutet hatten.

Sterbehilfe und ihre Alternativen

Das hier ist ein sehr sensibles Thema. Die bloße Vorstellung, dass jemand Unterstützung bei der Selbsttötung erfahren könnte, regt viele Menschen auf. Andere glauben, dass dies eine Option ist, und sorgen für den Fall vor, dass sie diesen Schritt einmal gehen wollen.
Wir glauben, dass ein Selbstmord nicht erforderlich ist, wenn ein qualifiziertes Hospizteam zusammen mit einem guten Arzt die Betreuung des Sterbenden übernimmt. Wenn der geliebte Mensch, den Sie pflegen, sich wohlfühlt, den Tod akzeptiert und anerkennt, ist es nicht erforderlich, einen Selbstmord zu unterstützen oder den Tod zu beschleunigen. Leid und die Angst vor Schmerz und Leid sind vermutlich die vorrangigen Gründe, warum Menschen eine Selbsttötung in Erwägung ziehen.

Wenn Sie glauben, dass dies auf den geliebten Menschen an Ihrer Seite zutreffen könnte, dann bitten wir Sie, dieses Thema mit Ihrem Arzt zu besprechen. Wenn Ihr Arzt nicht die erforderliche Erfahrung hat oder sich bei dem Gedanken, einen Patienten mit klinisch effektiven Schmerzmitteldosen zu behandeln, nicht wohlfühlt, sollten Sie die Mitarbeiter eines Palliativpflegedienstes oder ein Palliative Care Team in die Pflege miteinbeziehen.

Lebenserhaltende Maßnahmen und Loslassen

Wenn Ihr geliebter Mensch dem Tode nah ist, dann werden Sie wahrscheinlich gefragt, ob Sie wünschen, dass er intravenös Flüssigkeiten oder Nahrung erhält. Keine dieser Maßnahmen werden den Tod verhindern, aber manchmal kann der Tod auf diese Weise wenigstens aufgeschoben werden. Dies ist ein wirkliches Dilemma, weil Sie Ihrem Liebsten natürlich helfen wollen, aber mit Sicherheit nicht wollen, dass sein Leiden unnötig verlängert wird.

Wir schlagen vor, auf intravenöse Nahrungs- und Flüssigkeitszufuhr zu verzichten. Es trägt nicht zum Wohlbefinden Ihres Liebsten bei; es könnte im Gegenteil sein Unwohlsein noch verstärken. Wenn Verdauungsorgane und Blase nur noch unzureichend funktionieren, dann kann die Flüssigkeitszufuhr zu unangenehmen Blähungen führen und das Atmen erschweren. Ohne diese Maßnahmen wird Ihr geliebter Mensch innerhalb einer relativ kurzen Zeit sterben – üblicherweise innerhalb von bis zu vierzehn Tagen. Während dieser Zeit wird er immer wieder in einen Zustand der Bewusstlosigkeit weggleiten und hat normalerweise gar kein Interesse an Nahrung. Wenn der Mund des Patienten trocken ist, können Sie seine Lippen und seinen Gaumen mit einem speziellen Tupfer befeuchten, den es fast überall zu kaufen gibt. Sie können dafür sogar ein Wattebausch verwenden.

Wenn der Sterbende bei Bewusstsein ist und schlucken kann, können Sie kleine Schlucke Wasser oder leicht verdauliche Snacks anbieten. Häufig wird nach Puddings oder Eis am Stiel gefragt.

Kapitel 7
Der 19. März

„Ich sehe, wie die Welt langsam mehr und mehr in eine Wüste verwandelt wird, ich höre immer stärker den anrollenden Donner, der auch uns töten wird, ich fühle das Leid von Millionen Menschen mit, und doch, wenn ich nach dem Himmel sehe, denke ich, dass alles sich wieder zum Guten wenden wird, dass auch diese Härte ein Ende haben muss."
--- Anne Frank, „Das Tagebuch der Anne Frank"

Der letzte Wintertag: Die Seele ist bereit für die Wandlung, und der Körper ist bereit zu sterben. Es ist an der Zeit, die Brücke zu überqueren. Die Pflegenden werden die Überlebenden sein und sich auf Frühling und Sommer freuen. Das Leben muss gelebt werden, und das Wachstum muss weitergehen.

Die Heilung und Wandlung der Seele und des Geistes, die Erlösung, die der Sterbende nach der Rückschau auf sein Leben, die ihm sein Selbstkonzept ermöglicht, im nahenden Tod erlebt, ist gleichzeitig eine Brücke zur Synchronizität. Die Krankheit, die irgendwann zum Tode führt, ist in Wirklichkeit ein Vehikel, das einen heilenden Prozess sowohl im Patienten als auch im Pflegenden in Gang setzt. Der Patient wird Ihnen, dem Arzt, sowie allen weiteren Pflegenden zum Lehrer, so dass Sie gemeinsam nicht nur Synchronizität, sondern auch die Wandlung der Seele und des Geistes erleben können.
--- Dieter Joeckel, MD, Hospizarzt

Zeit zu sterben: Besser vorbereitet, als Sie glauben

Der eigentliche Tod Ihres geliebten Menschen kann eine zutiefst heilende und beruhigende Erfahrung der Wandlung sein. All die anderen Phasen, die Sie gemeinsam durchlebt haben, dienten als Vorbereitung auf diese letzten Stunden. Sie haben die emotionale und körperliche Erschöpfung bis hin zur Verausgabung oder vielleicht sogar darüber hinaus erlebt. Sie und der sterbende Mensch an Ihrer Seite haben viel erreicht während der Vorbereitung auf dieses letzte Ereignis. Sie haben zahlreiche Hindernisse und Herausforderungen gemeistert, und sind jetzt vielleicht mehr bereit für das, was kommt, als Sie selbst glauben. Ihre Akzeptanz und Bereitschaft wachsen. Ihre Vorbereitung und Ihre harte Arbeit sind zur Kraftquelle für diese letzte Aufgabe geworden. Erst im Nachhinein werden Sie feststellen, wie sehr Sie gewachsen sind und sich verändert haben – und wie gründlich Sie darauf vorbereitet sind, diese endgültige Herausforderung zu meistern.

Für Ihren geliebten Menschen ist es nun an der Zeit zu sterben... und Sie haben alles, was in Ihrer Macht stand, getan, um dafür bereit zu sein. Sie haben für eine ruhige und beruhigende Umgebung gesorgt. Die Familie und Freunde, religiöse oder spirituelle Berater und vielleicht auch ein Teil des Pflegepersonals sind versammelt. Sie halten sich alle zuhause, im Krankenhaus, in einem Pflegeheim oder in einem Hospiz auf. Ihr geliebter Mensch hat sich mit seinem Leben so weit wie möglich arrangiert und ist ebenfalls so gut wie möglich vorbereitet auf das bevorstehende Ereignis. Alle, die anwesend sind, haben den Tod dieses Menschen akzeptiert.

Erst wenn Sie zurückblicken, können Sie erkennen, wie sich alle Dinge entwickelt haben und wie gut Sie alle Ihre Rollen gespielt haben. Die Partnerschaft, die Sie begründet haben, bildet den Rahmen, der die Wandlung zum Tod erleichtern wird. Sie und alle anderen Pflegenden arbeiten zusammen und bilden die Brücke vom Leben in den Tod.

Während dieser Zeit erfahren Sie noch einmal einiges über den Sterbeprozess, indem Sie miterleben, was in den letzten Tagen und Augenblicken mit dem Körper des Sterbenden geschieht. Auch wenn sich dies vielleicht sehr wissenschaftlich anhört, diese Prozesse laufen nach einem bestimmten Schema ab. Es ist wichtig, das zu verstehen, weil es Ihnen helfen kann, sich auf Dinge vorzubereiten, die Ihnen zwischendurch unangenehm erscheinen mögen, und es wird dazu beitragen, dass die Wandlung Ihres geliebten Menschen leichter zu ertragen ist. Wenn Sie wissen, was Sie während des körperlichen Übergangs vom Leben zum Tod zu erwarten haben, werden Sie eher in der Lage sein, mit Dingen umzugehen, über die Sie absolut keine Kontrolle haben.

Vielleicht gibt es noch einen Energieschub. Ihr geliebter sterbender Mensch bittet vielleicht noch einmal um sein Lieblingsessen. Unter Umständen bessert sich seine Stimmung und er möchte Verwandte und Freunde sehen, die er lange nicht getroffen hat. Es ist wahrscheinlich, dass die spirituelle Energie, die für die Wandlung benötigt wird, zum Tragen kommt, und ein synchronistisches Ereignis könnte bevorstehen. Die spirituelle Energie wird körperlich aufgebaut, um die letzte Aufgabe zu erfüllen.

Physiologischer Tod: Was geschieht, wenn Ihr geliebter Mensch stirbt

Ihr Ufer, jauchzt! Ihr Glocken, klingt!
Ich aber geh in Not
dahin, wo nun mein Käpt'n liegt,
gefallen, kalt und tot.
Jauchzt, ihr Gestade, Glocken dröhnt
Ich aber knie in Not
Wo auf dem Deck mein Captain liegt
Gefallen, kalt und tot
--- Walt Whitman

Zu allen Zeiten haben Menschen dem Tod eine Bedeutung beigemessen, die mit ihrem jeweiligen Glauben, ihren Sitten und Gebräuchen und ihrer Kultur im Einklang war. Die Griechen betrachteten den Tod als Fahrt über den Fluss Styx und in einigen Fällen als dunkle Reise in die Unterwelt. Die Ureinwohner Amerikas sprechen bedeutungsvoll von der Rückkehr zum Großen Geist des Großvaters und der Großmutter. Die Christen sehen den Tod als Schritt in eine freudvolle Vereinigung mit Gott. Buddhisten reden vom Kreislauf der Wiedergeburt und davon, eins mit dem Universum zu werden. Und dennoch ist der Tod ein Ereignis, das uns zustößt, nicht nur unserer Seele, sondern auch unseren Körpern. Und alle Menschen scheinen darin übereinzustimmen, dass die Hülle der Seele – der Körper – ein physiologisches Ereignis aushalten muss, von dem er sich nicht erholt, bevor eine Seele frei wird um zu transzendieren, zu wandern oder zum Schöpfer zurückzukehren.

Es ist deshalb wichtig, über ein rudimentäres Verständnis zu verfügen, wie der physiologische Körper das Leben aufrecht erhält und schließlich auslöscht. Der gesamte Sterbeprozess ist eine komplexe biochemische Kaskade voller Bewegung, Farbe und Klang, die wir nun beobachten und allmählich verstehen könne. Der Prozess der Atmung stellt die Energie her, die die Zellen und der gesamte Körper benötigen, um ihre Arbeit leisten zu können. Im Wesentlichen ist es die Atmung, die uns am Leben hält. Diese Dynamik wird in jeder einzelnen Zelle des Körpers sichtbar, während sie Gewebe und Organe ernährt und aufrecht erhält. Die Organe sind spezialisiert und erlauben uns zu essen, zu trinken, zu fühlen, zu riechen, zu schmecken, zu bewegen, zu reagieren, zu reden, mit anderen zu interagieren. Wenn sich die zelluläre Atmung verlangsamt, beginnt dieser Prozess in den kleinsten Zellen und schreitet dann fort zum Gewebe und zu den Organen. Wenn der Mensch zu atmen aufhört, ist kein Sauerstoff mehr verfügbar, um die Zellatmung aufrechtzuerhalten oder um Energie zu produzieren. Sobald die Atmung aufhört, (sowohl in den Zellen als auch im Ein- und Ausatmen), stoppt die grundlegende Interaktion mit der Welt – die sich in Form eines simplen Austauschs von Gasen vollzieht – und das Gehirn und der Körper sterben.

Der Körper erlischt in einer bestimmten Abfolge, weil er über einen eingebauten Mechanismus verfügt, um die lebenswichtigsten Organe zu schützen. Das Herz, das Gehirn und die Nieren zum Beispiel sind noch eine Weile geschützt, bevor auch sie ihre Funktion einstellen und nicht länger arbeiten. Wenn die Atmung stoppt, wird dem Gehirn die Sauerstoffzufuhr genommen und damit die Energie, um zu funktionieren. In dem Moment, so heißt es, ist Ihr geliebter Mensch gestorben. Das Gehirn denkt nicht mehr, trifft keine Entscheidungen mehr, nimmt nichts mehr wahr, lenkt den Körper nicht mehr, erlaubt dem Menschen nicht mehr, zu leben. Der Hirntod, wie er auch genannt wird, erlaubt uns allen, natürlich und schmerzlos einzuschlafen, sobald wir aufgehört haben zu atmen. Auf diese Weise hat die Natur einen wunderbaren Weg eingerichtet, damit wir friedvoll und ohne Schmerzen in die Ewigkeit hinüberdösen können.

Wenn das Gehirn stirbt, übermittelt es keine Impulse oder kontrollierenden Botschaften mehr, und infolgedessen hört auch der Temperaturkontrollmechanismus auf zu funktionieren. Wenn der Körper abkühlt, fließt das Blut nicht mehr warm durch die Arterien und Venen. Manchmal funktionieren die Nerven und das Herz noch einige Minuten, nachdem der Patient schon tot ist, aber auch diese Funktionen enden bald. An diesem Punkt haben alle Lebensprozesse aufgehört. Die Fähigkeit, zu fühlen, zu schmecken, zu sehen, zu sprechen, zu atmen, Ausscheidungen zu produzieren, zu essen, Nahrung zu verdauen oder Energie herzustellen, erlischt. Der Körper, der einst eine Person beheimatet hat, enthält nun nicht mehr das, was wir „Leben“ nennen. Er ist genauso leblos wie das Bett, auf dem er liegt. Der Körper, den die Seele Ihres geliebten Menschen bewohnte, ist nun tot.

Einmal schlenderte Pam mit einigen Freunden durch die Fisherman´s Wharf, das Hafenviertel in San Francisco. Dieses Viertel ist berühmt für seine frischen Fischspeisen, seine Touristenattraktionen und seine strahlenden Lichter. Als sie unter einer riesigen und irgendwie protzigen, beleuchteten Markise entlanggingen, begann plötzlich das Licht zu flackern. Erst wurde es nur kaum wahrnehmbar dunkler, doch plötzlich begannen tausende von kleinen Glühbirnchen zu flackern und dunkler zu werden. Schließlich flackerten und erloschen auch einzelne Buchstaben. Die Farbmuster, die die Buchstaben miteinander verbanden und Wörter und Bilder bildeten, verloren ihre Intensität. Die Buchstaben wurden fragmentiert und unlesbar. Ohne Elektrizität blinkte die große Leuchttafel noch ein paar Mal auf und zeigte sekundenlang unregelmäßige Muster, bis sie schließlich erlosch und still und dunkel blieb.

Pam´s Freund, sowohl Künstler als auch Biochemiker, sah sie an und lächelte ein wenig traurig. „So ist der Tod“, sagte er. „Genau auf diese Weise stirbt alles. Von elektrischem Licht bis hin zur Supernova.“

Er hatte Recht. Erst verlieren die kleinen Lämpchen – Glühbirnen, Zellen oder Sterne – ihre elektrische Ladung und Wärme. Dann erstirbt alles, was um diese herum organisiert ist und dessen Teil sie sind – Buchstaben, Nieren oder Planeten. Schließlich beginnt auch das, was all diese Teile zusammenhält, undeutlich zu werden und der Tod bemächtigt sich des Ganzen – der ganzen Leuchtreklame, des ganzen Körpers oder des Universums. Und so ist es.

Was aber können wir in diesem Augenblick des Übergangs erwarten? Der Tod steht schon seit mehreren Wochen vor der Tür, und viele Dinge haben sich ereignet. Der Tod kommt zu seiner Zeit und auf seine Art und Weise.

Der geliebte sterbende Mensch ist unter Umständen desorientiert, schläft oder liegt ruhig da. Diesen Zustand kann man so beschreiben, als habe er „einen Fuß in jeder Welt".
Der geliebte Mensch erzählt den versammelten Familienmitgliedern, Freunden und Pflegenden manchmal von Orten und Ereignissen, die allen anderen unbekannt sind. Manchmal liegt der Fokus auch auf der gegenwärtigen realen Welt. Er sieht oder fühlt vielleicht die Menschen, die er einmal geliebt hat und die vor ihm gestorben sind, oder er unterhält sich mit Menschen aus seinem geheimen Leben. Vielleicht ist er aufgeregt, zerrt an seiner Bettdecke oder wirft sie herunter. Es ist üblich, dass körperliche Aktivitäten ziellos und Bewegungen beliebig erscheinen. Je näher der Tod rückt, desto rastloser scheint der Sterbende zu sein, weil ihm der Sauerstoffmangel zu schaffen macht. Der Atem wird sporadisch, hört für eine Minute auf, nur um dann ebenso plötzlich wieder zu beginnen. Die Atmung ist häufig flach und erfolgt über den Mund.
Die Veränderungen des Atmens während der aktiven Sterbephase können dramatisch erscheinen. Seien Sie darauf gefasst, Keuchen, Schnaufen und Atempausen zu hören. Dieser Zyklus kann sich vielfach wiederholen. Von Zeit zu Zeit schürzt der Sterbende vielleicht seine Lippen. Ein Husten ist zu hören oder ein gurgelndes Geräusch. Diese werden von Flüssigkeiten oder Speichel verursacht, der sich in die Luftröhre oder die Lunge verirrt hat. Diese Geräusche werden auch Todesrasseln genannt, auch wenn sie noch nicht unbedingt anzeigen, dass der Tod nun unmittelbar bevorsteht, denn noch immer kann der Atem im nächsten Moment wieder ganz normal sein. Wenn der Atem zu laut wird, positionieren Sie den Sterbenden anders, indem Sie seinen Kopf und seinen Oberkörper mit Kissen stützen.

Helfen Sie Ihren geliebten Menschen, die körperlichen Symptome des Sterbens zu ertragen

Was können Sie tun, wenn der geliebte Mensch nach Luft schnappt? Wenn Menschen sterben, entwickeln sie häufig einen lauten Atem. Der geliebte Mensch an Ihrer Seite wird in diesem Atemmuster verharren, manchmal bis zu seinem Tod. Sein Atem kann aber ebensogut sehr oberflächlich sein und sehr unregelmäßig werden. Es können immer längere Pausen zwischen den Atemzügen entstehen. Es kann schwierig für Sie werden, dies zu beobachten und zu hören. Der Sterbende ist sich in der Regel seiner Atmung und Ihrer Sorge darüber nicht bewusst. Wenn er zu leiden oder zu kämpfen scheint oder Anzeichen zeigt, dass er unter Sauerstoffmangel leidet, bitten Sie die Hospizmitarbeiter, mit Roxanol- oder Ativangaben zu beginnen oder die Dosen zu erhöhen. Diese Medikamente tragen dazu bei, dass sich seine Atmung wieder beruhigt.

Wenn der Mund des Patienten trocken ist, benutzen Sie Schwämmchen, um seine Lippen und seine Zunge zu befeuchten. Wenn er wach genug ist, können Sie kleine Eisstückchen anbieten. Seien Sie jedoch vorsichtig mit der Verabreichung von Flüssigkeiten, weil der Sterbende vielleicht nicht mehr in der Lage ist zu schlucken. Streicheln Sie einfach über seine Stirn, damit er merkt, dass Sie noch da sind. Der geliebte Mensch ist nun häufig auch inkontinent, das gilt für Urin und Stuhl. Weil aber seine Nahrungs- und Flüssigkeitsaufnahme immer mehr nachgelassen hat, je weiter die Krankheit fortgeschritten ist, nimmt auch die Menge an Körperausscheidungen immer weiter ab.

Heute gibt es Windeln für Erwachsene und wasserfeste Einwegauflagen für das Bett, mit denen es leichter ist, für den Patienten zu sorgen. Stellen Sie sicher, dass der geliebte Mensch trocken und sauber bleibt, und benutzen Sie Feuchtigkeitslotionen und Puder, damit die Haut geschmeidig bleibt und nicht wund wird.

Eventuell läuft die Nase des Patienten, und etwas Speichel läuft aus seinem Mund, den Sie einfach wegwischen können.

Manche Angehörigen haben das Bedürfnis, zu ihrem geliebten Menschen ins Bett zu steigen und ihn zu wiegen, wenn er geht. Das ist ein wirklicher Liebesbeweis. Es ist aber eine sehr persönliche Entscheidung, und Sie sollten nichts tun, was dazu führt, dass Sie sich unwohl fühlen.

Die letzten Tage teilen

Wenn Menschen sterben, sind sie intensiv damit beschäftigt, sich zu lösen. Es ist häufig schwierig zu unterscheiden, ob Sie das Bedürfnis haben, Trost zu spenden oder ob Sie sich dem Wunsch hingeben, dass der Sterbende seine Meinung ändern möge, um noch nicht zu gehen. Um sicher zu sein, müssen Sie genau in sich hineinhorchen. Es gibt einige Dinge, die Sie tun können, um so viel Unterstützung zu gewähren, wie Sie können, während Sie die letzten Tage miteinander verbringen.

- Reden Sie mit ihm über besondere Zeiten, die Sie miteinander verbracht haben.
- Legen Sie seine Lieblingsmusik auf, oder spielen Sie Musik, die für Sie beide eine besondere Bedeutung hat.
- Erinnern Sie ihn daran, was er in seinem Leben geleistet hat.
- Vergewissern Sie sich, dass er weiß, dass diejenigen, die er hinterlässt, füreinander da sein werden.

Während der letzten Wochen, Tage oder Augenblicke sind die Gesichtsmuskeln häufig so entspannt, dass der Kiefer nach unten klappt. Sie werden bemerken, dass seine Augen häufig halb geöffnet sind und der Blick nicht mehr fokussiert ist. Manchmal wird er eine Reaktion auf verbale Äußerungen zeigen, aber diese nehmen mehr und mehr ab, je näher der Tod rückt. Seine Temperatur reicht von heiß bis kalt und wird begleitet von Schweißausbrüchen oder Kälte. Seine Hautfarbe verändert sich mit seiner Körpertemperatur beziehungsweise mit seinem Kreislauf. Die Haut kann bleich erscheinen oder eine leichte gelbliche Färbung annehmen. Seine Nagelbetten und Füße können bläulich anlaufen, weil der Kreislauf nicht mehr stabil ist. Sein Blutdruck wird niedriger, während sein Puls entweder sehr schnell schlägt oder aber beinahe nicht mehr wahrzunehmen ist.

Vielleicht hilft es Ihnen zu wissen, dass in diesem Stadium üblicherweise kein Schmerz oder Unwohlsein mehr zu spüren ist. Mutter Natur scheint ein körpereigenes Analgetikum zur Verfügung zu stellen, das freigesetzt wird, wenn der Tod unmittelbar bevorsteht. Es reicht offensichtlich aus, um den Sterbenden von allen Schmerzen zu befreien. Wenn Sie allerdings das Gefühl haben, dass der Sterbende sich unwohl fühlt – hervorgerufen durch die Krankheit selbst oder eine bestehende Verletzung, dann scheuen Sie sich nicht, nach Medikamenten zu fragen, die das Wohlbefinden steigern oder Ängste nehmen können.

Die verbleibende Energie des geliebten Menschen richtet sich nun buchstäblich nicht mehr darauf, eine lebende Kraft in dieser Realität darzustellen, sondern vielmehr darauf, sich von dieser zu lösen und sich auf eine andere vorzubereiten. Sie können den Patienten dahingehend beruhigen, dass Sie ihm den Übergang so bequem und schmerzfrei gestalten werden wie möglich. Um dieses Versprechen zu halten, bitten Sie den Palliativpflegedienst, ein Notfallpaket bereitzuhalten. Darin sollten Medikamente enthalten sein, die die Pflegekräfte während ihrer letzten Besuche zurückgelassen haben. Sie hatten Ihnen gesagt, dass Sie das Hospiz oder den Pflegedienst während einer akuten Schmerzattacke anrufen könnten, und dass man Ihnen im Notfall genaue Anweisungen zur Verabreichung dieser Medikamente geben würde. Üblicherweise wird ein Morphinpräparatin flüssiger Form dabei sein. Man wird Ihnen raten, ein oder zwei Tropfen in den Mund des Patienten zu geben, zwischen Gaumen und Wange oder unter die Zunge. Er muss diese geringe Dosis nicht schlucken, der Wirkstoff wird über die Mundschleimhaut aufgenommen. Auch ein Beruhigungsmittel, mit dem Angstzustände behandelt werden können, sollte in dem Paket enthalten sein. Manchmal erweist sich das, was auf den ersten Blick Schmerzen zu sein scheinen, als Angst. In solchen Fällen kann ein Beruhigungsmittel bessere Dienste leisten als ein Morphinpräparat.

Wenn Sie sich umfassend mit den körperlichen Bedürfnissen beschäftigt haben, können Sie sich auch um die psychologischen und spirituellen Bedürfnisse kümmern, die nicht nur der Patient, sondern auch Sie selbst vielleicht haben. Reden Sie sanft mit ihm. Sprechen Sie ihm zärtlich Mut zu und bestärken Sie ihn darin, dass der Übergang leichter sein wird, wenn er mit Liebe vonstattengeht. Betonen Sie die guten Dinge, die Ihr geliebter Mensch während seines Lebens und während dieser schwierigen Reise zum Tod geleistet hat. Sagen Sie ihm, dass Sie ihn vermissen werden, und dass Sie um ihn trauern werden, dass Sie und die anderen Familienmitglieder aber gut aufeinander achtgeben werden. Sterbende fühlen sich gut aufgehoben, wenn Sie derartige Zusicherungen hören. Erlauben Sie ihm, Sie zu verlassen, indem Sie ihn Ihrer Liebe versichern, ihm Ihren Dank aussprechen und ihm Ihren Segen geben.

Selbst wenn Sie keine Antwort erhalten, nehmen Sie an, dass er Ihre Worte hören kann und dass er sich in Ihrer Gegenwart sicher und geborgen fühlt.

An diesem Punkt würden wir gern beschreiben, was sonst noch geschieht. Wie Sie nun wissen, gehören zum Sterbeprozess auch biologische Veränderungen. Der geliebte Mensch an Ihrer Seite hat psychologische Veränderungen durchgemacht, die teilweise helfen, die Veränderungen zu ertragen, die seinen Körper betreffen. Welchen Verlauf auch immer die Krankheit genommen hat, welches Unwohlsein auch immer der Patient erlebt hat, dies ist der Punkt, an dem Schmerzen buchstäblich und ausschließlich von denen ertragen werden, die den Sterbenden lieben und ihn bis zum Schluss begleiten. Sie haben eine sehr anstrengende Zeit hinter sich gebracht, um bis an diesen Punkt zu gelangen. Sie haben sich selbst erlaubt, die Last Ihres geliebten Menschen mitzutragen, und deshalb können Sie nun anerkennen, dass auch Sie an einem Punkt angelangt sind, an dem es zu einer Wandlung kommt.

Zeigen Sie Mitgefühl, wenn Sie Lebewohl sagen

Wir glauben, dass ein Mensch es fühlen kann, wenn sein Ende gekommen ist. Er zeigt es Ihnen vielleicht auf eine Art und Weise, die Sie erst im Nachhinein verstehen werden. Unter Umständen weiß der geliebte Mensch noch nicht einmal, dass er Ihnen diese Botschaften sendet. Es kann sich dabei um schweren Stoff handeln – schwer zu entschlüsseln, schwer zu verstehen und schwer zu akzeptieren. Wenn Ihr geliebter Mensch Ihnen signalisiert: „Das war es. Ich sterbe jetzt", dann ist die letzte Phase des Lebens vor Ihnen. Es ist nicht mehr der Anfang oder die Mitte vom Ende; es ist das Ende vom Ende.

Manchmal ist die Botschaft kristallklar, manchmal ist sie verworren, weil Ihr geliebter Mensch schwach oder kraftlos ist oder sich nur noch flüsternd mitteilen kann. Manchmal wird die Botschaft noch nicht einmal ausgesprochen, sondern nur durch ein körperliches Signal, etwa durch einen Händedruck, eine letzte Umarmung oder ein Lächeln zum Ausdruck gebracht. Wir möchten Sie ermutigen, aufmerksam für all diese Möglichkeiten zu sein, damit Sie diesen entscheidenden Moment erleben.

Es ist in der Tat ein großer Moment. Es ist die Zeit, um „Lebewohl", „Ich liebe Dich" oder „Wir werden Dich wiedersehen" zu sagen. Noch einmal versichern Sie ihm, dass er geliebt wird und dass er nicht in Vergessenheit geraten wird. Sichern Sie ihm zu, dass sein letzter Wille oder Wunsch erfüllt werden wird, egal welchen er geäußert hat. Dies ist die letzte Gelegenheit, um ihm zu danken, dass er Teil Ihres Lebens war, egal, wie kurz Ihre gemeinsame Zeit auch gewesen sein mag. Seien Sie offen. Machen Sie es von Ihrem Gemütszustand und Ihrer emotionalen Situation in diesem Moment abhängig, was Sie sagen oder tun. Erinnern Sie sich an Rilkes Idee des Unbekannten. Lassen Sie sich auf Ihr eigenes unbekanntes Terrain ein. Vertrauen Sie darauf, dass Sie das Richtige sagen oder tun, sofern es Ihrer Liebe entspringt.

Mitgefühl ist im Moment des Sterbens vermutlich das größte Geschenk, das Sie Ihrem geliebten Menschen machen können. Byock schlägt vor, dass Sie sich vorstellen sollten, was der Sterbende gerade durchmacht und was Sie seiner Meinung nach in diesem Moment tun sollten, und dass Sie genau das dann tun. Dies ist ein höchst intuitives Experiment. Damit Ihnen das gelingt, müssen Sie bei klarem Verstand sein und empfänglich für die „imaginative Ausrichtung" Ihres geliebten Menschen sein. Darüber hinaus erfordert es die Bereitschaft auf Ihrer Seite, den Schmerz mit dem Sterbenden zu teilen. Durch diese ausgesuchte und schmerzvolle Teilhabe zeigen Sie ihm Ihr aufrichtiges Mitgefühl und erleichtern damit letztendlich seine Wandlung. Tatsächlich kann die Kraft, die diesem Experiment zugrundeliegt, für Sie beide einen Wandlungsprozess ermöglichen.

In den Augenblicken, bevor der geliebte Mensch an Ihrer Seite stirbt, setzt sich der physiologische Prozess fort, und der Kohlendioxid-Gehalt des Blutes steigt an. Dadurch entspannt der Körper und entlässt die Seele schließlich in die Ewigkeit. Zum guten Schluss zieht Ihr geliebter Mensch sich vollständig in einen schläfrigen Dämmerzustand zurück. Und schließlich geht er ganz.

Stan

Stan war ein beliebter Hausarzt, der mehr als fünfundvierzig Jahre lang in seiner Praxis in ein und derselben Gemeinde gearbeitet hatte. Er hatte viele Patienten, die ihn und seine altmodische Art und Weise, ganze Familien zu behandeln, sehr schätzten. Er war außerdem ein Kriegsveteran und hatte den Todesmarsch von Bataan überlebt. Als Stan mit achtundsiebzig Jahren

pensioniert wurde, war das ein riesiges Ereignis in seiner Gemeinde, und man verabschiedete ihn mit einem großen Fest und vielen Tränen in den Ruhestand. Er hatte ein wunderbares Leben verbracht. Viele Menschen verehrten und bewunderten ihn. In finanzieller Hinsicht war es ihm gut ergangen, und er war von einer liebevollen Familie umgeben.
Stan war in seinem ganzen Leben nicht einen einzigen Tag lang krank gewesen, aber zwei Jahre nach seiner Pensionierung bemerkte er plötzlich, dass er kurzatmig war und einen außerordentlichen Sauerstoffbedarf hatte. Eine Röntgenuntersuchung ergab, dass sich in beiden Lungenflügeln zahlreiche Tumoren befanden. Eine Operation war nicht möglich, und ebenso wenig jede andere Therapieform. Die Prognose war nicht gut. Und so bereitete Stan sich heldenhaft und sehr bewusst darauf vor, zu sterben.
Stan´s Familie war während dieser Zeit der Vorbereitung ständig zugegen – alle, außer seiner Tochter Julie. Sie war schon vor der Diagnose zu einer ausgedehnten Europareise aufgebrochen, und alle Versuche, sie zu erreichen, waren fehlgeschlagen. Stan schwor, dass er nicht sterben würde, bevor er sie noch einmal gesehen hatte.
Sobald Julie wieder zuhause war, erfuhr sie von der dramatischen Erkrankung ihres Vaters und besuchte ihn sofort. Als sie kam, lag Stan schon im Sterben. Er erhielt Sauerstoff und Morphium gegen seine Schmerzen und Ängste. Es war ein tränenreiches Wiedersehen. Nachdem er mehrere Stunden allein mit seiner geliebten Tochter verbracht hatte, verkündete Stan: „Jetzt muss ich gehen."
Alle dachten, dass er damit meinte, er müsse die Toilette aufsuchen, und außer Julie gingen alle hinaus, um ihm einen Behälter zu bringen. Als sie ins Zimmer zurückkehrten, war Stan gegangen. Julie hielt seine Hand.

Leben nach dem Tod eines geliebten Menschen

Es ist endlich vorbei. Ihr geliebter Mensch hat seinen Körper verlassen. Es ist nun an Ihnen, diesen langen, intensiven und schmerzvollen Prozess zu Ende zu bringen.
Wenn der geliebte Mensch eine Palliativpflege in Anspruch genommen hat, rufen Sie den Pflegedienst an, sofern er noch nicht informiert ist. Der Pflegedienst wird einen Arzt schicken, der den Tod feststellen wird. Wenn Sie

keinen Pflegedienst in Anspruch genommen haben, rufen Sie Ihren Hausarzt an. Wenn Sie sich im Krankenhaus oder in einem Pflegeheim befinden, wird diese Aufgabe automatisch erledigt werden.
Ein Mitarbeiter des Pflegedienstes oder ein Sozialarbeiter wird wahrscheinlich bei Ihnen bleiben, bis das Bestattungsunternehmen kommt, um den Toten mitzunehmen. Natürlich können Sie darum bitten, mit Ihrem geliebten Menschen allein zu bleiben, bis es so weit ist. Die Zeitspanne, die Sie neben dem Toten verbringen, ist unter Umständen abhängig von Ihrem Glauben (vielleicht wollen Sie bestimmte religiöse oder spirituelle Rituale vollziehen). Wenn Sie mehr Zeit benötigen, um sich zu verabschieden, Frieden zu schließen, den Körper zu baden oder ein Ritual zu vollziehen, haben Sie die Möglichkeit, das Bestattungsunternehmen für einen späteren Zeitpunkt zu bestellen. Aber bedenken Sie, dass die Leiche innerhalb von zwölf Stunden abgeholt werden sollte, um ihn entsprechend Ihren Plänen und Gebräuchen für die Aufbahrung und die Beerdigung vorzubereiten.
Man wird Ihnen direkt nach dem Tod Ihres geliebten Menschen Unterstützung und Gespräche zur Trauerbegleitung anbieten. Sie können diese abhängig von Ihren persönlichen Bedürfnissen entweder sofort oder auch einige Zeit später in Anspruch nehmen. Ambulante Hospizdienste bieten in der Regel eine Trauerbegleitung und emotionale Unterstützung für den Zeitraum eines Jahres nach dem Tod an.
Diese kann zum Beispiel per Telefon erfolgen, indem Sie an für Sie wichtigen Daten angerufen werden, es kann sich um eine individuelle Trauerberatung handeln, oder Sie können eine Selbsthilfegruppe aufsuchen. Die meisten Selbsthilfegruppen werden stadtweit oder regional angeboten und stehen Ihnen unabhängig davon offen, ob Sie von einem Pflegedienst betreut worden sind oder ob der Patient in einem Hospiz untergebracht war.
Denken Sie daran, dass Sie nicht allein sein *müssen*. Ein Geistlicher oder ein Mitglied Ihrer Kirchengemeinde (oder religiösen Gemeinschaft) kann Ihnen zur Seite stehen und Ihnen eine große Hilfe sein. Lassen Sie zu, dass Ihre Familie und Ihr soziales Umfeld (Kirchengemeinde, Schule, Vereine, Arbeitskollegen, andere soziale Gruppen, Sportvereine und so weiter) Ihnen in diesen schweren Stunden aktiv zur Seite stehen. Sie werden sowohl Ihre Privatsphäre als auch die Gesellschaft anderer Menschen benötigen.

Auch alle anderen Menschen, die an Ihrem Leben teilhaben, haben einen Verlust erlitten und brauchen Sie vielleicht mehr als Sie glauben.
Unter Umständen müssen Sie Ihren Rechtsanwalt oder Steuerberater aufsuchen, um Ihre finanziellen Angelegenheiten zu regeln. Rufen Sie Ihren Versicherungsagenten an, damit die Auszahlung der Lebensversicherung zügig erfolgen kann. Nun ist es an der Zeit, die Pläne umzusetzen, die Sie ausgearbeitet haben, als der geliebte Mensch an Ihrer Seite noch mitten im Leben stand. Falls der geliebte Mensch als Soldat gedient hat oder Beamter war, haben Sie vielleicht ein Anrecht auf spezielle Hilfsleistungen. Nehmen Sie Kontakt zu den entsprechenden Behörden auf, um sich dort beraten zu lassen.
Wenn Sie die Beerdigung noch nicht geplant haben, müssen Sie sich nun darum kümmern. Falls Sie die Gelegenheit hatten, sich mit Ihrem geliebten Menschen über die Beerdigung zu unterhalten, werden Sie wissen, ob er eine bescheidene Trauerfeier oder aber eine größere Beerdigung vorzieht. Selbst wenn Sie sich nicht abschließend über eine Beerdigungsfeier unterhalten haben sollten, werden Sie wissen, welche Werte der Verstorbene vertreten hat und welchen Glauben er hatte. Sie sind in dieser Zeit vielleicht sehr verletzlich, und Sie könnten in Versuchung geraten, mehr Geld auszugeben als Sie es sich leisten können – und mehr, als Sie Ihrem geliebten Menschen zufolge ausgeben sollten. Es ist häufig eine gute Idee, sich von einem Freund oder einer Freundin zum Bestattungsunternehmen begleiten zu lassen.
Sie können auch die Hilfe der Menschen in Anspruch nehmen, die Ihnen während der ganzen Zeit zur Seite standen. Auch sie lieben sowohl Sie als auch den Verstorbenen, und Ihre Gegenwart wird dafür sorgen, dass Sie sich wohlfühlen und in dieser verletzlichen Zeit vielleicht ein wenig Ruhe vermitteln. Manche Hospizorganisationen haben außerdem Finanzberater, die Ihnen in dieser schwierigen Phase zur Seite stehen können.
Beerdigungen und Trauerfeiern sind nicht für die Verstorbenen da, sondern für die (Über-)Lebenden. Sie dienen als Forum, um Ihre Liebe zu dem Menschen, den Sie verloren haben, zum Ausdruck zu bringen, und Liebe und Unterstützung von Seiten Ihrer Familie, Ihrer Freunde und Ihrer Gemeinde zu erfahren. Eine Trauerfeier muss kein aufwändiges, kostspieliges

Unterfangen sein. Wenn der geliebte Mensch zügig und in aller Stille beerdigt oder eingeäschert wurde, können Sie sich für eine kleine, informelle Zusammenkunft in Ihrem Haus oder in den Räumlichkeiten Ihrer Kirchengemeinde entscheiden. Sie müssen keine Grabrede vorbereiten, auch wenn Sie das vielleicht gerne täten. Familienmitglieder und Freunde können eingeladen werden, ihre Erinnerungen an den Verstorbenen zu teilen. Indem Sie Ihre Trauer und Liebe mit anderen teilen, wird ein Heilungsprozess in Gang gesetzt.

Die Ausgestaltung der Beerdigungsfeier wird nicht immer im Vorfeld eines erwarteten Todes geleistet, sondern häufig erst, wenn der Betroffene tatsächlich im Sterben liegt – oder erst kurz nach seinem Tod. In manchen Kulturen gilt es als despektierlich, schon vor dem Tod Vorbereitungen für die Trauerfeier zu treffen; so etwas zu tun, wird als Mangel an Liebe aufgefasst. In anderen Kulturen ist gar keine Planung erforderlich, weil die Angehörigen wissen, was sie tun müssen, weil ihre Trauerrituale so in ihre Traditionen verwoben sind, dass keine Entscheidungen getroffen werden müssen. Eine Trauerfeier schon vor dem Tod zu organisieren – vor allem unter Beteiligung des sterbenden Menschen – ist ein relativ neues Konzept und kommt fast nur in der westlichen Kultur vor.

Literaturhinweise

Karnes, Barbara; Gone from my Sight: The Dying Experience, Stillwell, Kansas, 1986

Byock, Ira, „When Suffering Persists“, Journal of Palliative Care, Vol. 10, No. 2, pp. 8-13, 1994

Kapitel 8
Der Tod eines Kindes

Der kleine Spielzeughund ist staubbedeckt,
aber steht eisern und standhaft
Und der kleine Spielzeugsoldat ist rot vor Rost
Kleiner, trauriger Junge
--- Eugene Field

Wenn ein Kind stirbt, stehen diejenigen, die dieses Kind geliebt haben, vor einer unfassbaren Tragödie. Die Leere, die all die Orte umgibt, an denen das Kind gelebt hat, ist unerträglich. Es ist, als sei etwas Wesentliches einfach weggerissen worden. Ein grundlegendes Stück Liebe und Leben ist verschwunden, und deshalb bleibt dort eine nie gekannte Leere zurück.

Wenn das Leben und die Gegenwart eines Kindes verschwunden sind, dann gilt das auch für viele Eigenschaften, die dieses Kind in das Leben derer brachte, die es liebten oder versorgten. Kinder bereichern unser Leben um besondere Dinge, und wenn sie weg sind, kann die Essenz dieser Dinge nicht ersetzt werden. Das unschuldige Lachen zum Beispiel über Dinge, die Erwachsene als nicht lustig empfinden (die aber tatsächlich sehr lustig sind); ihre besondere Interpretation dessen, was Erwachsene als banal abtun würden; ihre Beobachtungen und ihre Verwunderung angesichts so vieler neuer Dinge. Tatsächlich ist für ein Kind alles neu. Auch wenn manche Erwachsene es nicht verstehen, ein Teil dessen, was an Kindern so zauberhaft ist, sind ihre unzähligen Fragen, ihre bizarren Antworten, und die einzigartigen Wahrnehmungen, die sie für bare Münze nehmen.

Es gibt einige universelle Grundsätze, die wir unseren Kindern beibringen: Gott ist gut; Allah ist groß; Du musst Mitleid mit Menschen haben, die weniger haben als Du; Gutes, das Du tust, wird zu Dir zurückkehren; das Gute wird über das Böse triumphieren, und so weiter. All diese Grundsätze dienen in der gesamten Menschheit dazu, den Glauben und das Vertrauen eines Kindes zu fördern – auch wenn es nicht unbedingt immer der Realität entspricht. Und dennoch sind sie wahr.

Erwachsene neigen dazu zu glauben, dass der Tod eines Kindes immer zu früh eintritt, dass das Kind gleichermaßen nicht lang genug gelebt hat, um das Leben zu verstehen und zu leben und all die Freuden und Wunder zu erleben, die diese Welt zu bieten hat. Manche Menschen glauben, dass mit dem Tod eines Kindes die Unschuld verraten wird. Wir fragen uns, ob die unschuldige Liebe und die vertrauensvolle Natur eines Kindes die Wandlung der Seele erleichtern.

Wenn ein Paar beschließt, ein Kind zu bekommen und es zum Teil ihres Lebens zu machen, dann denken die Eltern, dieses Kind gehöre ihnen – nicht dem Kosmos mit seinen eigenen Regeln und Zeitabläufen. Sie erwarten, dass es glücklich und gesund sein wird, alt werden und sie überleben wird. Natürlich existieren auch Ängste diesbezüglich – Ängste, die tiefer reichen, als sie jemals vor der Geburt eines Kindes erfahren wurden – aber keine Mutter und kein Vater ist tatsächlich darauf vorbereitet, dass ihr Kind sterben könnte. Das ist ein Grund für die besonders tiefe Trauer, die Eltern nach dem Tod eines Kindes erleben.

In unserer Arbeit haben wir außerdem beobachtet, dass Eltern sich schlecht fühlen, weil sie nicht in der Lage waren, die junge Seele ihres Kindes auf die Wandlung zum Tod vorzubereiten. Schließlich ist die Kindheit noch kein geeigneter Zeitpunkt, um über den Tod zu reden und Sterblichkeit als gegeben zu akzeptieren. Selbst wenn Eltern gar nicht formulieren können, wie sie ihren Nachwuchs angemessen auf die Tatsache hätten vorbereiten können, dass wir alle sterben müssen, wollen Eltern doch das Gefühl haben, dass sie alles getan haben, was in ihrer Macht stand.

Wenn ein Kind stirbt, fühlen sich viele Eltern betrogen, weil sie einen fundamentalen Prozess noch nicht als abgeschlossen empfinden und weil sie nicht in der Lage waren, sich angemessen um die Seele ihres Kindes zu kümmern.

Wir möchten Sie daran erinnern, dass ein Kind, das gerade gestorben ist, ein vollständiges Leben gelebt hat! Sein Leben war vielleicht sogar intensiver als das gleichaltriger Kinder, und sein Leben hat den Beitrag geleistet, für den es geschaffen war, egal wie lang oder kurz dieses Leben war.

Es gibt so viele Fragen und Gedanken, die auf Eltern einstürzen, die ihr Kind verlieren – alle untrennbar verbunden mit tiefen, intensiven Gefühlen. Es ist ein schrecklicher Schock, der alle, die das Kind lieben, aus der Bahn wirft. Eltern, Freunde und Familienmitglieder, die das Kind geliebt haben, haben deshalb häufig größere Schuldgefühle als sie eigentlich ertragen können. Kein Wunder: fügen Sie Schuld zum Leid und zu der Trauer, die die Eltern empfinden, hinzu und Sie finden eine wirklich außerordentliche Art der Trauer, die ganz besonderes Verständnis und eine ganz spezielle Unterstützung erfordert.

Wir drängen Eltern zu begreifen, dass sie nichts *falsch* gemacht haben. Ihr Kind zu lieben und es auf die Art und Weise zu begleiten, wie sie es für richtig halten, ist genau das, was von Eltern erwartet wird – und es ist gleichzeitig alles, was sie tun können. Den Verlust in Schuldgefühlen zu tränken, macht das Leid noch viel schlimmer. Wir glauben, dass der Schock nach dem Tod eines Kindes nicht nur von denen erlebt wird, die unter den Lebenden weilen, sondern auch von den Seelen derer wahrgenommen wird, die das Kind erwarten. Das bedeutet, dass die Traurigkeit auch auf der anderen Seite der Brücke gespürt wird.

Manchmal scheint es, als wäre die ganze Schöpfung Zeuge und Teilhaber Ihres Schmerzes. Die Wolken füllen sich mit Tränen, bis der Himmel zusammenstürzt und gegen diesen unbegreiflichen Verlust anwütet. Die nächtlichen Geräusche der Grillen und Frösche scheinen stundenlange Trauergesänge anzustimmen. Und die Sonne lässt selbst den mildesten Frühlingstagen bösartig erscheinen.

Wenn Sie das Gefühl haben, als habe der Tod Ihres Kindes das Licht und die Freude der Welt verringert, dann glauben wir, dass das der Wahrheit entspricht. Die Last Ihrer Trauer wird von der ganzen Schöpfung mitgetragen. Die riesige Lücke, die nun in Ihrer Welt klafft, wird ebenso überall gespürt. Aber wir glauben ebenso, dass Ihr Kind an einen Ort geleitet werden wird, an dem die wertvollen Seelen der Kinder weiter wachsen können, und dass es dort mit Liebe und Freude empfangen werden wird. Welchen spirituellen Glauben auch immer Sie haben, arbeiten Sie an dem Wissen, dass Ihr Kind endlich an einem sicheren Ort angekommen ist, an dem ihm Schmerzen nichts mehr anhaben können.

In seinem Buch „Medical Care of the Soul“ (Johnson Printing, Boulder, Colorado 2000) erläutert Bruce Bartlow, was wir hiermit meinen. Er bezieht sich auf den Glauben der zentralafrikanischen Schamanen: Ein Kind findet nahtlos Anschluss an die Ahnen seiner Familie, weil es geradewegs aus der spirituellen Welt kommt und Nachrichten von den Großeltern mitbringt, die sich dem Ende ihres körperlichen Lebens auf der Erde nähern. Der Schamane glaubt, dass diejenigen, die der spirituellen Welt am nächsten sind (die jüngsten und die ältesten Menschen), eben aufgrund ihrer gemeinsamen Nähe zur spirituellen Welt gut miteinander kommunizieren können. Das Kind hat noch Erinnerungen an seine Reise aus der spirituellen in die körperliche Welt und kann seinen Weg zurück leicht finden, um dort seinen Ahnen wiederzubegegnen. Diese Vorstellung kann Sie sehr beruhigen, wenn Sie nach dem Verlust eines Kindes verzweifelt versuchen, Ihren Seelenfrieden zu finden.

Der Imperativ der Generationen

Auch Kinder waren nie vom Tode verschont. Wie jeder andere Mensch auch unterwerfen sich Kinder bei der Geburt der schlichten Tatsache, dass jeder Mensch sterblich ist. Und wie Erwachsene auch können Kinder krank werden, in furchtbare Unfälle verwickelt werden und plötzlich und unerwartet sterben. Die Todesursache spielt keine Rolle. Jedes Mal, wenn die Unschuld und Freude, die Kinder in die Welt gebracht haben, durch den Tod verringert wird, erreichen Schmerz und Leid ungeahnte Ausmaße.
Der Verlust eines schon erwachsenen Kindes ist dabei ebenso schmerzhaft und herzzerreißend wie der Tod eines kleinen Kindes. Der Tod eines Kindes läuft dem entgegen, was wir als Imperativ der Generationen begreifen. Eltern und Großeltern, Onkel und Tanten, Großonkel und Großtanten haben gemeinschaftlich, wenn auch unbewusst, beschlossen, dass sie vor ihren Kindern und Kindeskindern sterben müssen. Das scheint der richtige Weg zu sein und es fühlt sich natürlich an. Alles, was anders abläuft, ist ein unberührbares Tabu – unabhängig vom Alter des Kindes. Der Verlust eines Kindes, egal welchen Alters, führt zu grenzenloser Trauer.
Eltern, deren Kind dem Tod nahe kommt und dann überlebt, verspüren die gleiche Trauer, bis das Kind nicht mehr in Gefahr ist. Fälle, in denen Kinder dem Tod mehrere Male nahe sind, aber jedes Mal überleben, wühlen unglaublich auf. Diese Eltern erleben zahlreiche Momente, in denen sie

sich auf sich selbst besinnen und sich selbst die Schuld geben, sich aber immer enger mit dem Kind verbunden fühlen. Die Bande zu einem Kind sind intensiver, nachdem eine solche Erfahrung gemacht wurde.
Das Gleiche gilt für die speziellen Bande von Eltern, deren Kinder besondere Bedürfnisse haben, zum Beispiel von Kindern mit Down-Syndrom, Zerebralparese, Mukoviszidose, und vielen anderen mentalen Einschränkungen oder Anomalien des Zentralen Nervensystems.
In solchen Fällen empfinden die Eltern eine einzigartige Liebe zu den benachteiligten Kindern, und der Tod eines solchen Kindes führt zu unglaublicher emotionaler Aufruhr. Es genügt wohl der Hinweis, dass wir den Schmerz und das Leid aller Eltern fühlen, die ein Kind durch eine Krankheit oder eine andere Tragödie verlieren.

Nach dem Tod eines Kindes

Wenn ein Kind gestorben ist, kann sich das katastrophal auf die Familie und die Geschwister auswirken. Die Eltern könnten sich auseinanderleben, bis eine tiefe Kluft zwischen ihnen entsteht. Die Geschwister drücken ihre Trauer mitunter nicht so aus, wie die Erwachsenen es von ihnen erwarten, so dass sich ihr Verhalten als problematisch erweisen kann. Nach dem Tod eines Kindes ist die Familiendynamik schwer vorherzusagen und nur sehr schwierig zu verstehen. Das Rezept lautet: viel Liebe, Verständnis und Unterstützung. Wir empfehlen, sich an ein Hospiz zu wenden, an einem Trauerbewältigungsprogramm teilzunehmen oder die Hilfe eines professionellen Therapeuten in Anspruch zu nehmen. Für viele Menschen bleibt die Trauer sehr intensiv, und sie müssen über Jahre hinweg an Therapien teilnehmen. Manche Menschen erfassen das Ausmaß ihrer Trauer oft erst lange, nachdem ein Kind verstorben ist. Die Heilung von einem solchen Verlust ist ein anhaltender Prozess, der keineswegs linear verläuft oder deutlichen und eng gesetzten Regeln folgt, wann das Leid vorbei ist. Die wichtigste Empfehlung lautet, sich selbst gegenüber ehrlich zu bleiben, was Sie gerade erleben, und damit so konstruktiv wie möglich umzugehen. Das setzt mit großer Wahrscheinlichkeit die Hilfe anderer Menschen voraus.
Die Religion kann eine wichtige Rolle spielen, um mit dieser besonderen Art der Trauer fertig zu werden. Die Zeit der Familie mit einem Kind kann

ganz plötzlich enden und sie mit einem überwältigenden Gefühl der Leere und Unvollständigkeit zurücklassen. Und dennoch ist es wichtig zu erkennen, dass das Leben des Kindes ein kompletter Zyklus war, egal wie kurz dieser Zyklus gewesen sein mag. Synchronizität kann auch in einem auf tragische Weise verkürzten Leben zum Tragen kommen.
Die starken emotionalen Bande, die in dem Imperativ der Generationen wurzeln, verhindern häufig, dass Eltern die Bedeutung und Schönheit der Synchronizität wahrnehmen, die in der Familiendynamik sichtbar wird. Mit Tränen in den Augen erzählen wir die Geschichte von Felicita und ihrem Vater, der es nicht ertragen konnte, seine Tochter gehen lassen zu müssen.

Felicita

Felicita arbeitete als OP-Schwester in einem kleinen Krankenhaus. Sie war eine gute Mutter, eine liebende Ehefrau und wurde von ihren Kollegen sehr geschätzt. Ihr Ehemann verfolgte eine erfolgreiche Karriere, und ihre Kinder waren gut in der Schule. Das Leben war gut, in jeder Hinsicht.
Felicita gelang es, ihre Eltern aus Mexiko einreisen zu lassen, nachdem sie sich jahrelang mit dem dafür erforderlichen Papierkrieg auseinandergesetzt hatte. Kurze Zeit später verspürte sie immer mal wieder Unterleibsschmerzen und bemerkte, dass sie Blut im Stuhl hatte. Sie suchte ihren Hausarzt auf, um die jährliche Vorsorgeuntersuchung in Anspruch zu nehmen und dabei auch die Ursache ihrer Schmerzen abklären zu lassen. Alle Labortests ergaben unauffällige Befunde. Auch die Mammographie war in Ordnung. Sie hatte eine geringfügige Anämie und eine kleine Menge Blut im Stuhl und wurde deshalb an einen Gastroenterologen überwiesen, der sie mittels Darmspiegelung weiter untersuchen sollte.
Am Tag der Untersuchung hatte sie Angst und sie überkam eine Ahnung, dass der Arzt während der Koloskopie etwas finden könnte. Die Untersuchung wurde ohne Probleme durchgeführt. Aber der ernste Gesichtsausdruck des Arztes, als er auf sie zukam, um den Befund mit ihr zu besprechen, ließ alle Farbe aus ihrem Gesicht weichen. Er hatte einen großen Tumor im querliegenden Teil des Grimmdarms gefunden, der obendrein durch die unterschiedlichen Wandschichten des Darms zu wachsen schien.

Er schickte mehrere Gewebeproben sowie einige Lymphknoten aus dem Bauchraum zur pathologischen Untersuchung ins Labor.
Er besprach mit Felicita, dass ihr eine offene Bauchoperation sowie eine Stadienbestimmung bevorstehe, um zu untersuchen, wie weit der Tumor sich schon ausgebreitet hatte. Das war ein wesentlicher Teil der Information, denn schließlich hing die gesamte Therapie, darunter auch alle kommenden Operationen, davon ab, wie weit der Tumor gestreut hatte. Felicita wusste, was es mit der Stadienbestimmung auf sich hatte, schließlich hatte sie schon eine Vielzahl dieser Operationen begleitet.
Sie fuhr nach Hause und fühlte sich benommen angesichts der Ereignisse dieses Tages. Sie stand unter Schock und fühlte sich, als sei sie in Trance. Sie rief ihren Mann an, sobald sie zuhause war, und erzählte ihm, dass bei ihr Darmkrebs diagnostiziert worden war. Er fing am Telefon an zu weinen und kam sofort nach Hause. Als die Kinder aus der Schule nach Hause kamen, erzählten Felicita und ihr Mann ihnen alles. Auch Felicitas Eltern wurden noch am selben Abend informiert und kamen, um ihre Unterstützung anzubieten, ihre Tochter zu umarmen und zu küssen. Sie übernachteten in dieser Nacht im Gästezimmer und übernahmen sofort die Verantwortung für die Küche und alle Hausarbeiten.
Die offene Bauchoperation bestätigte, dass der Tumor sich über den Unterleib hinaus ausgebreitet hatte. Ein Großteil des Darms war befallen, aber darüber hinaus wurden auch Metastasen in der Leber und im Gehirn gefunden. Das waren schreckliche Neuigkeiten, aber Felicita akzeptierte ihre Krankheit und bereitete sich darauf vor zu sterben. Mit großer Gelassenheit und Klarheit beschloss sie, nur eine leichte Chemotherapie durchzuführen und dafür eine intensive Palliativpflege in Anspruch zu nehmen, um ihre letzten Tage möglichst schmerzfrei und komfortabel leben zu können.
Felicitas Familie stand ihr während dieser Zeit mit aller Kraft und Liebe zur Seite – mit Ausnahme ihres Vaters. Er war zunehmend in sich gekehrt und litt still für sich allein. Als Felicita nach dem Krankenhausaufenthalt und mit einer Magensonde versehen wieder nach Hause kam, äußerte er der Familie gegenüber, dass es nicht richtig sei, dass ein Kind vor ihren Eltern sterbe, egal unter welchen Umständen. Er war fest von dieser Aussage überzeugt und verweigerte fortan jegliche Nahrungsaufnahme.

Der Priester konnte ihn nicht von seinem Vorhaben abbringen. Seine Frau versuchte mit allen Mitteln, ihn zu überzeugen, dass Felicita seine Unterstützung im Kampf gegen den Krebs benötige, aber auch ihre Versuche waren alle vergeblich.
Irgendwann sorgte der Tumor dafür, dass sich die Magensonde löste, und Felicita musste sich noch einmal ins Krankenhaus begeben, um einen Darmbypass legen zu lassen, der es ihr ermöglichen sollte, Nahrung zu sich zu nehmen und die ungünstigen Auswirkungen der Darmobstruktion (des durch den Tumor blockierten Darms) zu verringern. Aber nach der Operation erholte sie sich nur langsam. Sie war kurzatmig und fiel immer wieder ins Koma. Dieses Mal kam ihr Vater zu Besuch und sah, wie sie um ihr Leben kämpfte. Er sagte den Schwestern auf der Intensivstation, dass das, was dort geschehe, nicht richtig sei, dass Eltern ihre Kinder nicht überleben dürften. Dann nahm er sich ein Taxi und fuhr nach Hause, während der Rest der Familie bei Felicita blieb, um sicherzustellen, dass sie es schaffen würde. Tatsächlich überlebte sie die Operation, war aber sehr schwach und ernsthaft krank.
Als die Familie später nach Hause kam, war das Haus dunkel, und sie fanden Felicitas Vater leblos auf seinem Bett. Er hatte eine Notiz hinterlassen, auf der lediglich stand: „Ich liebe Euch, meine Familie. Es ist nicht richtig, dass mein Kind vor mir stirbt. Ich muss vor ihr sterben. Wir sehen uns im Himmel wieder."
Er war nach Hause gefahren und hatte allein mit seiner Willenskraft seinen Tod herbeigeführt – so ausgeprägt war seine Überzeugung, dass Kinder nicht vor ihren Eltern sterben dürften. Felicita starb erst mehrere Wochen später.
Manchmal stirbt ein Kind nicht nur zur falschen Zeit, sondern auch gewaltsam. Wie können Sie als Eltern und Familie reagieren, wenn ein geliebter Mensch gewaltsam aus dem Leben gerissen wird? Sie können wütend werden, sich aus Ihrem sozialen Umfeld und Ihrer Familie zurückziehen oder Ihren Glauben verlieren. Sie können mit einer Persönlichkeitsveränderung oder mit gewalttätigem Verhalten reagieren. Ein gewaltsamer Tod hat einen zutiefst verheerenden Effekt und kann das Leben der Angehörigen und Freunde nachhaltig und dramatisch verändern. Wie können Sie mit

einem solchen Ereignis umgehen? Die Geschichte von Onkel Freddie und Tom wird Ihnen zeigen, wie ein betroffener Vater einen Ausweg aus seiner Dunkelheit und Verzweiflung fand.

Onkel Freddie und Tom

Es gibt einen jüdischen Lehrsatz über die *lamed vav*. „*Lamed vav*" bedeutet „sechsunddreißig". Der Rabbi lehrt, dass es in jedem einzelnen Moment auf der Erde sechsunddreißig Seelen (*tzaddikim*) gibt, die so tugendhaft und rechtschaffen sind und ihr Leben dermaßen verdient haben, dass Gott allein ihnen zuliebe dafür sorgt, dass die Welt sich weiter dreht. Wenn sie nicht existieren würden, dann würde unsere eigene Sündigkeit uns verschlingen.

Alle Menschen, die Tom kannten und liebten, wussten, dass er eine solche gute Seele (*tzaddik*) war. Sein Enthusiasmus und seine Verspieltheit gewannen die Herzen unserer kleinen Kinder. Die Zärtlichkeit, die er seiner alten Großmutter entgegenbrachte, rührte zu Tränen. Und obwohl er in einer Zeit lebte, in der das Konzept der Familie an Bedeutung verliert und die Liebe zu den eigenen Eltern oft belächelt wird, verehrte er seine Mutter und seinen Vater, ohne sich dafür zu schämen.

Toms Vater, Freddie, war der Kantor einer großen reformierten Kirchengemeinde in Südkalifornien. Tom nahm häufig an den Gottesdiensten am Freitagabend teil, die sein Vater hielt. Vater und Sohn glaubten gleichermaßen an Gott und an das Gute im Leben, so dass sie damit alle Differenzen zwischen den Generationen und anderen theologischen Grundsätzen überwinden konnten.

Tom war noch keine dreißig Jahre alt. Es war seine Bestimmung, zum Mittelpunkt einer neuen Generation der Familie zu werden. So wie sein Vater in unserer Kindheit der Mittelpunkt unserer Familie gewesen war, sollte Tom eines Tages derjenige sein, der unsere Familie zusammenhielt und daran erinnerte, wer wir als Menschen und als Familie waren.

Tom erlebte gerade den Frühling seines Lebens und hatte soeben seinen Universitätsabschluss gemacht. Am Vorabend des jüdischen Passah-Festes fuhr er nach dem traditionellen Sedermahl nach Hause und fiel dort einem brutalen und sinnlosen Raubmord zum Opfer.

Toms Beerdigung war feierlich und surreal. Es schien, als sei ganz Los Angeles versammelt, und es fühlte sich an, als würde die ganze Welt weinen. Nach der Trauerfeier und der Beisetzung fuhren wir wieder zum Haus seiner Eltern. Toms Großtante erzählte uns, sie sei sechzig Jahre alt gewesen, als Tom geboren worden sei. „Wer hätte sich vorstellen können, dass ich seinen Tod erleben würde?“ fragte sie.

Freddie saß auf einem hochlehnigen Stuhl. Sein Gesicht wirkte grau, er war schweigsam, starrte ins Leere und schüttelte seinen Kopf. Nur ein Jahr zuvor hatte Freddie seine Mutter beerdigen müssen. Wir saßen an seiner Seite. Der Kantor, ein Mann des Glaubens, drehte sich um und sah uns mit leerem Blick an. „Es gibt keinen Gott“, sagte er. Joyce, seine Frau, nahm seine Hand und drückte sie. Sie sagte gar nichts, aber ihre Gegenwart war deutlich zu spüren.

Onkel Freddie und Tante Joyce sahen sich schon kurz danach in ein langes und unergründlich schmerzhaftes Gerichtsverfahren involviert, das mit der Verurteilung des Mannes endete, der uns Tom genommen hatte. Eine Zeitlang gab es keine Familienfeiern und -zusammenkünfte. Freddie und Joyce hatten genug damit zu tun, wenigstens einen Teil der Bruchstücke ihres erschütterten Lebens wieder zusammenzufügen; der Rest der Familie hatte nicht das Herz, in dieser Zeit große Feste zu feiern. Die üblichen Wegmarken des Lebens (Hochzeiten, Bar Mitzwah-Feiern, Geburtstage) schienen uns nur immer weiter von der Welt zu entfernen, in der es auch Tom gegeben hatte.

Irgendwann wurde die Tradition, die Passah-Feste gemeinsam zu feiern, wieder aufgenommen. Die Zusammenkünfte waren ruhiger, und immer klaffte dort eine Lücke, die nicht zu füllen war. Abgesehen von Kartengrüßen zu den Feiertagen ließ der Kontakt zu Freddie und Joyce spürbar nach. Jeder zog sich in seine eigene isolierte Hölle zurück. Ein Familienfest ohne Tom zu feiern, war einfach undenkbar, und so hörten wir im Laufe der Zeit einfach auf, uns zu solchen Festen zusammenzufinden. Derart unorganisiert und einsam vergingen mehrere Jahre. Schließlich führte uns im vergangenen Frühjahr ein weiterer Trauerfall wieder zusammen. Freddies Schwager war gestorben, und Freddie hielt die Trauerfeier. Wir saßen beim Frühstück zusammen und diskutierten die bevorstehenden Trauerrituale.

Ich war überrascht, als ich hörte, dass Freddie wieder von Gott sprach und das Gute im Leben betonte. Im Laufe der vergangenen fünfzehn Jahre hatte Onkel Freddie offensichtlich die Verbindung zu seinem Leben und zu Gott wiedergefunden.

Kurz nach Onkel Harrys Beerdigung fand das nächste Passah-Fest statt, und Onkel Freddie stand wieder dem Familien-Seder vor. Gegen Ende des rituellen Sedermahls proklamiert die Gruppe „Wir und unsere Kinder werden leben... das Volk von Israel wird leben." Freddies Stimme war fest und sicher, als er die Erklärung verlas: „Das Volk von Israel wird leben." Wir konnte er das sagen, nach dem Verlust seines einzigen Sohnes und so kurz nach dem Tod seines Schwagers, mit dem ihn eine innige Beziehung verbunden hatte?

An dem Tag, als Tom beerdigt wurde, hatte Joyce an seiner Seite gesessen, seine Hand gehalten und ihm in seiner Verzweiflung und seinem Leid nicht widersprochen. Sie hatte ihn einfach auf dieser Reise begleitet. Sie hatten Tom gemeinsam gezeugt und genährt. Sie hatten ihn gemeinsam beigesetzt und um ihn getrauert. Sie hatten gemeinsam den Schrecken durchgestanden, ein Kind durch einen Mord zu verlieren. Ihre Liebe zueinander hatte ihnen geholfen, all dies zu überstehen, und diese Liebe war es auch, die Freddie den Weg zurück in die Welt der Lebenden ebnete. Die Lücke würde immer da sein, aber Freddie hatte einen Beweggrund gefunden, um weiterzumachen und wieder einen Sinn in seinem Leben gesehen. Er konnte wieder lächeln und seine berühmten Witze erzählen. Und er konnte seinen Frieden mit Gott machen.

Das Vermächtnis

Einer der schwierigsten Aspekte an dem Verlust eines Kindes ist die Empfindung, dass ein Leben nicht vollständig gelebt worden sei. Das aber ist in den seltensten Fällen tatsächlich so, weil Kinder ein beinahe magisches Vermögen haben, ein vollständiges Leben in einer sehr kurzen Zeitspanne zu leben. Aber in den Augen der Erwachsenen sieht es so aus, als sei die Zeit zu kurz gewesen, wie abgeschnitten, wie gekappt. Und diese Leere, die der Verlust eines Kindes hinterlässt, kann dazu führen, dass einem das ganze Leben hohl und bedeutungslos erscheint. Erwachsene blicken auf Jahre,

Jahreszeiten und Lebensabschnitte zurück und haben häufig eigene Kinder, die es ihnen ermöglichen, einen bleibenden Eindruck oder ein Erbe zu hinterlassen. Manche Eltern haben uns erzählt, dass es ihnen in ihrer Not geholfen habe, dafür zu sorgen, dass ein Vermächtnis ihrer Kinder geschaffen und gewahrt werde. Manche Eltern wurden zu Anwälten oder Aktivisten für die Umstände, die ihnen ihre Kinder geraubt hatten. Wir alle kennen die Arbeit der Mütter-Initiative gegen Alkohol am Steuer; MADD (Mothers Against Drunk Driving). Elisabeth Glasers Kummer und Wut über die Verlust ihres Kindes führte zur Gründung einer Kinder-AIDS-Stiftung (Pediatric AIDS Foundation). Eine Familie in Kalifornien, deren Tochter ermordet worden war, sorgte dafür, dass Gesetzesinitiativen auf den Weg gebracht wurden, um das Leben aller Kinder sicherer zu machen. Heute wird das Gesetz als „Megans Law" bezeichnet. Das Vermächtnis Ihres Kindes voranzutreiben, bedeutet aber nicht, dass Sie sich in Zukunft mit den Umständen oder der Krankheit auseinandersetzen müssen, die dazu geführt haben, dass Sie ihr Kind verloren haben. Es gibt viele andere Wege, die Eltern gefunden haben, um die Erinnerung an ihre Kinder wachzuhalten und ihr Erbe zu gewährleisten. Hier sind einige Beispiele:

- Schaffen Sie ein Schüler-Stipendium, das an Ihr Kind erinnert.
- Wenn Ihr Kind Musik oder Sport geliebt hat, kann Ihre Familie (oder Ihre Kirchengemeinde/Ihr Freundeskreis) vielleicht die Patenschaft für ein Sportereignis oder für ein Kinderkonzert übernehmen. Das könnte ein jährlich wiederkehrendes Ereignis sein.
- Wenn Ihr Kind es liebte, zelten oder wandern zu gehen oder sich in der Natur aufzuhalten, könnten Sie einen Naturlehrpfad in einem nahegelegenen Waldstück anlegen lassen, der nach Ihrem Kind benannt wird.
- Leisten Sie ehrenamtliche Arbeit in einem Bereich, der für Ihr Kind sehr wichtig war (sofern Sie emotional dazu in der Lage sind): Kindertheater, Kindertanz, Kunst- oder Wissenschaftskurse für Kinder, Umwelt- oder Friedensaktivitäten – was auch immer Ihr Kind geliebt hat.

Wir können nicht viel mehr über den grausamen Schmerz und die gebrochenen Herzen sagen, die Eltern und andere Familienmitglieder erleiden, nachdem ein Kind verstorben ist. Jedem dieser erschütternden Ereignisse kann nur mit viel Liebe und der Suche nach Verständnis und Bestätigung begegnet werden. Zeit und Liebe sind die einzigen Faktoren, die im Laufe des Lebens über den Verlust hinweghelfen können.
Es gibt einige Organisationen, die Eltern zur Seite stehen, die ein Kind verloren haben oder deren Kind im Sterben liegt:

- VEID (Bundesverband Verwaiste Eltern und trauernde Geschwister)
- Die (deutsche) Kinderkrebshilfe
- die Bundesstiftung Kinderhospiz
- der deutsche Kinderhospizverein
- das Kinderhospiz Bethel e.V.
- Herzenswünsche e.V.

Krankenhäuser und Hospize vor Ort können Ihnen weitere Selbsthilfegruppen und Vereine nennen und Ihnen darüber hinaus eine individuelle Trauerberatung oder eine Ihren Bedürfnissen entsprechende Gruppentherapie empfehlen.

Wenn Kinder ihre Mutter oder ihren Vater verlieren

Und wenn einer von uns gegangen ist
Und einer von uns bleibt um weiterzumachen
Dann bleibt nur die Erinnerung.
Nur die Erinnerungen lassen uns alles durchstehen.
Denke an die Tage mit mir und Dir
Und Dir und mir gegen die Welt.
--- Helen Reddy

Eine der schwierigsten und schmerzhaftesten Situationen für uns ist es, wenn ein Elternteil stirbt, der kleine Kinder hinterlässt. Kinder verfügen noch nicht über einen angemessenen Wortschatz, um über ihre Trauer, ihre Ängste und Sorgen zu sprechen. Wir werden den Begriff „Mutter" verwenden, aber wir meinen sowohl Mutter als auch Vater – bitte behalten Sie das im Hinterkopf.

Die Vorstellung, die ein Kind vom Tod hat, ist begrenzt und sie unterscheidet sich maßgeblich von der eines Erwachsenen. Zum einen verstehen kleine Kinder (im allgemeinen Kinder bis zum Alter von sechs Jahren) das Konzept der Beständigkeit nicht. Sie haben einfach keinen adäquaten Bezugspunkt. Kinder benutzen Wörter wie „Tod" und „sterben", aber sie können sich die Bedeutung des Wortes „für immer" nicht erklären. Nach dem Tod eines Elternteils fragen Kinder immer und immer wieder: „Aber wann kommt sie denn zurück?" Wir erinnern uns an einen vierjährigen Jungen, der Tag für Tag auf der Treppe zum Garten saß und darauf wartete, dass seine Mutter zurückkehrte. Jeden Tag erinnerte sein Vater ihn daran, dass seine Mutter gestorben war. Und am nächsten Tag saß er wieder auf der Treppe und wartete auf seine Mutter.

Auch die Trauererfahrung und der Ausdruck der Trauer unterscheiden sich von dem eines Erwachsenen. Kinder haben nur ein begrenztes Aufmerksamkeitsvermögen – und dieses umfasst auch ihr emotionales Aufmerksamkeitsvermögen. Ein kleines Kind setzt sich nicht hin und trauert und weint wie ein Erwachsener. Es benötigt eine Pause und geht spielen. Kinder brauchen Ablenkung. Als Pams Tochter zwölf Jahre alt war, starb an einem 30. Oktober ihre Großmutter. Sherry stand ihrer Oma sehr nahe und war von ihrem Tod sehr betroffen, bestand aber am nächsten Abend darauf, sich für Halloween zu verkleiden und in den umliegenden Straßen um Süßigkeiten zu betteln. Für einen Erwachsenen wäre es undenkbar, nur einen Tag nach dem Tod eines geliebten Menschen eine Feier oder eine Party zu besuchen. Für Kinder dagegen ist das etwas völlig Normales.

Erwarten Sie von einem Kind nicht, dass es über das Vokabular oder über die Einsicht verfügt, über seine Trauer zu reden. Kinder identifizieren sich stark mit körperlichen Empfindungen, insbesondere solchen, die schmerzhaft sind. Achten Sie auf Äußerungen wie: „Mein Bauch tut weh." Kinder fühlen ihre Traurigkeit häufig als Spannungsgefühl im Unterleib. Kinder sagen auch „Mein Hals tut weh“ und beschreiben damit das Gefühl, ihre Tränen zurückzuhalten. Ein kleines Mädchen, das wir kennengelernt haben, fragte nach Pflastern. Alle fünf oder zehn Minuten kam sie herein, zeigte auf eine Stelle auf ihren kleinen Armen oder Beinen und bat uns, ihr einen Verband anzulegen. Sein Vater nahm sie auf den Schoß, kümmerte sich hingebungsvoll um ihre nicht sichtbaren Verletzungen und hoffte inständig, dass seine Liebe helfen konnte, ihr Leid zu lindern, das sie nicht artikulieren konnte. Ein anderes kleines Mädchen, das wir betreuten, während seine Mutter gegen eine Krebserkrankung kämpfte, war vollkommen sprachlos. Jennifer kommunizierte mit uns ausschließlich über ihre ausdrucksstarken und unwiderstehlichen Kunstwerke.

Jennifers Mutter

Grace trug einen Namen, der perfekt zu ihrer Persönlichkeit passte. Sie war liebevoll und fürsorglich und legte eine außerordentliche Freundlichkeit an den Tag. Sie war eine junge Mutter und Ehefrau mit einem ebenso liebevollen Ehemann und zwei bezaubernden Töchtern, die ihre Mutter verehrten. Kurz nach der Geburt ihrer zweiten Tochter Jennifer wurde bei Grace Brustkrebs diagnostiziert. Grace nahm den Kampf gegen den Krebs mittels Operation, Bestrahlungen und Chemotherapie auf und es gelang, den Krebs zurückzudrängen. Vier Jahre später kehrte der Krebs zurück.

Graces ältere Tochter konnte sich noch gut an den früheren Kampf ihrer Mutter gegen die Krebserkrankung erinnern, aber Jennifer, die Fünfjährige, war während der ersten Behandlung noch ein Säugling gewesen. Dass ihre Mutter nicht zuhause war, sondern im Krankenhaus lag, war eine völlig neue und beängstigende Situation und eine herzerweichende Reise ins Unbekannte.

Ich traf Grace mehrere Male im Rahmen ihrer Therapie. Sie litt massiv unter Übelkeit und Fatigue, sowie unter Schüben einer peripheren Neuropathie, verursachte durch die giftigen Substanzen, die in der „heilsamen“ Chemotherapie zum Einsatz kamen. Graces Mut und Entschlossenheit wurden immer von den Besuchen ihrer Kinder befeuert. „Meine größte Sorge,“ erzählte sie mir, „ist es, zu sterben und sie zurückzulassen. Ich bin meiner Mutter so nahe. Ich mir nicht vorstellen, wie meine Kinder ohne mich aufwachsen sollen.“ Graces ältere Tochter war sieben Jahre alt, und sie redeten oft den ganzen Nachmittag lang. Angela brachte ihre Schulsachen mit und ließ Grace an ihrem Alltag teilhaben. Als es Grace gesundheitlich zunehmend schlechter ging, identifizierte Angela sich mehr und mehr mit ihrem Vater und ihrer Großmutter und suchte Trost in deren Liebe.

Für Jennifer war es schwieriger. Sie saß häufig am Fußende des Bettes, irgendwie abseits der Familie. Jennifer war nicht so wortgewandt wie Angela und nuckelte häufig an ihrem Daumen, während Grace und Angela ihre Mutter-Tochter-Gespräche führten. Grace bemühte sich, Jennifer in die Gespräche einzubeziehen, aber Jennifer zog sich immer wieder zurück. Grace machte sich Sorgen um ihre jüngere Tochter und redete häufig mit mir darüber, manchmal, indem sie konkret um Rat fragte, manchmal, um ein wenig Unterstützung zu erfahren. Jennifer war eindeutig überfordert und drohte unterzugehen. Schlimmer noch: in Schweigen zu ertrinken, *ohne Stimme* unterzugehen.

Unsere Kunsttherapeutin schlug vor, dass wir Jennifer ermutigen sollten, Bilder ihrer Welt zu malen. Das erwies sich als wundervolles Medium, um Jennifer aus ihrer Isolation zu befreien. Am ersten Tag malte sie ein Bild mit zwei kleinen weinenden Mädchen. In ihrer ungelenken Kinderschrift schrieb sie: „Mein Herz ist traurig... Ich bin traurig, dass Du nicht da bist und wenn Du wieder da bist, werde ich Dich lieben. Ich liebe Dich und ich bin so traurig. Ich will, dass Du bei mir bist.“

Einige Tage später malte Jennifer eine Bildergeschichte. Sie hatte die Form eines Comics: Sechs Rahmen, zwei nebeneinander, drei untereinander. In einem kommerziellen Comic-Stil hatte Jennifer angefangen, mit uns zu reden.

Jennifers Bilder wurden detailreicher und vollständiger, je länger wir sie betreuten. Sie „redete“ mit ihrer Mutter und mit uns allen. Jennifers neuentdeckte Stimme erlaubte ihr, sich selbst als kompetenter und vollständiger wahrzunehmen und versetzte sie in die Lage, die Liebe und das Verständnis einzufordern, das sie benötigen würde, um den schnell näherrückenden Verlust ihrer Mutter zu bewältigen.

Jennifer zeigte uns, wie wichtig es ist, sich mit allen zur Verfügung stehen-

den Fähigkeiten und Fertigkeiten auszudrücken. Die Botschaft eines Kindes kann viele Formen annehmen, und kaum eine davon wird auf eine Weise artikuliert werden, die der Kommunikation Erwachsener ähnelt.
Es ist außerdem wichtig daran zu denken, dass die Persönlichkeit eines Kindes sich ständig weiterentwickelt, und das führt dazu, dass ein Kind den Verlust des Elternteils in jeder Phase dieser Entwicklung erneut erleben wird. Es handelt sich also um einen anhaltenden Schmerz und Verlust. Er kann gelindert werden, aber er geht nicht weg.

Mit einem Kind reden, dessen Elternteil gestorben ist

Ein Kind ist verletzlich – hilflos in der Welt. Eine der deutlichsten emotionalen Antworten auf den Tod eines Elternteils ist blanker Terror: „Was passiert mit mir?" Versichern Sie dem Kind sofort und umfassend, dass für seine Sicherheit gesorgt sein wird. Kinder teilen nicht die Sorgen, die den Erwachsenen im Kopf herumgehen. Stattdessen wollen sie wissen, wo sie die nächste Nacht verbringen werden, wer sie ins Bett bringen wird und wer zuhört, wenn sie ihre Gebete sprechen. Sie wollen wissen, dass jemand das Ruder in der Hand hält und dass die alltäglichen Komponenten ihres Lebens vorhersagbar bleiben. Erzählen Sie ihnen genau, was geschehen wird: „Du gehst heute Abend mit Tante Jenny nach Hause. Du kannst in unserem Bett schlafen. Und morgen früh gibt es Cornflakes." Und sagen Sie dem Kind, dass Sie es lieben.
Es gibt viele Dinge, die Sie dem Kind sagen müssen, um es zu beruhigen und zu beschwichtigen, aber es gibt auch einige Dinge, die Sie dem Kind bitte *nicht* sagen dürfen: Dazu gehören Sätze wie:

- Jesus (oder die Engel) haben Mama mitgenommen.
- Sie hat sich nur schlafen gelegt.
- Sie ist von uns gegangen (oder dahingegangen).
- Gott wollte, dass sie in den Himmel kommt.
- Sie ist jetzt an einem schöneren Ort.

Diese Sätze mögen in einem spirituellen und emotionalen Kontext zutreffen, aber Kinder nehmen sie sehr wörtlich.

Stattdessen sollten Sie dem Kind erklären, dass seine Mutter *gestorben* ist. Vielleicht kennt es die Bedeutung dieses Wortes noch nicht, aber es muss wissen, dass es etwas anderes ist als eine Reise zu unternehmen, wegzugehen oder einzuschlafen. Wir wollen alle unseren religiösen Glauben an unsere Kinder weitergeben, weil Glaubenstraditionen eine reiche Quelle des Trostes sein können. Aber Kinder müssen wissen, dass *Gott nicht in Schlafzimmer eindringt, um Menschen mitzunehmen*. Kinder müssen wissen, dass es nicht Gottes Aufgabe ist, Menschen aus dem Leben zu reißen, während sie schlafen – sonst werden sie plötzlich Ängste entwickeln, dass ihnen das gleiche passiert. Sie müssen auch wissen, dass eine Mutter ihre Kinder nicht zurücklassen würde, um irgendwo hinzugehen, egal wie schön es dort ist. Betonen Sie also, dass der Tod nicht das Gleiche ist, wie einzuschlafen.

Wenn ein Elternteil nach einer langen Krankheit gestorben ist, erinnern Sie das Kind an die vielen Verluste und körperlichen Veränderungen, die die Mutter oder der Vater erleiden musste. Beispielsweise können Sie erklären: „Mamas Körper hat nicht mehr richtig funktioniert. Sie konnte nicht mehr essen und trinken, sie konnte ihre Augen nicht mehr öffnen, sie konnte noch nicht einmal mehr schlafen und träumen. Sie konnte nicht mehr atmen, und deshalb ist ihr Körper gestorben."

Vielleicht haben Sie das Gefühl, dass „Tod" ein zu brutales Wort ist, den Sie in Gegenwart eines Kindes nicht benutzen wollen, aber die Wahrheit ist, dass Ihr Kind das Wort gar nicht verstehen wird. Kinder müssen aber wissen, dass etwas geschehen ist, das sich von ihren alltäglichen Erfahrungen und Erlebnissen unterscheidet. Sonst wird die Welt um sie herum unvorhersagbar und bedrohlich. Wird Gott auch Papa mitnehmen? Kann es sein, dass auch Tante Jenny schlafen geht und nicht mehr wach wird? Der Tod, egal wie mysteriös und unheilvoll er scheinen mag, sollte nicht mit alltäglichen Geschehnissen verwechselt werden können.

Kinder trauern auf ganz eigene Weise und so gut sie können. Sie haben nicht die gleichen Fähigkeiten, den Tod rational zu betrachten und zu erklären, und so ist ihre Trauer und ihr Schmerz ein ganz besonderer. Seien Sie offen für Verhaltensänderungen jeglicher Art, die Ihr Kind an den Tag legt, nachdem ein geliebter Mensch gestorben ist. Und es gibt eine Sache, die Sie unbedingt weiterhin tun müssen: Sie müssen es weiterhin lieben

und ihm sagen, dass Sie es lieben. Kinder benötigen eine beständige Bestätigung, dass sie nicht verlassen werden.
Im Raum San Francisco hat sich unter dem Namen „Griefbusters“ („Trauerjäger“) eine großartige Gruppe herausragender Therapeuten und Ehrenamtlicher zusammengefunden, um Kindern in ihrer Trauer zur Seite stehen. Die meisten Hospizagenturen werden Ihnen Adressen nennen oder selbst Programme anbieten, um in den Phasen, die das Kind in der Trauerphase durchmacht, helfen zu können. Ignorieren Sie die Bedürfnisse der Kinder nicht, selbst wenn sie schwer zu verstehen und zu deuten sind. Verstehen Sie, dass dies die größtmögliche Veränderung im Leben eines Kindes ist und erlauben Sie dem Kind, den natürlichen Prozess des Trauerns auf ihre oder seine eigene Art und Weise zu erleben. Tun Sie alles in Ihrer Macht stehende, um ihm im Heilungsprozess beizustehen.

Angebote für trauernde Kinder und Jugendliche im Internet

Das Internet mit seinen sozialen Netzwerken ist längst nicht mehr aus unserem Leben wegzudenken, und besonders für betroffene Kinder und Jugendliche kann es ein Rettungsanker in dieser schwierigen Zeit sein, wenn sie auf Hilfsangebote im Internet zurückgreifen können. Die Seiten werden professionell betreut und stellen einen geschützten Raum in einer für Jugendliche gewohnten Umgebung dar.
www.allesistanders.de
› begleiteter Internetchat für trauernde Kinder und Jugendliche
www.kinderhospiz-cuxhaven.de
› Gruppenangebote für trauernde Kinder in Cuxhaven
www.lifewith.ch
› „Wenn ein Geschwister stirbt“ – Angebot in der Schweiz Angebote für trauernde Kinder und Jugendliche
www.nicolaidis.kh-netzwerk.de
› Internetseite der Nikolaidis-Stiftung mit online-Angeboten für Jugendliche (Forum, Beratung, Chat)
www.spes-viva.de/aufgaben/trauerland.html
› Website von Spes viva; Trauerland-Kooperationspartner in Osnabrück
www.trauerland.org › Internetseite, die nach dem Vorbild eines Zentrums

für trauernde Kinder und Jugendliche in Oregon entstanden ist.
www.trauernde-kinder-kiel.de
› Kieler Zentrum für trauernde Kinder e. V.
www.kinderhospizdienst-sternenland.de
› Trauerland-Kooperationspartner mit Gruppen für betroffene Kinder und Jugendliche
www.nummergegenkummer.de
› Internetseite des Deutschen Kinderschutzbundes – kostenlose Sorgentelefone sowohl für Kinder als auch für Eltern
www.aktion-hfk.de/eigene-projekte/sorgentelefon
› Kostenloses Beratungstelefon der Aktion Hilfe für Kinder
www.dougy.org
› Internetseite des Zentrums für trauernde Kinder in Portland Oregon, USA, nach dessen Vorbild Trauerland - Zentrum für trauernde Kinder und Jugendliche e. V. in Bremen konzipiert wurde.

Kapitel 9

Nach dem Tod

Der geliebte Mensch an Ihrer Seite ist gestorben – Sie hatten niemals auch nur einen Gedanken daran verschwendet, dass Sie Ihr Leben ohne ihn würden verbringen müssen. Egal, wie lange Sie schon wussten, dass der Tod Ihres geliebten Menschen bevorstand, Sie waren weder auf das lange, zermürbende Warten auf den letzten Atemzug, der niemals zu kommen schien, vorbereitet, noch darauf, dass die Schwester seine Augen schließen würde, dass die Wärme seinen Körper so schnell verlassen würde und dass die Totenstarre so schnell einsetzen würde. Weil der Tod eines jeden Menschen sich von dem anderer Menschen unterscheidet, und weil Ihre Beziehung zu dem Verstorben einzigartig ist, kann Ihnen nichts und niemand das Gefühl nehmen, dass es doch anders war als alles, was Sie erwartet hatten. Jeder Tod ist anders. Todesfälle haben nur gemeinsam, dass anschließend getrauert wird. Manchmal kehrt das dumpfe Gefühl für eine kurze Zeit zurück. Die Gefühle werden unterdrückt, während Sie Vorbereitungen für die Beisetzung treffen und die Trauerfeier planen. Vielleicht müssen Sie Vorkehrungen treffen, um Freunde und Verwandte von außerhalb unterzubringen oder vom Flughafen abzuholen. Emily Dickinson schrieb: „Nach dem großen Schmerz stellt sich ein formales Gefühl ein. Die Füße gehen die ausgetretenen Pfade weiter..." Manchmal sind das dumpfe Gefühl und der Mahlstrom an Aktivitäten ein Segen. Sie sorgen dafür, dass Sie die ersten Tage und Wochen einigermaßen gut überstehen.

Und dann schließt sich die Tür hinter dem letzten Besucher. Die Zahl der Telefonanrufe und Beileidsbekundungen nimmt ab und hört irgendwann vielleicht völlig auf. Es liegen keine Blumen und Karten mehr vor der Tür, und die Nachbarn hören auf, Ihnen ein Mittagessen vorbeizubringen. Manche Hinterbliebene müssen kleine Kinder versorgen, an ihren Arbeitsplatz zurückkehren oder ihre Eltern oder andere Menschen trösten. Manche Trauernde müssen lernen, allein zurechtzukommen, vielleicht zum ersten Mal in ihrem Leben. Jeder ist sich der stillen, leeren Zeit bewusst, die nun folgen wird und sich endlos in die Zukunft zu erstrecken scheint.

Die Trauer

Es mag Zeiten geben, in denen die Traurigkeit und Verzweiflung Sie so sehr überwältigen, dass Sie Angst haben, zu weinen. Angst, dass Sie nicht mehr aufhören können zu weinen, wenn Sie einmal angefangen haben. Eine Frau erklärte uns: „Wenn ich es zulasse, wenn ich meiner Trauer eine Stimme gebe, dann werde ich zerbrechen." Das Gefühl der Traurigkeit kann Sie in sehr merkwürdigen Momenten überraschen. Ein solcher Trauerschub kann durch ein Lied im Radio ausgelöst werden oder durch die zufällige Begegnung mit einem alten Bekannten, durch eine Filmszene, die Sie mit dem Menschen in Verbindung bringen, den Sie verloren haben. Und manchmal haben Sie gar keine Ahnung, was Sie gerade in Tränen ausbrechen lässt: Es überkommt Sie einfach, und Sie drohen, in dem See der Trauer zu ertrinken. Manche Menschen weinen besonders viel, während sie mit dem Auto unterwegs sind.

Es gibt aber auch viele Aspekte während des Trauerprozesses, die nicht mit Traurigkeit verbunden sind: Manchmal empfinden Sie einfach nur Wut. Sie werden vom Ausmaß und der Intensität Ihrer Wut vielleicht überrascht sein. Sie kann unerwartet in sozialen Interaktionen zum Ausbruch kommen. Sie kann sich als Ungeduld tarnen, wenn Sie unerwartet im Stau stehen, in der Schlange vor der Kasse oder in Reisevorbereitungen. Sie fühlen sich ignoriert, vernachlässigt und sind verstört.

Trauer und Heilung beanspruchen ein enormes Maß an spiritueller Energie. Wenn Sie eine körperliche Wunde haben, fühlen Sie sich häufig erschöpft, weil Ihr Körper seine Energie auf die Wundheilung richtet. Das Gleiche trifft auf die Trauer zu. Sie fühlen sich erschöpft. Sie schaffen es nicht, Ihre täglichen Angelegenheiten zu bewältigen, ohne sich zwischendurch auszuruhen oder sich zurückzuziehen. Das gilt insbesondere, wenn Sie nachts Schlafstörungen haben. Manche Menschen können vor Trauer nicht schlafen. Diese Gefühle können eine Zeitlang anhalten oder immer wiederkehren. Manchmal, wenn das intensive emotionale Gefühl Sie fest im Griff hat, glauben Sie, wieder ganz am Anfang zu stehen und überhaupt keine Fortschritte gemacht zu haben. Mit der Zeit werden Sie erkennen, dass diese plötzlichen Gefühlsaufwallungen, so unvorhersehbar und ungelegen sie auch kommen mögen, ein wichtiger Bestandteil des Heilungsprozesses sind. Im Laufe der Zeit, über mehrere Monate hinweg, werden die Gefühle weniger häufig auftreten und weniger wehtun. Sie werden viele schwere Tage vor sich haben. Aber diese werden allmählich seltener und treten in größeren Zeitabständen auf. Sie verlieren nicht den Boden unter den Füßen: Sie befinden sich nur gerade in extrem unwegsamem Gelände. Sie werden all diese Tatsachen realisieren müssen, sie werden die Schwierigkeit des Geländes akzeptieren und sehr sorgfältig mit sich selbst umgehen müssen.

Einige praktische Überlegungen

Alles fällt Ihnen schwer, aber bestimmte Tageszeiten, bestimmte Zimmer in Ihrem Haus oder Ihrer Wohnung verursachen Ihnen besonders akute Schmerzen. Es gibt keine Patentrezepte, um mit diesen Orten und Zeiten umgehen zu können, und nicht jede Methode, dieses Problem anzugehen, funktioniert bei jedem Trauernden. Manche Menschen haben aber Möglichkeiten gefunden, damit das Leid für sie erträglicher wird.

Mahlzeiten

Wenn Sie es gewohnt waren, bestimmte Mahlzeiten gemeinsam einzunehmen, dann kann schon der bloße Gedanke an diese Mahlzeit – oder an diese Tageszeit – ein schmerzliches Gefühl in Ihnen auslösen. Manche Menschen gehen damit um, indem sie diese Mahlzeit auslassen. Für eine gewisse Zeit ist das in Ordnung. Aber bemühen Sie sich, sich keine schlechten Essgewohnheiten anzugewöhnen, um Ihre Trauer zu bewältigen. Versuchen Sie stattdessen, kleinere (oder größere) Veränderungen im Ablauf der Mahlzeit vorzunehmen. Wenn das Esszimmer oder der Küchentisch zu ruhig und zu leer sind, dann versuchen sie, während einer Fernsehsendung zu essen, die Sie gern sehen, oder die Nachrichten während des Essens einzuschalten.

Wenn es ein kleines, freundliches Restaurant oder ein Bistro in der Nähe gibt, können Sie auch beginnen, Ihre täglichen Mahlzeiten dort einzunehmen. Folgen Sie Ihrem Bauchgefühl. Manche Trauernde benötigen die Geräusche anderer Menschen um sie herum oder die angenehme Atmosphäre einer freundlichen Umgebung. Für andere kann schon der bloße Gedanke,

allein ein Restaurant aufzusuchen, eine schreckliche Vorstellung sein, die die Trauer ins Unermessliche steigert.
Viele Menschen haben einfach nicht die Energie oder das Bedürfnis, für sich selbst zu kochen, wenn ein Ehepartner verstorben ist. Die Zubereitung der Mahlzeiten wird sich verändern. Vielleicht steigen Sie auf Tiefkühlgerichte oder Fertigprodukte um oder entscheiden sich für leichtere Mahlzeiten wie Sandwiches, Salatteller oder Suppen.

Schlafen

Viele Trauernde haben uns berichtet, dass es am schwierigsten ist, sich daran zu gewöhnen, fortan allein schlafen zu müssen.
Die Betten fühlen sich riesig und leer an. Laken und Bettwäsche sind kalt. Und oft wird die Stille von Geräuschen unterbrochen, die Sie vorher noch nie wahrgenommen haben.
Manche Menschen kaufen sofort ein neues Bett. Andere können sich gar nicht vorstellen, in einem anderen Bett zu schlafen. Sie müssen nicht sofort entscheiden, was Sie mit Ihrem Bett anstellen (oder anderen Dingen, die eine solche Bedeutung für Sie haben). Sie können versuchen, fürs Erste im Gästezimmer zu schlafen oder eine Zeitlang auf der Couch zu übernachten.
Wenn Sie in dem Bett schlafen, das Sie mit Ihrem Liebsten geteilt haben, dann könnten Sie versuchen, auf seiner Seite des Bettes zu schlafen. Vielleicht haftet sein Geruch noch den Kissen an. Sich in sein Kissen zu kuscheln, ist oft ein großer Trost.
Falls Sie ein Haustier haben, könnten Sie auch darüber nachdenken, ob Sie dem Hund oder der Katze erlauben, in Ihrem Bett zu schlafen. Auch Ihre Haustiere vermissen den Verstorbenen. Eine Frau, die wir betreut haben, hat ihr Bett mehrere Monate lang mit dem Lieblingsjagdhund ihres Mannes geteilt. Zwei weitere Hunde lagen links und rechts des Bettes auf dem Boden. „Sie leisten mir Gesellschaft“, erzählte sie. „Und einer der Hunde schnarcht genau so, wie ich es von Ed gewohnt war.“
Wir haben das Thema Schlafstörungen schon angesprochen. Die meisten Menschen, die trauern, haben auch die einen oder anderen Schlafprobleme. Typisch ist zum Beispiel, dass Trauernde abends erschöpft ins Bett fal-

len und sofort einschlafen, dann aber schon nach wenigen Stunden wieder wach werden. Das Symptom, die Nächte zu durchwachen, kann auf Dauer sehr zermürbend sein. Wenn Sie längere Zeit wach im Bett liegen, dann raten wir Ihnen, aufzustehen. Gehen Sie ins Wohnzimmer, nehmen Sie eine Zeitschrift oder ein Buch zur Hand, oder schalten Sie zur Not auch den Fernseher ein. In einer solchen Phase vergeblich zu versuchen Schlaf zu finden, ist frustrierend. Im Laufe der Zeit sollten diese Schlafstörungen nachlassen. Bis es soweit ist, versuchen Sie, den versäumten Schlaf vormittags nachzuholen oder im Laufe des Tages einige kurze Nickerchen zu machen (allerdings nicht zu spät abends).
Sie können auch versuchen, ob Ihnen beruhigende Kräutertees oder pflanzliche Präparate helfen, das Einschlafen zu erleichtern. Wenn Sie pflanzliche Einschlafhilfen einnehmen, teilen Sie dies aber in jedem Fall Ihrem Hausarzt mit. Auch pflanzliche Wirkstoffe sind Medizin, und Ihr Arzt muss wissen, was Sie einnehmen. Ihr Arzt kann Ihnen auch ein leichtes Schlafmittel verschreiben, das Sie für eine kurze Zeit regelmäßig einnehmen.

Freunde

Ihre Freunde sind die Menschen, die Ihnen helfen, die schwerste Zeit zu überstehen. Sie sind mit Ihren Lebensumständen vertraut, und sie verbringen ohnehin gern Zeit mit Ihnen. Die Zuneigung und Sorge, die Sie durch Ihre Freunde erfahren, ist für Ihre emotionale Gesundung von herausragender Bedeutung. Mehr noch als Ihre Familie können Ihre Freunde dazu beitragen, dass der tiefe Schmerz des Verlustes bewältigt werden kann. Weil Ihre Freunde emotional nicht so schwer getroffen sind wie Sie, setzen sie ihre Aktivitäten in der Welt fort, und auf diese Weise finden auch Sie, je weiter Ihre Heilung voranschreitet, wieder mehr und mehr Anschluss an die Aktivitäten des Lebens.
Es ist wichtig zu bedenken, dass die Menge oder die Art der Unterstützung, die Ihre Freunde Ihnen zukommen lassen, nicht widerspiegelt, was sie für Sie empfinden oder welchen Wert sie Ihnen beimessen. Was Ihre Freunde Ihnen in dieser schrecklichen, dunklen Zeit entgegenbringen, ist eine Reflexion ihrer eigenen Stärken und Schwächen. Einige Freunde zeigen ihre Liebe und Sorge, indem sie in der schrecklichsten Zeit, wenn Sie

selbst das Gefühl haben, am wenigsten liebenswert zu sein, für sie da sind/anwesend sind. Das sind die Menschen, die Ihnen zuhören, wenn Sie wieder und wieder die gleiche Geschichte erzählen. Das sind die Menschen, die einfach schweigend neben Ihnen sitzen. Das sind die Menschen, die einfach nur nicken, wenn Sie ärgerliche, wütende oder sogar bösartige Dinge von sich geben. Das sind Ihre Schlechtwetter-Freunde.

Andere Freunde, die Sie sicherlich genauso gern haben, verfügen vielleicht nicht über diese Fähigkeit, so viel Leid zu schlucken. Das sind die Menschen, die mit Ihnen ins Kino gehen, die Sie zum Essen einladen, die eine Runde Golf mit Ihnen spielen. Sie lieben Sie und sie bemühen sich, Sie aus Ihrer Sorge zu befreien und Ihnen wieder glücklichere Lebensumstände zu zeigen.

Andere Freunde holen Ihre Kinder von der Schule ab, stellen Ihnen ein Mittagessen vor die Haustür oder erkundigen sich nach Ihnen, wenn sie andere treffen, die Sie besser kennen. Es ist keinesfalls ein Mangel an Zuneigung, der sie Abstand halten lässt, sondern häufig die mangelnde Fähigkeit, sich in dieser schmerzvollen Umgebung aufzuhalten. Es ist wichtig, dass Sie all die Geschenke, die Ihnen Ihre Freunde in dieser Zeit machen, mit Dank und Liebe annehmen. Sie wissen, dass es Ihnen schlecht geht. Sie wollen helfen. Lassen Sie das zu.

Professionelle Trauerberater

Viele Trauernde empfinden es als hilfreich, mit professionellen Trauerbegleitern oder Trauerberatern zu reden. Sie übernehmen damit viele Funktionen, die auch Ihre Freunde haben. Sie hören zu und nicken. Sie haben keine Antworten, aber sie werden Ihnen helfen, sich mit den Fragen auseinanderzusetzen. Der wesentliche Unterschied zwischen einem Trauerbegleiter und einem engen Freund ist die Tatsache, dass es in der Beziehung mit einem Trauerbegleiter nur um Sie geht. Der Trauerbegleiter wird seine eigenen Probleme nicht auf den Tisch legen. Es ist keine Beziehung auf Gegenseitigkeit. Eine Trauerbegleiterin wird niemals nachfragen, ob sie sich vielleicht Ihr Auto ausleihen kann, nachdem sie so viele Stunden mit Ihnen verbracht hat. Sie wird Sie niemals mitten in der Nacht in Tränen aufgelöst anrufen. Und Sie müssen keine Schuldgefühle haben oder sich fragen, ob

Sie Ihre Beziehung zu sehr belasten. Es ist eine rein professionelle Beziehung. Sie existiert nur, um sich um Ihre ganz eigenen Bedürfnisse zu kümmern. Sie können Ihren Termin mit dem Trauerbegleiter in dem Bewusstsein wahrnehmen, „alles dort zu lassen“, und die Vertraulichkeit ist durch Gesetze und Berufsethos gewährleistet. Wenn Sie das Gefühl haben, dass es Ihnen gut tun würde, mit einem Trauerbegleiter zu reden, dann finden Sie über Krankenhäuser und Arztpraxen in Ihrer Nachbarschaft, über ein Hospiz oder einen Pflegedienst einen geeigneten Ansprechpartner in Ihrer Umgebung. Zögern Sie nicht, diese Hilfe in Anspruch zu nehmen. Häufig müssen Sie diese Auskünfte noch nicht einmal bezahlen.

Das letzte Kapitel dieses Buches erinnert uns daran, dass es genauso, wie es einen Anfang gab, auch ein Ende geben muss. Die Anliegen desjenigen, der zurückbleibt, sind im Grunde die gleichen wie die Anliegen desjenigen, der gerade gegangen ist.

Psychologen nutzen häufig den Begriff „Überlebenden-Syndrom“, um einige der Gefühle zu beschreiben, die der überlebende Partner empfindet, nachdem ein geliebter Mensch gestorben ist. Dieses Syndrom entsteht teilweise, weil das Leben Sie erbarmungslos vorantreibt. Sie beginnen, anfangs widerstrebend, Erfahrungen zu machen und sich Herausforderungen zu stellen, die Ihren geliebten Menschen nicht mit einschließen.

Und das Leben arbeitet an Ihnen. Sie wachsen. Sie verändern sich. Sie entwickeln andere Aspekte in Ihrer Persönlichkeit. Der geliebte Mensch kann dies nicht leisten. Er ist in der Vergangenheit gefangen. Er wird immer Teil Ihres Lebens sein, aber er ist ein statischer Teil Ihres Lebens. Während Sie weiterleben, umschließt das Leben ihn und Ihre Zeit mit ihm. Sie und Ihr Leben schließen ihn ein, aber er steht nicht mehr im Mittelpunkt. Im Laufe der Zeit wird er Teil Ihrer Vergangenheit. Sie fühlen sich in der ersten Zeit nach seinem Tod vielleicht schuldig, wenn Sie lachen, oder wenn Sie realisieren, dass es Wochen her ist, seit Sie zuletzt traurig waren. Sie haben vielleicht das Gefühl, dass Sie ihn aufgegeben haben. Sie müssen immer einen Teil Ihrer Verbindung zur Vergangenheit aufgeben, wenn Sie sich weiterentwickeln wollen. Und das müssen Sie tun. Sie haben keine Wahl. Das Leben treibt Sie voran. Seien Sie sich sicher, dass Sie Ihren geliebten Menschen und Ihre Erinnerungen an ihn mit in die Zukunft nehmen. Viele Angehörige, die einen geliebten Menschen verloren haben, sorgen von Zeit zu Zeit für eine „Unterredung“ mit dem Verstorbenen. Sie sprechen über die Ereignisse des Tages, über Probleme, die sie haben, über Sorgen, die sie einst teilten. Manche Menschen kehren aus diesem Anlass an das Grab zurück, um die Unterhaltung zu führen. Andere setzen sich dazu einfach an den Küchentisch oder reden mit ihrem geliebten Menschen, während sie Auto fahren.

Angebote für Trauernde im Internet

Das Angebot für Trauernde im Internet ist breit gefächert. Zum einen bietet es Ihnen die Möglichkeit, sich schnell einen Überblick zu verschaffen, welche Trauerberatern und Selbsthilfegruppen in Ihrer Nähe zu finden sind. Auch Institute und Vereine, die Fortbildungen in der Trauerarbeit für unterschiedliche Berufsgruppen anbieten, sind online zu finden.

Darüber hinaus finden Sie aber auch betreute Internetseiten, Chats und Foren, die Ihnen die Möglichkeit geben, unabhängig von Zeit und Raum Beratungsangebote in Anspruch zu nehmen oder aber Kontakt zu anderen Trauernden aufzunehmen.

Tod und Trauer

www.verwitwet.de
› Treffpunkt für verwitwete Mütter und Väter mit Hintergrundinformationen, Fachliteraturdatenbank, Chat, Foren und Kontaktbörse.

www.verwaiste-eltern.de
› Angebote für Eltern, deren Kind verstorben ist

www.agus-ev.de
› Selbsthilfegruppe für Angehörige um Suizid

www.canacakis.de
› Trauerinstitut von Jorgos Canacakis

www.ita-ev.de

Institut für Trauerarbeit (ITA) e. V. in Hamburg
› vielfältiges Seminarangebot zum Thema Trauer inkl. Ausbildung zum Trauerbegleiter

www.puetz-roth.de
› Private Trauerakademie des Bestatters Fritz Roth in Bergisch Gladbach. Kurse, Vorträge, etc. Aber auch Begleitung für Kinder, Kurse für Schulklasse, ein Bestattungsunternehmen und ein privater Friedhof

www.tabea-ev.de
› Beratungsstelle für Trauernde in Berlin

Allgemein
www.bke.de
› Internetseite der Bundeskonferenz der Erziehungsberatungsstellen; Informationen, Adressen und Online-Beratungsangebote für Eltern und für Kinder rund um Erziehungsfragen

www.bptk.de
Bundespsychotherapeutenkammer
› Online-Recherche nach eingetragenen Psychotherapeuten nach Regionen möglich

www.dajeb.de
Deutsche Arbeitsgemeinschaft für Jugend- und Eheberatung e. V.
› Mit einem Online-Beratungsführers mit dem Beratungsstellen nach Regionen gesucht werden können.

www.familienhandbuch.de
Familienhandbuch des Staatsinstituts für Frühpädagogik (IFP)
› Antworten auf allgemeine Fragen zu Erziehung, Partnerschaft, Familien und Familienpolitik

www.nummergegenkummer.de
› Internetseite des Deutschen Kinderschutzbundes – kostenlose Sorgentelefone sowohl für Kinder als auch für Eltern

www.psychotherapiesuche.de
› Internetseite des Berufsverbandes Deutscher Psychologinnen und Psychologen mit der Möglichkeit, gezielt nach Therapeuten zu suchen

Wird der Schmerz jemals weggehen?
Nein. Der Schmerz bleibt für immer. Der Schmerz wird sich anfühlen, als würde er weggehen, aber in Wirklichkeit sind Sie es, die sich verändert. Jetzt zu Beginn ist der Schmerz natürlich überwältigend. Er ergreift Besitz von Ihnen und definiert Sie. Wenn Sie sich durch diesen Prozess bewegen, wird der Schmerz (wie Ihre Erinnerungen) seinen Platz in der Landschaft Ihres gesamten Lebens einnehmen. Sie wachsen um den Schmerz herum, und während dieses Wachstumsprozesses lässt der Schmerz Sie ein wenig mehr los. Der Schmerz wird eingegrenzt werden, auch wenn er wichtig für einen großen Verlust ist. Er wird Bestandteil einer ganzen Bandbreite von Gefühlen, die Sie erleben. Er wird immer da sein, aber er wird nicht mehr alles sein, was da ist.
Inmitten Ihrer tiefsten Trauer wird es verwirrende und frustrierende praktische Dinge geben, mit denen Sie sich beschäftigen müssen, beispielsweise rechtliche und bürokratische Angelegenheiten, Testamentseröffnung und Nachlassregelung, das Begleichen von Rechnungen und Probleme mit der Sozialversicherung oder Rentenversicherung. Nehmen Sie jede Hilfe in Anspruch, die Ihnen angeboten wird, um diese Dinge zu regeln. Planen Sie die Angelegenheiten so in Ihren Tagesablauf ein, dass sie möglichst wenig belastend sind, und versuchen Sie, weitreichende Entscheidungen wenigstens um ein Jahr zu verschieben.
Ihre psychischen und spirituellen Veränderungen werden Ihnen ebenfalls ermöglichen, Neues zu entdecken und neue Verbindungen einzugehen. Ihre Trauer kann so intensiv sein, dass Sie sich mit nichts anderem beschäftigen können als mit den schmerzvollen Gefühlen, die Sie gerade erlebt haben. Zudem müssen Sie sich vielleicht mit Problemen auseinandersetzen,

die aus ungelösten Beziehungsangelegenheiten erwachsen sind.
Wir hören häufig von Überlebenden, die kurz nach dem Tod eines Lebensgefährten sterben, so wie es in der Geschichte von Mrs. Rodarte geschildert wird. Dieses Phänomen scheint weiter verbreitet zu sein, als wir es uns eingestehen möchten. In der folgenden (und letzten) Geschichte, die wir mit Ihnen teilen möchten, werden Sie mächtige Gefühle erleben.

Senor und Senora Rodarte

Senor Rodarte lag in einem schmalen Bett in einem überfüllten Raum, in dem es definitiv an Sauerstoff mangelte. Über der Kopfseite des Bettes hing ein großes Kruzifix an der Wand. Er war von seinen Kindern und Enkelkindern umgeben. Obwohl Senor Rodarte in einem tiefen, scheinbar undurchdringlichen Koma lag, nahmen alle Kinder einen Moment lang an seiner Seite Platz, um sich von ihm zu verabschieden. Sie redeten ruhig und ehrerbietig mit ihrem Patriarchen. Schließlich wurde Senora Rodarte zu ihm geführt. Sie waren sechzig Jahre lang ein Paar gewesen.
Sie war eine zarte Frau, zerbrechlich und gebeugt. Als ihr Rollstuhl vorsichtig an das Kopfende des Bettes bugsiert wurde, konnte niemand übersehen, dass ihre Hände und Gesichtszüge zitterten. Ihre Stimme war leise und klar und ruhig, als sie zu reden begann. Ihre Tochter übersetzte für uns.
„Du hast gesagt `Komm mit mir in dieses Land. Wir werden schon nicht erwischt werden`, und so kam ich mit Dir in dieses Land. Wir wurden nicht erwischt. Du wolltest Kinder. Für Dich habe ich dreizehn Kinder bekommen. Mit Dir habe ich acht Kinder beerdigt. Du wolltest, dass ich mit Dir nach San José ziehe. So zog ich mit Dir nach San José. Du wolltest auf den Feldern arbeiten, und so arbeitete ich mit Dir auf den Feldern. Als Du Vorarbeiter wurdest, habe ich für Dich und Deine Männer gekocht. Dann wolltest Du in den Ruhestand gehen. Du wolltest hierher nach Hollister ziehen. Und ich bin mit Dir nach Hollister gezogen."
Senora Rodarte lehnte sich vor und deutete mit dem Zeigefinger auf ihn. „Wie kannst Du das jetzt machen?" fragte sie. „Wie kannst Du einfach weggehen und mich nicht mitnehmen?"
Senor Rodarte verstarb friedlich in der folgenden Nacht. Seine Frau saß immer noch am Kopfende des Bettes und fragte ihn. „Wie kannst Du mich

nur so verlassen? Wie kannst Du einfach gehen und mich zurücklassen?"
Zwei Monate später besuchten wir Familie Rodarte noch einmal. Diesmal war es Senora Rodarte, die in ein Hospiz eingeliefert werden musste. Sie saß bewegungslos und stumm in ihrem Rollstuhl. Ihre Tochter machte uns Tee und ermutigte Mrs. Rodarte, wenigstens einen Schluck zu trinken. Es war vergeblich.
„Sie sitzt den ganzen Tag nur so da," sagte Mercedes traurig. „Seit Papa tot ist, geht sie nirgendwo mehr hin – außer sonntags auf den Friedhof."
Die Familie hatte Mr. Rodarte auf einem kleinen Friedhof neben der Missionskirche beerdigt. Am Sonntagvormittag nahmen sie Mrs. Rodarte mit zur Messe und besuchten anschließend das Grab mit ihr. Jedes Mal berührte sie vorsichtig den doppelten Grabstein und betrachtete lange seinen Namen und ihren eigenen. „Bald", sagte sie dann immer.
Eines Tages, nachdem sie die Kommunion in dem kleinen Zimmer erhalten hatte, den sie ihr Leben lang mit ihm geteilt hatte, bat sie darum, ins Bett gebracht zu werden. „Ich muss mich jetzt ausruhen." Ihre Tochter half ihr vorsichtig ins Bett und deckte sie zärtlich zu. Sie kuschelte sich in das Kopfkissen, das ihrem Mann gehört hatte, und streckte ihren Arm über die Bettseite, auf der er immer gelegen hatte. Als Mercedes zurückkam, um zu sehen, ob sie etwas brauchte, war es offensichtlich, dass sie endlich alles hatte, was sie brauchte. Sie hatte ihren Weg über eine weitere bewachte Grenze gefunden, um wieder mit ihrem geliebten Ehemann zusammen zu sein.
„Erst hatte ich ein schlechtes Gewissen, weil sie ganz allein gestorben ist", sagte Mercedes. „Aber dann wurde mir klar, dass sie natürlich gar nicht allein gestorben ist. Papa war ja bei ihr. Er hat ihr den Weg über die letzte Grenze gezeigt und dafür gesorgt, dass sie sicher hinüberkam."

Wenn Du hundert Jahre alt werden willst,
dann will ich hundert Jahre minus einen Tag alt werden,
damit ich keinen Tag ohne Dich leben muss.
--- Winnie Puh

Das Geschenk des Trauerns

Gesundes Trauern reinigt die Gefühle und erleichtert den Wiedereinstieg ins Leben – auch wenn es schwierig und schmerzhaft ist. Auch wenn jeder Mensch Trauer auf eine sehr persönliche und einzigartige Art und Weise erlebt, gibt es gewisse Strukturen, die während dieser verlustreichen Reise auftreten. Das erste Jahr, das auf den Tod folgt, ist das entscheidende. Dieses Jahr der Trauerbewältigung wird von allen großen Weltreligionen als übliche Trauerzeit anerkannt. Es gibt traditionelle Rituale, die helfen, der Trauer Ausdruck zu verleihen; diese Rituale können sehr hilfreich für Sie sein. Darüber hinaus möchten Sie vielleicht Ihre persönlichen Rituale oder Zeremonien schaffen, um die Tiefe Ihrer Traurigkeit zum Ausdruck zu bringen und um zu zeigen, dass so etwas wie Hoffnung existiert.

Zu den Aufgaben der Trauerbewältigung gehört eine intensive Rückschau auf das Leben. Auch alle Phasen, über die wir schon gesprochen haben, gehören dazu: Schock, Leugnung, Depression, Wut und Akzeptanz.

Die Vergangenheit erhält eine neue Bedeutung angesichts des Verlustes, den Sie erlitten haben. Die Bedeutung solcher Phrasen wie „letztes Weihnachten" verändert sich radikal, wenn damit das letzte Weihnachtsfest gemeint ist, das Sie miteinander verbracht haben. Die Bedeutung Ihres sechsundfünfzigsten Geburtstages verändert sich, wenn Sie mit siebenundfünfzig Witwe geworden sind. Man kann nicht in die Zukunft aufbrechen, wenn die Vergangenheit nicht zurechtgerückt wurde und mit der Gegenwart abgeglichen wurde.

Das Geschenk Ihres Lebens hilft Ihnen, den Verlust zu überwinden. Diese Erinnerungen sind Teil Ihrer Erbschaft, und sie werden eines Tages auch Ihr Vermächtnis sein.

Epilog

Eine abschließende Botschaft von Jerry

Anmerkungen für und über Ärzte

In seinem Bestseller „Liebe, Medizin und Wunder“ stellt der Chirurg Bernie Siegel fest, dass der Pflegende den Patienten auf seiner Reise begleiten muss, wenn es zu einem wirklichen Heilungsprozess kommen soll. Der Pflegende muss sich letztendlich mit dem Patienten auf einer Vertrauensebene wiederfinden. Ein Mediziner mit einer vorrangig wissenschaftlichen Sichtweise mag von einem solchen Anspruch überfordert sein, denn eine solche Vorstellung steht in vollem Widerspruch zu dem, was wir gelernt haben. Dazu kommt, dass Ärzte sich häufig gegen Trauer und Schmerz wappnen, indem sie ein freundliches, aber unpersönliches Verhältnis zu ihren Patienten pflegen. Wie kann es uns gelingen – wie können wir es *wagen* – persönliche, ja sogar liebevolle Beziehungen zu unseren Patienten aufzubauen? Wie können wir unser emotionales Gleichgewicht wahren und wie können wir angesichts der gewaltigen Verluste, mit denen wir konfrontiert werden, den Glauben an unsere eigenen Fähigkeiten aufrechterhalten und weiter praktizieren?

Die Art und Weise, mit der ein Arzt sein Verhältnis zum Patienten aufbaut, spiegelt auf vielerlei Weise seine persönlichen Werte wider und zeigt das Ausmaß der Qualitäten auf, die er in all seine Beziehungen sowohl privater als auch beruflicher Natur einbringt. Wie wir mit unseren Patienten umgehen, besonders mit sterbenden Patienten, drückt allzu deutlich aus, was wir über das Leben denken und glauben. Wenn wir das Leben als biochemisches Zufallsprodukt betrachten, als einen Blitz, der zufällig in die Ursuppe des Universums eingeschlagen ist, dann wird sich ebendiese leidenschaftslose Qualität auch in allen unseren Beziehungen durchsetzen, und sich insbesondere in unseren Beziehungen zu den Patienten manifestieren.

Wenn wir das Leben als Prüfung betrachten, in dessen Verlauf bestimmte Vorgaben erfüllt werden müssen, die mit Belohnungen oder Bestrafungen oder mit der Zuordnung einer bestimmten Stufe oder Rangfolge einhergehen, dann wird dieser Hang zu Bewertungen unsere Arbeitspraxis durch-

dringen und dazu führen, dass die Grenzen zwischen Arzt und Patient starr und fixiert bleiben. Wenn wir aber in der Lage sind, eine gewisse Ehrfurcht und Offenheit gegenüber dem Prozess, der sich vor unseren Augen abspielt, beizubehalten, dann werden wir es weniger schwierig finden, am Leben unserer Patienten teilzuhaben und den natürlichen Rhythmus ihres Lebenszyklus zu unterstützen: Geburten, Alterungsprozess, unausweichliche Veränderungen ihrer Körper, und schließlich ihres Todes. Wenn wir während des Prozesses „bei unseren Patienten" bleiben können, dann können wir ihnen unter allen Umständen, an allen Tagen ihres Lebens, als heilende Kraft zur Seite stehen. Und indem wir das tun, wird es uns auch gelingen, heilende Kräfte für unser eigenes Leben freizusetzen.
Es ist nicht zu übersehen, dass all diese Aspekte schon ausreichend hohe Hürden darstellen, um eine aufrichtige Sorge für den Patienten zu gewährleisten, wenn Sie aber das Gepäck, das ohnehin in die Beziehung einbringen, noch in die Waagschale werfen, dann wird es zu einem unüberwindlichen Hindernis. Wie kann ein Arzt vor dem Hintergrund dessen, was wir im Studium lernen, Siegels Ansprüchen genügen?
Ich habe mein Medizinstudium voller Hoffnungen und Ideale angetreten. Die moderne Medizin schien in der Lage zu sein, alle Krankheiten der Menschheit besiegen zu können und ein Allheilmittel gegen alles Leid der Welt zu finden. Ich wollte Menschen heilen. Ich lernte an der Universität eine ganze Menge über Physiologie und Biochemie: wie die Zellen auf bestimmte Reize reagieren, welche Präparate Bakterien abtöten und welche Mittel die Teilung von Krebszellen verhindern. Ich lernte auch alles über Chirurgie: wie ich Krankheiten körperlich entfernen oder Organe reparieren konnte, um ein Leben aufrechtzuerhalten. Ich bin dankbar für die Ausbildung, die ich erhalten habe – und ich bin fest davon überzeugt, dass viele meiner Patienten dankbar für mein Wissen sind.
Der Prozess, die Sorge für einen Menschen bis zu seinem oder ihrem Tod zu tragen, wäre jedoch unvollständig, ohne die Dinge anzusprechen, die ich an der Universität lernte und die weder mir noch meinen Patienten etwas nützten. Darüber hinaus gab es Dinge, die mir einfach niemand beibrachte, Dinge, die für unwichtig gehalten wurden. Einen Teil des Wissens habe ich mir selbst erarbeitet und im Laufe der Jahre modifiziert, und an-

deres Erlerntes versuche ich zu vergessen.
Ich habe mein Studium in der Hoffnung angetreten, Menschen helfen zu können, und ich lernte, den Tod zu bekämpfen. Der Tod wurde als Feind dargestellt, den es zu bekämpfen galt, als ultimativer Feind der Menschheit. Und das Schlachtfeld, auf dem der Krieg ausgefochten werden sollte, war der Patient.
In meiner Rolle als medizinischer Leiter eines Hospizes habe ich die verheerenden Folgen erlebt, die unangemessen aggressive Therapieformen auf Patienten und ihre Familien haben. Ich habe achtundsiebzig Jahre alte Großmütter erlebt, die nicht mehr in der Lage waren zu essen, weil ihr Magen-Darm-Trakt durch Bestrahlungen zerstört worden war, mit denen ein nicht heilbarer Tumor aufgehalten werden sollte. Menschen, deren letzte Tage von Ärzten geopfert wurden, weil diese in dem Wahn, den Tod besiegen zu können, jegliche Urteilskraft und jedes Mitleid verloren hatten. Ich habe gelernt, dass die Sterblichkeitsrate in jeder Generation trotz aller medizinischen Fortschritte bei 100 Prozent blieb. Die Frage lautet nicht: „Können wir den Tod verhindern?" Wenn wir es mit einem Menschen zu tun haben, der nicht mehr lange zu leben hat, dann muss die Frage lauten: „Können wir das Leben erleichtern?"
Ich habe an der Universität oder irgendwann im Laufe meiner Ausbildung auch gelernt, dass der Arzt die Kontrolle behalten muss: Die Kontrolle über die Prognose der Erkrankung und das Ergebnis der Behandlung und, in gewissem Maße, auch die Kontrolle über den Patienten. Patienten, die Vorstellungen hatten, die von unseren abwichen, wurden als problematisch oder nicht kooperativ bezeichnet. Es war nicht unüblich, einen solchen Patienten als emotional instabil oder gar als nicht mehr zurechnungsfähig einzustufen. Heute weiß ich, dass Patienten immer ihre eigenen Ideen, Gedanken und Verhaltensmuster haben.
Ich weiß, dass es meine Aufgabe ist, die beste Therapie anzubieten, die der Persönlichkeit meines Patienten entspricht. Um das zu leisten, muss ich den Patienten kennen und Verständnis für die Welt aufbringen, in der er oder sie lebt. Ich kann zwar die Überzeugung vertreten, dass meine Patientin zehn Kilometer am Tag joggen sollte, fettreiches Essen meiden oder den aufreibenden Job als Vertrauenslehrerin an der weiterführenden Schule auf-

geben sollte. Trotzdem muss ich die Überzeugung meiner Patientin akzeptieren, die meint, sie sei genug in Bewegung, wenn sie ihre Kinder betreut, die eher das Atmen einstellen würde als ihre regelmäßigen Mahlzeiten bei Kentucky Fried Chicken oder die sich fragt, was zum Teufel ich mir einbilde, dass ich ihr raten könnte, eine anstrengende Stelle aufzugeben.

Es ist eine Tatsache, dass wir alle Entscheidungen bezüglich unseres Lebensstils treffen, die sich auf unsere Gesundheit auswirken. Das Verständnis für die zugrundeliegenden Motive derartiger Entscheidungen und der Respekt vor dem Recht eines jeden Patienten auf Selbstbestimmung mindern jedoch die Schuldgefühle der Pflegenden. Die Schuld der Pflegenden oder Ärzte (die nicht in der Lage sind, die Selbstfürsorge eines Patienten zu beeinflussen) zeigt sich häufig in Form einer Schuldzuweisung an die Patienten. Das folgende Beispiel soll dies verdeutlichen.

Ben und Marjorie

Ich war seit Jahr und Tag der Hausarzt von Ben und Marjorie. Ben war ein hart arbeitender Kerl mit dem sprichwörtlichen „Herzen aus Gold". Marjorie war Hausfrau und sorgte für vier wundervolle Töchter. Jahr für Jahr kam Ben in meine Praxis, um die jährliche Vorsorgeuntersuchung vornehmen zu lassen, die sein Arbeitgeber ihm vorschrieb. Jahr für Jahr hielt ich ihm seine Angewohnheit vor, täglich drei Päckchen Zigaretten zu rauchen. „Ja, Herr Doktor, das weiß ich doch", sagte er jedes Mal. Unterschreiben sie einfach. Ich muss wieder in die Werkstatt."

Und dann kam der Tag, an dem ich einen hysterischen Anruf von Marjorie erhielt. Ben hatte mehrere Monate lang einen Husten gehabt, der einfach nicht verschwinden wollte. Nun hustete er Blut.

Ich traf ihn in der Notaufnahme. Die Röntgenaufnahmen zeigten eine deutliche Läsion in seinem rechten Lungenflügel, die sich später als primärer kleinzelliger Lungenkrebs erweisen sollte, der bereits Metastasen an den Rippen und in seinem Gehirn gebildet hatte.

Ich erinnere mich daran, wie ich den kleinen Besprechungsraum betrat, in dem ich Ben und seiner Familie die Nachrichten überbringen sollte. Marjorie weinte und eine der Töchter wurde hysterisch, während eine weitere Tochter mir bereits einen Artikel über Haifisch-Knorpelgewebe unter die

Nase hielt, den sie im Internet gefunden hatte. Ben saß einfach nur da und war wie vor den Kopf geschlagen. Das ist doch alles seine Schuld, dachte ich. Warum hat er nicht auf mich gehört und mit dem Rauchen aufgehört? Während ich zusah, wie Bens Familie in ihre eigene private Hölle abdriftete, wuchs meine Wut über seine aus meiner Sicht verantwortungslosen Lebensstil-Entscheidungen.

Doch was ging wirklich in mir vor? Ich fühlte mich schuldig, weil ich Bens Entscheidungen seine Gesundheit betreffend nicht kontrollieren konnte. Ich konnte die Schuld nicht ertragen, die ich als mein Unvermögen, ihn zur Aufgabe des Rauchens zu bewegen, wahrnahm. Bevor ich meine eigenen Schuld- und Wutgefühle nicht auflösen konnte, war es sehr schwierig für mich, Ben zu helfen die für ihn wichtigen Informationen zu verinnerlichen oder ihn darin zu unterstützen, die richtigen Entscheidungen weitere Behandlungsschritte zu treffen.

Wenn ich die medizinische Fachliteratur über den Tod überarbeiten dürfte, würde ich die Leitidee einführen, dass Menschen sterben, weil dies eine Grundbedingung ihres Lebens ist, ein Vertrag, der schon zum Zeitpunkt ihrer Zeugung geschlossen wurde. Menschen rauchen – und häufig verkürzt das ihr Leben. Menschen trinken Alkohol und setzen sich ans Steuer – und lassen ihr Leben oder ruinieren das anderer Menschen. Menschen treffen häufig schreckliche Entscheidungen mit tragischen Konsequenzen. Und egal welche Entscheidungen wir treffen, egal wie sorgfältig wir unser Leben planen oder wie leichtfertig wir damit umgehen – Menschen sterben. Als Mediziner ist es unsere Aufgabe, sie auf ihrer ganzen Reise zu begleiten und ihnen mit all unserer Heilkunst und unserem Trost zur Seite zu stehen.

In den vielen Jahren des Postgraduiertentrainings, dem ich mich nach Abschluss meines Medizinstudiums unterzog, war niemals die Rede von der Vertrauensebene, die benötigt wird, um die Reise mit den Patienten anzutreten. Ich absolvierte all diese Fort- und Weiterbildungen, die mir das modernste technische, objektive und wissenschaftliche Wissen vermittelten. Ich war kampfbereit und heiß darauf, Leben zu retten. Ich wusste, dass es gut war, Patienten zu heilen und Krankheiten zu bekämpfen, und dass es schlecht war, diese Kämpfe zu verlieren. Bis zu einem gewissen Ausmaß kann ich diese Aussagen immer noch unterschreiben, aber dieses Konzept auf die Pflege von Menschen mit unheilbaren Krankheiten zu übertragen, ist weder hilfreich noch angemessen. Lange betrachtete ich den Tod eines Patienten nicht als einen natürlichen Übergang, sondern als Scheitern. Rückblickend ist der Egoismus, der dieser Einstellung zugrunde liegt, beschämend und offensichtlich. Dem Tod eines Patienten wurde eine Bedeutung beigemessen, die meinen *persönlichen* Annahmen entsprang, und damit vereinnahmte ich seinen Tod sogar. Indem ich den Tod eines Patienten als mein Scheitern betrachtete, stülpte ich diesem Lebensereignis meine Sichtweise über. Ich wollte mir den Tod meines Patienten zu eigen machen, um mein Scheitern zu verhindern.

Der Tod eines Patienten, egal wie unausweichlich, egal wie unangemessen, wird zu einem Ereignis, an dem Mediziner sich aufreiben. Wir tun dies im Privaten ebenso wie in aller Öffentlichkeit, zum Beispiel auf den Bühnen großer Veranstaltungen, auf Kongressen zu Themen wie „Statistiken von Erkrankungen oder Sterblichkeitsraten". Schlimmer noch, Ärzte studieren sogar Veröffentlichungen, in denen Fälle geschildert werden, in denen alles richtig gemacht wurde, um dann geeignete Patienten-Management-Techniken anwenden zu können. Damit wächst die Gefahr, zu scheitern und Schuldgefühle zu entwickeln, weiter an.

Ärzte und Pflegende müssen eine Vielzahl persönlicher Herausforderungen meistern, um sterbenden Patienten das zu geben, was diese wirklich benötigen. Das „Gepäck", das in diese Beziehung eingebracht wurde, muss abgelegt und einer neuen Betrachtung unterzogen werden, damit Ärzte und Patienten sich den Aufgaben stellen können, die tatsächlich wichtig sind. Das Gepäck mag noch von früheren Erfahrungen und aus früheren Lebensabschnitten stammen. Es ist nicht leicht, all diese Hindernisse zu überwinden und ein wirklicher Partner auf dieser letzten Reise zu werden.

Viele Mediziner glauben, dass sie die Kontrolle behalten müssen, um erfolgreich zu sein – die Kontrolle über die Diagnose, die Behandlung und den Lebensstil des Patienten. Wie wir bereits diskutiert haben, ist es aber der Patient, der die Verantwortung trägt und die Kontrolle über sein Leben hat, und der entscheiden wird, ob er das Rezept einlöst, der Blutabnahme zustimmt oder die Röntgenaufnahmen machen lässt. Schließlich und endlich schmeckt Barium nicht gut, und in dem „Sarg“, in dem man sich aufhalten muss, um ein vom Arzt verordnetes MRT durchführen zu lassen, ist es nicht bequem.

Das Ergebnis einer Behandlung kann deshalb anders sein als alles, was wir erwarten. Sie kann sogar katastrophal enden.

Der Pflegende und die Ärzte müssen eine Umgebung schaffen, in der der Patient angemessen behandelt werden kann, und der Patient muss den Arzt oder Pflegenden darin anleiten, diese Umgebung zu schaffen. Das ist umso wichtiger, wenn ein Patient unheilbar erkrankt ist. Das Gefühl der Machtlosigkeit, die den Arzt überkommt, muss anerkannt werden und zum Ausdruck kommen dürfen – wenn auch nur für den Arzt sichtbar – und dann zurückgestellt werden. Es ist der Patient, der die Verantwortung trägt. Es ist, letzten Endes, die Krankheit und der Tod des Patienten.

Es handelt sich um tiefgreifende Veränderungen in der Art und Weise, wie wir denken und handeln, die zusätzlich erschwert werden, weil sie Verhaltensänderungen, die wir als Ärzte an den Tag legen, voraussetzen. Jedes Mal, wenn wir uns mit den Hemmnissen, die wir in das Arzt-Patienten-Verhältnis einbringen, aufrichtig beschäftigen, legen wir einen Teil des Gepäcks ab und tragen dazu bei, dass der Arzt für seinen Patienten da sein kann.

Die Angst einen Patienten zu verlieren, kann, wenn sie nicht formuliert und bearbeitet wird, dazu führen, dass der Arzt sich von seinem sterbenden Patienten distanziert. Es ist so leicht für einen Arzt, sich hinter seinem weißen Kittel vor dem Patienten zu verstecken. Schon allein die Uniform ist es, die ihn maßgeblich unterscheidet. Sie stellt seine Identifikation als Mediziner zur Schau und sorgt dafür, dass er nicht als Freund wahrgenommen wird.

Häufiger als angenommen, tragen auch die Patienten eine Uniform: Sie tragen einen unbequemen und gleichzeitig enthüllenden Untersuchungskittel, der sie sofort als verletzlich identifiziert und es erschwert, auch nur einen Rest an Anstand und Würde aufrechtzuerhalten. Was würde passieren, wenn wir alle im Schlafanzug dastünden? Die sichtbaren Barrieren zwischen Arzt und Patient sind mächtig. Schon ein großer Schreibtisch offenbart eine Hierarchie, deren Stufen ein Patient unmöglich überwinden kann. Manche Schreibtische sind so groß, dass sie den Eindruck vermitteln, als würden Arzt und Patient sich in verschiedenen Postleitzahlenbezirken aufhalten! Damit wird die Illusion geschaffen, als gebe es eine unüberwindbare Kluft zwischen Arzt einerseits und Patient und Familie andererseits. Je mehr ein Arzt sich bemüht, den Patienten auf Armeslänge von sich zu halten, je mehr er einen Patienten nur als *solchen* betrachtet, genau in diesem Ausmaß nimmt die Fähigkeit eines Arztes ab, sich als Pflegender und Heilender zu erweisen. Nur durch eine größere Nähe zum Patienten können die Rollen beider Beteiligter mehr Würde und Anerkennung erfahren.

Ärzte, die es nicht ertragen können, einen Patienten zu verlieren, neigen manchmal dazu, ihn einfach an einen anderen Arzt zu überweisen. Es gibt Ärzte, die ihren eigenen Statistiken zufolge noch niemals einen Patienten verloren haben. Ich frage mich, ob diese Ärzte nicht realisieren, dass ihre Abweisung von Patienten bei anderen Menschen, die zu ihnen kommen um ihnen zu vertrauen und sich auf sie zu verlassen, große Ängste verursachen. Ich frage mich auch, ob sie nicht wissen, über welch unglaublich mächtiges heilendes Potential sie selbst in Momenten tiefster Verzweiflung verfügen.

Lisa und Dr. Rogers

Der Krankenwagen schoss auf die Notaufnahme des Krankenhauses zu und brachte ein zweijähriges Mädchen herein. Sie hatte mit Barbiepuppen gespielt und im Beisein ihrer Mutter plötzlich Krampfanfälle bekommen, bis sie bewusstlos wurde. Das Ärzteteam in der Notaufnahme versuchte zwei Stunden lang nach Kräften, ihr Leben zu retten, war aber nicht in der Lage, sie zurückzuholen. Während die Ärzte verzweifelt versucht hatten, Lisas Leben zu retten, hatte sich ihre große, besorgte Familie in der Krankenhauskapelle versammelt. Der Pfarrer der Familie war bei ihnen. Sie hielten einander an den Händen und beteten, als der Arzt sich der Tür näherte. So schonend wie möglich brachte er ihnen bei, dass ihre kostbare Tochter verstorben war.

Lisa wurde in Decken eingeschlagen, und ihre Mutter wurde in den Raum für traumatisierte Patienten und Angehörige gebracht. Dort stand ein

Holzschaukelstuhl, in der die Mutter mit ihrem Kind auf dem Arm sitzen konnte, um sie zu wiegen.

Die Mutter summte ein Schlaflied, unterbrochen von Schluchzern. Sie wickelte Lisa so weit aus, dass sie ihre Finger und Zehen zählen konnte. Sie streichelte Lisas Haar. Dann sah sie die Sozialarbeiterin an und sagte: „Können Sie Dr. Rogers rufen? Er ist unser Hausarzt. Er wird wissen, was zu tun ist. Er soll mir sagen, dass sie wirklich tot ist.“ Es war Sonntagnachmittag, und Dr. Rogers hatte keine Rufbereitschaft. Er war mehr als zwanzig Jahre lang der Hausarzt der Familie gewesen und stand nun kurz vor seiner eigenen Pensionierung. Der diensthabende Arzt in der Notaufnahme rief Dr. Rogers an und erklärte ihm die Situation. Er erklärte, dass das Kind schon für tot erklärt worden war, und dass es keinen medizinischen Grund gebe, in die Klinik zu kommen. Dr. Rogers kam trotzdem.

Als er ankam, näherte er sich Lisa, die auf dem Schoß ihrer Mutter lag. Er seufzte, legte eine Hand auf die Schulter ihrer Mutter und bat eine Schwester, ihm ein Stethoskop zu bringen. Er hörte Lisas Brust ab. Er nahm ihren Puls. Er streichelte ihr über den Kopf. Dann kniete er sich hin, um mit der Mutter auf Augenhöhe zu sprechen. „Sie ist gegangen,“ sagte er ruhig. „Sie ist wirklich gegangen.“

Weil die Familie ihrem Hausarzt vertraute, waren seine Worte überhaupt in der Lage den Schrecken und die Ungläubigkeit zu durchdringen. Trauer und Leid und schließlich auch die Heilung konnten erst dann ihren Anfang nehmen. Die Mutter war schließlich bereit, Lisas Leichnam dem Bestatter zu übergeben.

Manchmal ist es für einen Arzt verlockend, den Tod eines Patienten mit klinischen oder statistischen Begriffen zu umschreiben. Medizinern wird vermittelt, immer objektiv zu sein. Und Objektivität an sich ist ja keine negative Eigenschaft.

Das Problem ist, dass Menschen keine Objekte sind. Und ihr Tod hat, genau wie ihr Leben, einen tiefgreifenden emotionalen Einfluss auf diejenigen, die sie kennen und die für sie sorgen. Vielleicht ist das größte Problem einer statistischen Antwort, dass Ärzte darin sehr geschickt werden können – so gut, dass sie hölzern und unerreichbar werden: für ihre Patienten, für ihre geliebten Menschen, selbst für sich selbst. Ich habe in den langen Jahren meiner Arbeit als Arzt gelernt, dass es ein endgültiger Akt der Brutalität ist, wenn man seinem Herz erlaubt zu schweigen.

Gott hat deinem Geist Flügel verliehen,
mit denen du aufsteigen kannst
ins weite Firmament der Liebe und der Freiheit.

Und du jammervolles Geschöpf
stutzt diese Flügel mit eigener Hand
und läßt zu, dass deine Seele
wie ein Insekt am Boden dahinkriecht.
--- Khalil Gibran, Der Prophet

Schuldgefühle können dazu führen, dass ein Mensch, der einmal voller Ideale war und Menschen helfen wollte, ein taubes Ohr und ein blindes Auge entwickelt, wenn es um das Leid seiner Patienten geht. Für viele von uns ist es auch die Angst, vielleicht die Angst vor unserem eigenen Tod oder davor, jemanden zu verlieren, den wir selbst lieben. Es fühlt sich sicherer an, den Tod als etwas Abstraktes zu betrachten – als Ergebnis, und nicht als Tag, Stunde und Minute. Der Wortschatz, den wir beruflich benutzen, spiegelt diese Angst, dieses Leugnen wider: Menschen sterben nicht, sie „gehen hin". Es ist nicht das Konzept des Todes, vor der ich Angst habe. Es ist vielmehr der Tag, an dem ich am Totenbett eines Menschen sitzen muss, den ich aufrichtig liebe, jemand, ohne den ich mir mein zukünftiges Leben nicht vorstellen kann. Es ist das Wissen, dass der Tod nichts Abstraktes ist. Es ist kein Konzept. Der Tod ist persönlich. Er hat eine Zeit und einen Ort und einen Namen. Und sein Name ist mein eigener. Ich bin nicht unsterblich.
Als Mensch, der beruflich mit den intimsten Details im Leben der Menschen vertraut ist – genau wie Sie als liebende Pflegende – ist es von herausragender Bedeutung, dass Sie all Ihren Mut zusammennehmen, um sich Ihre eigenen Beziehungen und Beweggründe vor Augen zu führen.
Sie müssen bereit sein, Ihre Enttäuschungen, Verluste und Traumata in Ihrem eigenen Leben zu erkennen. Sie müssen Ihre eigenen Sehnsüchte er-

kennen und verstehen, auch die, die bislang unerfüllt geblieben sind. Dies sind die Teile Ihres Lebens, die Ihre Fähigkeit beeinflussen, Menschen in einer Zeit der Angst und des Chaos beizustehen. Sie müssen bei ihnen bleiben, auch wenn es schmerzhaft wird. Sie müssen Ihr ganz persönliches „Gepäck" kennen und genau wissen, wann es zum Einsatz kommen sollte und wann Sie es außen vor lassen können.

Kommt an den Rand.
Wir können nicht. Wir haben Angst.
Kommt an den Rand.
Wir können nicht. Wir werden fallen.
Kommt an den Rand.
Und sie kamen.
Und er stieß sie.
Und sie flogen.
--- Guillaume Apollinaire

Ich habe aufgrund meiner langjährigen Erfahrungen mit sterbenden Patienten gelernt, dass wir unsere Herzen öffnen müssen, um eine solche Vertrauensebene zu finden. Im Kontinuum des Lebens und des Todes erkennen wir, dass Liebe und Heilung möglich sind und welche Macht sie haben.

Literaturhinweise

W. Gibson, Story Poems: An Anthology of Narrative Verse, ausgewählt und herausgegeben von Louis Untermeyer, Washington Square Press, Inc. 1962

Bernie S. Siegel, MD, Love, Medicine, and Miracles, Harper and Row, New York 1986

R.M. Rilke, Selected Poems of Rainer Maria Rilke

Patrick W. Flanigan, MD, Surviving the Storm, Pacific Grove Publishing, 1998

Dick, Lois Chapman, in Living With Grief After Sudden Loss, K.J. Doka, PhD, editor, Taylor & Francis Publishers, March, 1996

Epilog

Eine letzte Botschaft von Pam

Im Jahre 1992 erhielt ich eine Postkarte vom Medizinischen Versorgungszentrum der University of California in San Francisco, die für das kunsttherapeutische Angebot warb. Die Schlichtheit und Schönheit sowohl der Zeichnung als auch des Gedichts beeindruckten mich so sehr, dass ich mir die Karte rahmte und in mein Büro hängte. Es erinnert mich täglich daran, wer ich bin und warum ich diese Arbeit leiste. Als ich Cindy Perlis, die Leiterin des Programms anrief, um mir die Erlaubnis einzuholen, das Bild im vorliegenden Buch verwenden zu dürfen, bat ich sie auch, mir etwas mehr über den Künstler zu erzählen, der das Bild gemalt hatte.

„S" war ein buddhistischer Mönch. Er war ein zutiefst spiritueller Mensch, der die Menschen am UCSF, die ihn pflegten, in ihrem tiefsten Inneren berührte. Cindy erzählte: „Wenn ich in sein Zimmer kam, veränderte sich alles. Selbst die Luft war anders." Zuerst weigerte „S" sich, am kunsttherapeutischen Programm teilzunehmen, mit der Begründung, er könne gar nicht zeichnen. Aber Cindy bestand darauf. Eines Tages bat sie ihn, ein Abbild seines Geistes zu zeichnen. Und das Ergebnis sehen Sie auf der folgenden Seite.

dieses Leben
ist so schwer
wie können wir
etwas anderes tun
als zu lieben.

Und so vervollständigen wir unseren Zeitkreis miteinander und mit Ihnen. Die gleiche Energie, die Sie dazu bewogen hat, dieses Buch in die Hand zu nehmen, hat dazu geführt, dass wir es geschrieben haben. So wie Sie mit Ihrem geliebten Menschen verbunden sind, sind wir alle miteinander verbunden – im Kreislauf (in diesem Fall in dieser wunderschönen Blume) des Lebens.

Kulturelle und persönliche Differenzen/Unterschiede: Diskretion ist besser als Offenbarung

Wir haben in diesem Buch stets von Ehrlichkeit geredet und dafür plädiert, sich eine offenherzige Untersuchung aller wichtigen Anliegen aufzuerlegen – um den Tod zu akzeptieren und mit ihm umgehen zu können. Wir haben auf andere Kulturen hingewiesen und gezeigt, wie sie mit diesem Thema umgehen.

Es ist wichtig sich daran zu erinnern, dass auch die Autoren dieses Buches von ihren eigenen kulturellen Normen und Erwartungen geprägt sind. Jerry ist Mediziner und Wissenschaftler, das ist für sich genommen schon eine Kultur. In ihr geht es um biologische Fakten. In ihr werden Enthüllungen und Diskurse über Dinge bewertet, die in anderen Kontexten als völlig unangemessen betrachtet würden. Pam ist eine Sozialarbeiterin, die es sich zu eigen gemacht hat, über alles zu reden. Auch ihre Art würde von vielen anderen Menschen als unanständig und unverschämt angesehen.

Ein befreundeter Arzt erinnerte uns kürzlich daran, dass viele Menschen es nicht als angenehm empfinden, über ihren Tod zu reden. Manche Menschen wollen nicht wissen, was am Ende des Weges auf sie wartet. Sie wollen nur genügend Informationen, um diese Woche, diese Prüfung, diese Phase der Reise zu überstehen. Diese Menschen leugnen nichts. Es gibt nichts Pathologischen oder Dysfunktionales an ihrer Antwort auf eine unheilbare Krankheit. Es ist vereinbar mit ihren Werten und den ethischen Normen ihrer Kultur, und ihr Verhalten wird von ihren Freunden und von ihrer Familie unterstützt.

In vielen Kulturen wird beispielsweise der zu erwartende Tod des männlichen oder weiblichen Familienoberhauptes nicht öffentlich besprochen – wenn er überhaupt thematisiert wird. Diesen Personen kommt eine festgelegte und herausragende Position innerhalb ihrer Familien zu, und die Position selbst transzendiert die Persönlichkeit des Individuums.

Im öffentlichen Leben Großbritanniens wird beispielsweise der Tod der Königin mit zwei simplen Sätzen verkündet: „Die Königin ist tot. Es lebe die Königin." In der traditionellen griechischen Kultur wird das Familienoberhaupt so verehrt, dass es undenkbar wäre, über seinen Tod zu sprechen, bevor dieser eingetreten ist. Wenn der Patriarch stirbt, übernimmt sein Nachfolger seine Rolle unverzüglich. Es gibt keine Unterbrechung; es geht um die Beständigkeit.

Es ist ebenfalls wichtig daran zu denken, dass die Rolle der erwachsenen Kinder innerhalb der Familien darin besteht, die Elterngeneration zu beschützen, für sie zu sorgen und Entscheidungen für sie oder in ihrem Sinne zu treffen. In diesen Familien reden die Kinder untereinander offen und wollen alle medizinischen Informationen haben, ohne sie ihren betroffenen, sterbenden Eltern im Einzelnen mitzuteilen. Das ist ihre Art und Weise, ihren Eltern Liebe und Respekt entgegenzubringen.

Egal, ob Sie eine professionelle Pflegekraft sind oder ein liebendes Familienmitglied, das beste an der Enthüllung ist die Diskretion. Diskretion heißt nicht Heimlichtuerei. Diskretion ist der Vorgang, Informationen mit Ihrem Kopf und mit Ihrem Herzen zu verarbeiten und das zu offenbaren, was Ihrer Meinung nach mit der Kultur und den persönlichen Glaubensgrundsätzen Ihrer Familie zu vereinbaren ist – und was aus Ihrer Sicht im Sinne des geliebten Menschen an Ihrer Seite ist.